张永岳 周建成 主编

克而瑞（中国）信息技术有限公司图书策划中心
上海易居房地产研究院　策划

跨越

KUA YUE

→ 房地产企业如何应对金融危机

中国建筑工业出版社

图书在版编目（CIP）数据

跨越——房地产企业如何应对金融危机/张永岳等主编．—北京：中国建筑工业出版社，2009
 ISBN 978-7-112-11306-4

Ⅰ.跨… Ⅱ.张… Ⅲ.金融危机-影响-房地产业-研究-中国 Ⅳ.F299.233

中国版本图书馆CIP数据核字（2009）第169195号

美国次贷危机在全球迅速蔓延，在此轮危机中，房地产作为各个国家经济的主体支撑力量，与金融行业休戚相关，因此也成为受金融危机影响最深的行业之一。

房地产企业该如何应对金融危机，本书给出了答案。首先通过10大热点话题分析了金融危机的起因、影响、历史等内容；其次根据国内外房地产业现状，重点剖析国内房地产业的软肋，提出解决之道；最后，列举国内外房地产企业跨越金融危机失败和成功的案例，使读者从中受到启发，找到适合自己的逆市经营之道。

本书适合正经受金融危机影响的房地产企业，以及欲投入到房地产行业的公司和机构阅读、思考、借鉴。

* * *

责任编辑：封 毅
责任校对：张 虹 关 健

跨越
——房地产企业如何应对金融危机
张永岳 周建成 主编
克而瑞（中国）信息技术有限公司图书策划中心 策划
上海易居房地产研究院

*

中国建筑工业出版社出版、发行（北京西郊百万庄）
各地新华书店、建筑书店经销
北京嘉泰利德公司制版
北京中科印刷有限公司印刷

*

开本：787×1092毫米 1/16 印张：19¾ 插页：1 字数：480千字
2009年11月第一版 2009年11月第一次印刷
定价：58.00元
ISBN 978-7-112-11306-4
（18552）
版权所有 翻印必究
如有印装质量问题，可寄本社退换
（邮政编码 100037）

编委会

策划单位： 克而瑞（中国）信息技术有限公司图书策划中心
上海易居房地产研究院

编　　委：

周　忻	张永岳	丁祖昱	陈小平
张　燕	金仲敏	彭加亮	龙胜平
喻颖正	刘文超	于丹丹	黄子宁
吴　洋	章伟杰	金雨时	李战军
陈春林	崔　裴	陈啸天	吴传鲲
杨红旭	孙斌艺	陶　磊	仲春晓
回建强	刘顺玲	段　芳	郭亦木
刘丽娟			

主　　编： 张永岳　　周建成
执行主编： 周海平　　廖资衡　　罗克娜
装帧设计： 潘永彬
美术编辑： 杨春烨

专业支持：

专业网站：

全球金融危机下
中国房地产企业的持续发展

毋庸置疑，当前我们身处全球金融危机之中。

发端于2007年的美国次贷危机（简称：次贷），迅速由美国次贷市场蔓延至美国整个金融市场，由美国金融市场传导至全球金融市场，由全球金融市场延伸到全球整个经济领域，最终演变成为一场席卷整个世界经济的全球金融危机。人们避之唯恐不及，无人能够逃出它的阴霾，它就像狂暴的西风一样，横扫全球的每一个角落。

金融链条一环扣着一环，恶性事件一起连着一起，不断上演着崩溃的悲剧。一声声响亮的泡沫破裂声，萦绕在金融业、房地产业、高科技产业、制造业等各个行业。各国政府及国际组织开始采取紧急行动，构筑金融危机的防波堤。美国经济发展研究局局长曾对温家宝总理说，这次全球金融危机是二战以来最严重的经济危机。

环球同此凉热，中国亦难独善其身。受全球金融危机影响，中国GDP增长率已经连续五个季度下跌；能源需求增幅明显下降；近七万家企业倒闭；居民就业率下降；失业人口达2000万；股票总市值急剧下降；社会财富缩水严重；玩具、家具、服装、钢铁、化工、造船等众多行业普遍面临生存考验。

与历次金融危机一样，实体经济与虚拟经济紧密关联，由于房地产业在国民经济中占据着支柱产业地位，使得许多国家的房地产业，成为这次全球金融危机中受冲击最为严重的产业之一。美国房地产市场衰退持续了近3年，目前仍然没有明显好转迹象，销售低迷、房屋积压、房价下跌的局面仍在继续。在全球金融危机的冲击下，使得主要依靠贷款维系资金链完整的欧洲房地产市场受到了严重影响。法国房屋建筑市场2008年第三季度出现了

严重恶化，房屋建筑许可证发放量和新房开工量均出现大幅萎缩。英国经济也已进入衰退期。在信贷市场继续紧缩、消费者实际收入下降和失业率不断上升的背景下，英国房地产市场在短期内将无法走出低谷。在亚洲，金融危机不仅导致日本经济出现衰退，也使刚刚有所好转的日本房地产市场再次遭遇寒冬。

中国房地产业在此次全球金融危机中也同样面临着严峻考验。就土地市场来说，由于房地产市场持续低迷，开发商受到资金紧张和信心不足双重压力影响，土地流标现象频现；前期高价拿到的地王项目的企业处境尴尬，为避免更大的损失，纷纷退地。就住宅市场来说，在2007年房地产市场经历了一轮高涨之后，绝大部分省市的房地产市场在2007年第四季度开始进入调整期。经过一年的持续调整后，仍然处于低迷状态，除个别城市外，大部分城市房价普遍呈现继续下滑走势。就房地产企业来说，开发企业存货普遍，存在巨大去化压力，资金难以及时回笼，同时由于融资困难，企业资金压力巨大。资金压力成为企业目前最严峻的问题。

种种迹象表明，中国房地产市场已处于深度调整阶段，企业生存面临重大挑战。在这种背景下，如何实现企业的持续发展，成为每一个房地产企业的管理者都必须直面的问题。大到国家，小到企业，从落后到领先，从弱小到强大，从身处逆境到化解危机，以学习的方式获得超越和领先是一条必经之路。因为实践证明，学习会在最短时间内达成收益最大化。

虽然我们身处金融危机之中，但是也要看到，我国房地产业起步晚，发展的时间还比较短，展望未来尚有巨大的发展空间。尽管本书有很多不足之处，但我们仍希望，本书的出版能给众多的房地产企业以启示，有助于大家在应对危机时能够实现很好的跨越，从而为我国房地产行业和企业的健康持续发展尽到绵薄之力。也希望读者能够对本书提出宝贵意见，以便今后进一步修改完善

是为序。

起始于美国的金融危机幕后 4 大元凶

元凶 1：过度消费的投资者

正是无限制扩张的消费和透支欲在背后使坏。美国依靠资本市场的泡沫来维持消费者的透支行为,市场被无节制地放大了。

元凶 2：贪婪的金融从业者

华尔街打着金融创新的旗号,推出各种高风险的金融产品,不断扩张市场,造成泡沫越来越大。

元凶 3：力度不严的监管者

亚洲国家的传统经济增长模式,给了美国实施宽松倾向政策且输送流动性的无限动机,让其有足够的流动性。

元凶 4：百依百顺的亚洲国家

美国较为宽松的监管制度一定程度上也导致了这次风波,而整个监管体制显然已经无法跟上金融创新的速度。

[次贷危机大事记]

- 2008-09：雷曼兄弟破产
- 2008-06：贝尔斯登被收购
- 2007-04：美国3月成屋销量大跌
- 2008-09：美国政府接管"两房"
- 2007-08：欧美股市全线暴跌
- 2007-02：抵押贷款风险浮出水面

[事件影响]

次贷引发的全球金融危机,危害还将继续扩大,由虚拟经济扩散至实体经济,全球经济景气周期下行已成为定局。

在此轮危机中，房地产作为各个国家经济的主体支撑力量，与金融行业休戚相关，自身存在着6大生存软肋，使其在金融风暴中受的影响更加明显。

软肋1 — **压力巨大的资金链**

受到政策的限制，房地产开发企业的银行贷款和自筹资金比率分别超过20%和30%。银行贷款限制着企业的开发规模及节奏，自1997年政策限制之后，开发企业资金链更趋紧张。

软肋2 — **左右命运的政策力量**

从我国房地产业的发展历程看，其复苏、成长、调整都与政府政策有着密切关联。从大环境判断，国家宏观的政策方向是保持房地产健康向上的发展趋势，政策在强化、措施在细化，调控效果将逐步显现。

软肋3 — **简单粗暴的盈利模式**

全国范围内疯狂的囤积土地，积极寻求海外上市融资的渠道；但土地开发的步伐放缓，越来越多地把盈利压在土地之上。

软肋4 — **土地，寒冬的沉重包袱**

房地产企业的竞争中，谁能掌握更多的稀缺资源，就意味着谁具有更大的竞争力。在市场环境持续恶化的情况下，资金链紧张，土地储备成为开发企业巨大的包袱。

软肋5 — **大而全的战略布局**

大而全的战略布局导致开发企业精力分散、投资难以集中、冗员过多、负担过重等一系列问题，将是最考验企业管理能力及资金的行为。

软肋6 — **公信度极低**

房地产业掌握了很多社会资源，且关系到国计民生，正因为敏感的地位，致使行业公信度普遍偏低。

房地产过冬的4式"御寒术"

第1式

裁员、减薪

采用这样的方式,迅速达到改善财务状况的目的,砍掉一些管理费用,减少支出,降低用工成本。

第2式

收缩战线、合作转让

房地产开发企业缩减开工面积,把有限的资金更好地用在"刀刃"上;缩小投资规模,寻找项目合作或转让,积极"瘦身"。

第3式

促销、打折

在金融危机越演越烈的阴影笼罩之下,消费者观望的趋势越来越普遍,为打动消费者,以缓解开发企业资金缺口,楼市打折、促销狂潮一浪接着一浪。

第4式

"剩"者为王

在逆市生存下来,坚持到最后的企业必定是强者。只有生存才有发展的资本。前三件"棉袄"也就为逆市过后,还有重新发展的机会。

保暖"加减法"

加法:扩大融资和投资多元化,增加套房附加值,加大推售促销力度

减法:减少开工项目,降价销售,裁员减薪

目录 CONTENTS

1 第一部分：金融危机来袭全球接受考验

004 第一章 与金融危机相关的10个热点话题

- 005 话题1：什么是金融危机
- 008 话题2：金融危机是否可以根治
- 010 话题3：历史上是否出现过金融稳定期
- 012 话题4：谁能挽救金融危机
- 016 话题5：美国次贷危机爆发过程
- 029 话题6：引发金融危机的其他因素
- 039 话题7：中国经济在全球危机下受到哪些冲击
- 043 话题8：遭受金融危机各国出招救市
- 049 话题9：爆发金融危机的3大隐患
- 054 话题10：危机会持续多久

2 第二部分：房地产企业生存遭遇挑战

058 第二章 房地产业——金融危机的"堰塞湖"

- 059 金融危机——另类地震
- 064 房地产业成金融危机"堰塞湖"
- 071 各地房地产业垮坝时对经济危害

077　第三章　房地产业的信心危机与迷茫

- 078　牛市熊市大比较
- 082　地产行业云雾弥漫前景不明
- 085　调整，房地产企业发展的必经过程

087　第四章　房地产企业的6大生存软肋

- 088　软肋1：倍受压力的资金链
- 092　软肋2：左右命运的政策
- 096　软肋3：简单粗暴的盈利模式
- 101　软肋4：寒冬的沉重包袱——土地
- 105　软肋5：大而全的战略布局
- 106　软肋6：房地产业公信度极低

108　第五章　地产企业"过冬"的4件"棉袄"

- 109　第1件棉袄：裁员、减薪
- 113　第2件棉袄：收缩战线、合作转让
- 115　第3件棉袄：促销、打折
- 118　第4件棉袄："剩"者为王

3　第三部分：跨越寒冬案例分析

123　第六章　跨越寒冬3大国外失败案例

- 124　"两房"国有化，新自由主义悲壮谢幕
- 144　URBAN CORP敲响日本楼市警钟

151　西班牙地产业狂飙猛进的二十年

158　第七章　跨越寒冬4大国内失败案例

159　东洲企业洗牌之年难逃困局

166　中天蒸发：显中介商生存危机

187　"玫瑰园"折射中国房企成长之痛

196　"黑马"顺驰成房产开发企业前车之鉴

212　第八章　中外顶尖房企成功跨越金融危机7大案例

213　4大秘诀助嘉德置地自如过冬

225　新鸿基：分散投资，减少地产风险

236　新世界，合并重组及上市为企业注入新活力

245　长江实业：平衡风险及注重企业架构成长青法宝

258　恒基兆业——成功秘诀在于4大策略灵活运用

271　万科：中国房地产行业的领跑者

282　创新商业模式，成就中国地产流通行业传奇

295　易居（中国）发展历程表

296　结语

302　后记

这次席卷全球的金融危机发端于美国次贷危机，
到2007年8月迅速升级为席卷全球资本市场的金融危机。
美国经济发展研究局称：
这是二战以来最严重的经济危机。
次贷危机仅仅是直接原因，除此之外，虚拟经济与实体经济的严重脱节是本质原因，
全球金融协调机构的缺失是制度原因，全球国际经济失衡是深层原因。

金融危机来袭全球接受考验

The whole world suffering from economic crisis

第一部分

The First Part

1

第一章 CHAPTER 1
与金融危机相关的10个热点话题

房地产业是近年来中国最为热门的行业。国家取消了福利分房制度之后,商品房市场的大门豁然打开。每个人都似乎看到了需求背后巨大的赢利空间。地方政府、企业、个人都投入到了房地产业的"运动"之中。这种畸形的全民炒房的做法是国家的悲哀,房地产业已经成为中国风险最高的行业,俨然是危机四伏的"堰塞湖"。

话题1：什么是金融危机

【金融危机就好比漂亮的女人，虽然你遇到时一眼就能认出，但是你却难以具体形容她。——美国金融危机史学家查尔斯·金德尔伯格】

金融危机难以精确定义

金融危机是什么？这似乎是一个金融学领域最简单的问题。

而事实上，哪怕你把这个问题抛给世界一流的金融学家，他都会认为这是一个"烫手山芋"。看似简单的问题，往往很难回答。大名鼎鼎的美国金融危机史学家查尔斯·金德尔伯格就曾直言不讳地说，"金融危机就好比漂亮的女人，虽然你遇到时一眼就能认出，但是你却难以具体形容她。"

危机在社会各阶层的具体表现

各个阶层的人都会通过各自的方式来识别和感受金融危机。富豪排行榜上的那些大企业家们会发现他们的"资本游戏"玩不下去了，难以再轻而易举地"圈钱"了；中小企业主们会发现越来越多的"尾款"收不回来了；写字楼里的白领们会逐渐发现，他们手头的任务越来越少，部门领导的脸色越来越难看；那些蓝领工人会发现自己的饭碗有丧失之虞，同伴已经重拾简历，积极寻找新的雇主了；哪怕是深居简出的老祖母在购置生活用品时也会变得格外谨慎了。

经济学家们对金融危机的理解

一些著名金融学家尝试性地给出了一些定义,雷蒙德·戈德斯密斯(Raymond Goldsmith)对金融危机的定义是:所有金融指标或某一组金融指标,包括短期利率、资产(股票、不动产和土地)价格、商业清偿能力等指标都产生了不同寻常的、短暂的急剧恶化,以及金融机构倒闭;货币主义者迈克尔·博多(Michael Bordo)将金融危机定义为,十大因素或十大关系(其中货币供应量的下降排在第六位)预期的变动,对某些金融机构资不抵债的担心,试图将不动产或流动性较差的资产转化为货币,等等。

通俗地说,金融危机又称金融风暴,是指一个国家或几个国家与地区的全部或大部分金融指标(譬如短期利率、货币资产、证券、房地产、土地、商业破产数和金融机构倒闭数)的急剧、短暂和超周期的恶化。

很多时候,其特征表现为人们基于经济角度,对未来更加悲观的预期,整个区域内货币币值出现幅度较大的贬值,经济总量与经济规模出现较大的萎缩,经济增长受到打击。伴随着企业大量倒闭,失业率激增,社会普遍的经济萧条,甚至有些时候伴随着社会动荡或国家政治层面的动荡。一般来说,金融危机可以分为货币危机、债务危机、银行危机等类型。近年来的金融危机越来越呈现出某种混合形式的危机。

危机的暴发过程遵循老套路

把金融危机比喻成戏剧,你会发现,每次金融危机都是一个新剧情的展开,却遵循着一个千年不变的老套路。

金融危机的起因可能是初级产品、加工品、工地及建筑等领域出现了不利于稳定的投机热,而所有这些投机热事件的发展总是符合某种轨迹。在疯狂的投机热潮中,人类相互倾轧以求自身生存,这种浮躁的环境往往更多地滋生着贪婪、诡计、掠夺、愚蠢、粗心、不实和挥霍。

金融危机将会紧接着表面上的繁荣期之后突然爆发，从而暴露出这种繁荣背后的空洞，这种规律屡试不爽。每当我们发现不必通过艰苦缓慢的实干，就能轻松大发其财之时，可以十拿九稳地断言，恐慌时期即将来临。这种空洞的恐慌将会繁殖更多的恐慌，从一个人群传染到更多人群。随后，出现所谓羊群行为，多米诺骨牌将一块接着一块倒下，金融危机会陷入严重境地。

事实上，以上关于金融危机的描述在 1859 年已经用相似的语言被写进 1857～1858 年商业危机史。历经 150 年，今天仍然适合分析当下的金融危机。可见，金融危机起因与表现形式上各不相同，但本质几乎如出一辙。

解释：羊群行为

金融市场中的羊群行为是一种特殊的非理性行为，它是指投资者在信息环境不确定的情况下，行为受到其他投资者的影响，模仿他人决策，或者过度依赖于舆论（即市场中的压倒多数的观念），而不考虑自己信息的行为。

触发危机因素众多

金融危机的暴发因素很多，例如，1847 年危机的触发因素有：铁路狂热、马铃薯病害、一年小麦歉收和第二年丰产以及欧陆接着发生的革命；1857 年华尔街恐慌通过内战变成了一场持续很长时间的衰退。关于 20 世纪 30 年代大萧条的成因，著有众多的教科书，而《大崩溃》（Great Crash）绝不是其唯一的贡献者。

话题2：金融危机是否可以根治

【和100年前相比，今天的全球金融市场并没有更加稳定，金融危机爆发的频率并没有任何程度的降低，金融危机的"当量"并没有丝毫减小，我们应对金融危机的能力也没有显著增强。】

"金融危机：顽疾难治！"

这是美国金融危机史学家查尔斯·金德尔伯格在他那本享誉全球的《疯狂、惊恐和崩溃：金融危机史》中写下的第一个标题。如果我们顺着金德尔伯格的思路想下去，就会追问：金融危机这个"顽疾"到底是一种什么样的"疾病"，何以难治，是否可以根治？

金融危机无药可医

关于疾病及其治疗，医学发展史明白无误地告诉我们：伴随医学的不断进步，人类成功地攻克了一个又一个的顽疾，过去有些无法治愈的疾病，现在有了治疗的方法。如果是这样的话，我们可以肯定地说，人类有望攻克越来越多的疾病，没有一种疾病是人类无法治愈的。那么，这一结论是否适合于金融危机这个"顽疾"呢？

显而易见，金德尔伯格绝对没有认为金融危机就像人类的生理疾病一样，会被我们越来越多地去认识，越来越好地去解决，直至彻底根治。相反，在他看来，和100年前相比，今天的我们对金融危机的观察和研究更加深入，相关文献堆得更多，垒得更高。但是，今天的全球金融市场并没有更加稳定,金融危机爆发的频率并没有任何程度的降低，金融危机的"当量"并没有丝毫减小，我们应对金融危机的能力也没有显著增强。

解释：《疯狂、惊恐和崩溃：金融危机史》

1978年本书出了第一版，主要讨论第二次世界大战前的金融危机。1987年10月19日的"黑色星期一"，再加上对较早前危机的更多研究，作者对第一版进行了更新。1990年1月日本经济的崩溃促使本书第三版诞生。

第四版的出版部分推动力是来源于1994~1995年间的墨西哥危机，但更多的是由于1997~1998年的东亚危机。与过去一样，其他经济学家和历史学家的研究已填补了历史中的一些空白，本书也加以吸收，以充实前后发展的讨论。

解释：当量

就是爆炸时产生的能量相对于TNT炸药的对应值。

看来，金德尔伯格说的"金融危机，顽疾难治"，这个"顽疾"更像是潘多拉盒子里装着的"贪婪"、"嫉妒"、"罪恶"、"诡计"、"掠夺"、"愚蠢"、"粗心"、"不实"和"挥霍"等等诸如此类的东西，而决不是人类的生理疾病。

诚然，人类有信心通过科学研究越来越深入地认识生理疾病，并越来越有效地解决或治愈这些疾病。但是，对于"贪婪"、"嫉妒"、"罪恶"、"诡计"、"掠夺"等等诸如此类的东西，我们似乎并没有加深认识，明天似乎也并不会比今天拥有更好的克服办法。金融危机似乎会长久地伴随我们，就像天空中漂浮的乌云一样，在某些情况下，会凝结成雨倾盆而下，形成洪水，冲垮经济。

金融危机在全世界频繁肆虐

再也没有出现过哪怕是仅仅维持10年的全球金融稳定。相反，最近35年来，在全球范围内，金融危机频繁爆发，以至于当人们还没有完全从前一次金融危机的噩梦中挣脱出来，就会与新一次的金融危机迎面相撞。不要说全世界，就仅仅只在那些发达的工业化国家，1973年至今的35年来就发生过至少16次较为严重的金融危机，有些危机我们耳熟能详，甚至曾身临其境。

1973年英国的伦敦银行危机；

1987年10月19日美国的"黑色星期一"；

1990年1月日本的经济崩溃；

1994~1995年间墨西哥的金融危机；

1997~1998年东亚的金融危机，等等。

一个毋庸置疑的事实，我们的的确确生活在一个金融危机频繁爆发的时代。

话题3：历史上是否出现过金融稳定期

【从1945～1973年维持了28年之久的全球金融稳定时光，是一个特殊时期，众多特殊条件共同作用下，形成的一个特例。注定是空前的，可能也是绝后的。】

1945～1978年史上少有的28年金融稳定

回首过去百年金融历史，全球各地至少发生过258次金融危机。从时间坐标上看，这些危机主要集中在二战结束之前（即1945年之前），和布雷顿森林体系解体之后（即1973年之后）的那些年。而在这两个时间点之间，即1945～1973年的28年里，全球金融危机出现的频率并不高。准确地说，全球金融市场保持了28年的稳定，那是全世界有史以来最长的一段宁静时光。

一个有趣的现象可以形象地说明这一点。虽然金融危机是经济文献中最为传统的主题，但在这28年中关于这一主题的专著少之又少。最主要的原因在于，这28年中，全球范围内根本就没有发生过比较典型的金融危机，金融学家缺少为撰写金融危机专著提供写作的基本素材。

解释：布雷顿森林体系

布雷顿森林体系，建立了两大国际金融机构即国际货币基金组织（IMF）和世界银行（World Bank）。前者负责向成员国提供短期资金借贷，目的为保障国际货币体系的稳定；后者提供中长期信贷来促进成员国经济复苏。它的实质是建立一种以美元为中心的国际货币体系。其基本内容是美元与黄金挂钩，其他国家的货币与美元挂钩，实行固定汇率制度。

28年的金融稳定期是金融领域的理想世界

在金融学领域，我们可以看到，现实中的金融市场并不稳定，危机频繁爆发，严重的金融危机甚至可以拖垮整个经济。一些政府官员、金融学家以及其他相关人员期盼全球金融能够维持长期稳定。但"维持全球金融长期稳定"也不过是金融学家在思想意识层面"构建"的一个理想世界。

对于金融学家来说，在他们"构建"全球金融长期稳定的理想世界时，却避免了圣人前贤们面临的"尴尬"。他们不用费尽心机"杜撰"一个子虚乌有的"虚假事实"，历史给了他们一个绝无仅有的案例，那就是1945～1973年为期28年之久的全球金融稳定，既给了他们自己"构建"全球金融稳定理想世界的信心，也似乎增强了他们所"兜售"的理论的说服力。

那么，1945～1973年为期28年之久的全球金融稳定，是否真的能够预示维持全球金融稳定是有规律可循的，而且具有现实操作性？

28年金融稳定期属于特例

经过对1945～1973年全球金融稳定的分析研究，人们似乎卓有成效地寻找出一系列决定这段金融稳定的重要因素。他们煞有介事地催促或怂恿各国政府和国际组织按照他们据此开出的药方行事，并承诺即使不能药到病除，也能够极大地缓解症状。把众多药方拿到一起，做个对比，我们发现有几味药是他们几乎都提到的，诸如需要一个国际金融协调机构、避免虚拟经济与实体经济的严重脱节、确保国际经济平衡、执行正确的货币政策、保持经济持续稳定的增长、防止不利的重大外部冲击，等等。

这些药方是否真的有效，我们无从知道。因为药方上所列出的药材，即使是我们上面提到的那几味非常重要、不可或缺的药材都从来没有配齐过。我们不能不说，二战之后维持了28年全球金融稳定的宁静时光，是一个特殊时期，众多特殊条件共同作用下，形成的一个特例。在这些特殊条件中，当然首数欧洲走出战争废墟，马歇尔计划促使欧洲复兴，欧洲经历经济奇迹；东西方在意识形态斗争的同时都伴随着经济的迅猛发展；盟军建立于1944年的"布雷顿森林体系"，等等。

那段维持了28年之久的全球金融稳定的宁静时光，是众多特殊条件耦合的结果，注定是空前的，可能也是绝后的。今天，金融危机频繁爆发，在维持全球金融稳定方面，我们远远没有找到有效的"药方"，甚至我们对其基本的"病理"也没有完全掌握。

话题4：谁能挽救金融危机

【最后贷款人担负着为金融机构进行"输血"，注入大量流动性资金，以挽救经济，激活整个金融系统的作用。但它也不是万试万灵的仙药。】

最后贷款人，危机最后的抵御系统

在每次金融危机的关键时刻，最后贷款人就成了众望所归的救星。他不仅需要勇气，也需要物质资源，挽救系统于危难之中，以打破系统走向毁灭的趋势。谁是最后贷款人呢？

随着金融危机的恶化，一些企业破产，大量企业资金日益紧张，面临着生存危机，急需从金融机构取得贷款，以解燃眉之急。因此，就企业和金融机构的关系来说，企业是借款人，金融机构是贷款人。然而，随着经济环境不断恶化，国民经济整体衰退，大量企业倒闭，金融机构出现了大量坏账，自身也陷入了严重的生存危机，在给企业放贷的时候，银行会变得格外谨慎，不要说那些运转不灵或濒临破产的企业，即使是健康发展的企业，也很难从银行取得贷款。事实上，大部分的金融机构也不比一般企业对金融危机有更强的"免疫力"，他们也会出现严重的资金短缺，这个时候，能为他们提供贷款的经济主体，是被金融学家普遍称为"银行的银行"，即最后贷款人。

最后贷款人就是各国的中央银行，在每次金融危机的关键时刻，中央银行往往不得不开动印钞机，为金融机构进行"输血"，注入大量流动性资金，以挽救经济，激活整个金融系统。当然，事情远非如此简单，中央银行不仅需要印钞的勇气，更需要实质性的物质资源，因为并不是每一次中央银行的出现，都能挽救经济于危难之中。

↘ 国际最后贷款人：IFM办公大楼

如果国家的中央银行挑不起最后贷款人的重担，就需要求助于国际货币基金组织等国际机构，发挥国际最后贷款人的作用。回首12年前的东亚金融危机，当时陷入严重危机的几个国家，如马来西亚和泰国等国的中央银行最终都没能挑得起最后贷款人的重担，纷纷向国际货币基金组织求救。即使是当年的香港，如果没有中央政府为其充当最后贷款人，其局面也会不堪设想。如果国际货币基金组织等国际机构也无力承担最后贷款人的作用，那么，发生危机的经济体只能任由金融危机肆虐，依靠自身免疫力支撑，等待金融危机自身得到平复。正如凯恩斯所言，不管海啸多么汹涌，总会迎来风平浪静的时刻。

 链接

东亚金融危机起因

东南亚金融危机始于泰国货币危机，而泰国货币危机早在1996年已经开始酝酿。当年，泰国经贸项目赤字高达国内生产总值的8.2%，为了弥补大量的经贸项目赤字和满足国内过度投资的需要，外国短期资本大量流入房地产、股票市场，泡沫经济膨胀，银行呆账增加，泰国经济已显示出危机的征兆。1997年以来，由于房地产市场不景气、未偿还债务急剧上升，泰国金融机构出现资金周转困难，并且发生了银行挤兑的事件。5月中旬，以美国大投机家乔治·索罗斯的量子基金为首的国际投资者对泰铢发动猛烈冲击，更加剧了泰国金融市场的不稳定性。7月2日，泰国货币危机终于全面爆发，并由此揭开了东亚金融危机的序幕。

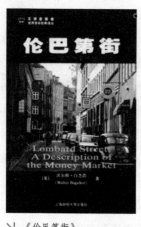

《伦巴第街》

最后贷款人即中央银行所扮演的角色，是令金融危机之后发生的商业滑坡缩短的关键。作为最后贷款人，中央银行在关键时候出来承担最后"兜底人"的角色，对于止住金融恐慌，提振市场信心是极其重要的。作为反例，他们引用1720、1873、1882、1890、1921和1929年的危机作为证据。在这几次危机中，作为最后贷款人的中央银行没有一次能够在关键时刻及时出现。没有中央银行协助的几次萧条，发生时间更长、程度更深。众所周知，19世纪70年代和20世纪30年代发生的两次危机，均被称为"大萧条"。

最后贷款人的困惑

房地产企业如何应对金融危机

人们普遍认为，英国中央银行在干预1825年恐慌时没起什么作用。城市历史学家戴维·基纳斯顿(David Kynaston)说明了英国中央银行的政策是如何在自满和过于剧烈的紧缩信贷之间急剧转向的。当时，英国70多家银行倒闭，英国中央银行自己也是侥幸逃过这一劫。据传，正当英国中央银行5英镑和10英镑的纸币全部用光之际，有人发现了大量1797年后就一直留在金库里的1英镑的票子，这些纸币得到政府许可发行，并创造了"奇迹"。

中央银行过度热情的干预可能给未来造成实际麻烦。美联储的典型形象一直是逆风而行，在艰难时期放松信贷，在局面失控之前紧缩信贷。原本被看作是"稳定力量"的美联储，有时候也会变成一个"实际麻烦的制造者"。

然而，一个毋庸置疑的事实是，中央银行绝不是法力无边的。随着时间推移，廉价货币和负实际利率可能会导致比较严重的通货膨胀。不仅如此，中央银行的行长经常会被告知"把银行家们从困境中拯救出来，只会鼓励他们将来更加不负责任"，"如果问题是由银行家个人过失引起的，那么我们就应当任由其倒闭，使其受到错误决策的惩罚。当然，如果银行的倒闭可能导致极其严重后果的系统性风险，影响整个金融安全，乃至经济稳定时，中央银行应该伸手去援救"。

问题是，当一家银行面临倒闭时，试图把个人过失和可能导致极严重后果的系统性风险清楚地区分开来是十分困难的。

出于以上原因，多年来常常会出现这样一种情况，中央银行下决心不干预，最终却发现自己被迫屈服于压力。譬如，利物浦勋爵（Lord Liverpool）1825年威胁说，如果投机者得到拯救，他将辞去财政大臣的职务，但最后投机者还是得救了。

中央银行紧缩与扩张货币政策的两难抉择

大宗商品尤其是能源的价格在飚升，再次说明：造成麻烦的不只是金融冲击，这样的事实令当今的经济挑战更加使人生畏。

严重的通货膨胀上升和需求减缓意味着中央银行面临严峻的挑战，如果要治理严重的通货膨胀，就必须采取严厉的紧缩性货币政策，而这一政策会使需求减缓的问题更加雪上加霜；如果解决严重的需求减缓的问题，就必须采取扩张政策，包括扩张型的货币政策，而这一政策会使通货膨胀问题更加严重。因此欧洲央行最近调升利率以保障通货膨胀得到抑制，而这偏偏又处在需求减缓的时刻，通常需要减息来刺激需求。今天增息，明天减息。也许，这并不是因为中央银行没有主见，而是在这种进退维谷的境地，急躁、愤怒的社会公众要求中央银行必须采取措施，做一件他们根本没有办法成功的事，迫于压力，中央银行只能做这些无用功，知其不可为而为之。

在类似这样的复杂经济困境中，中央银行推出的一些政策很难说有什么直接效果，如果有的话，可能也是心理作用方面的效果，在很多时候，中央银行做一个积极姿态，对于稳定军心也是有意义的。

20世纪30年代大萧条史无前例

在此之前没有哪一次经济萧条能有如此规模，持续时间如此之长，在此之后也没有出现过。

美国的经济活动从1929年中期到1933年初期持续衰退。长达四年的衰退并不平稳，经济产出的下降空前地令人困惑。工业产出下降了37%，价格下降了33%，实际GNP下降了30%，而名义GNP则下降了一半以上。失业率上升到25%的最高峰，并在20世纪30年代其他的年份中一直保持在15%以上。美国的许多经济资源被闲置了整整10年。

话题5：美国次贷危机爆发过程

【最受关注的是压垮骆驼的最后一根稻草，以表象掩饰骆驼真正的死因，有人在利用这根稻草，模糊真相。面对危机我们应有辨别能力，不要被表象蒙蔽。】

美国房地产非理性繁荣预埋隐患

在美国，消费贷款是非常普遍的现象，从住房到汽车，信用卡到电话账单，贷款无处不在。美国人很少全款买房，通常都是长期贷款。对于中高收入阶层，获得贷款和按期偿还贷款都不是什么难事。然而，对于那些中低收入且收入不稳定的家庭，贷款买房对他们来说是天方夜谭，因为信用等级达不到标准，他们就被定义为次级信用贷款者，简称次级贷款者。

2001～2005年美国房地产市场进入繁荣期。房地产金融机构在盈利动机的驱使下，基本满足优质客户的贷款需求后，把眼光投向原本不够资格申请住房抵押贷款的潜在购房者群体，即次级抵押贷款市场。而触发此次金融危机的导火索正是这个次级抵押贷款市场。

当房地产市场繁荣，尤其是非理性繁荣之时，美国住房抵押贷款产品可谓门类众多，穷人、富人、购房者、贷款者在一起共同宴飨美国房地产的繁荣大餐。信用等级高的优良客户可以在优质贷款市场贷得大笔现款买房；收入较低、负债较重的穷人，尤其是那些中低收入阶层或新移民，也破天荒地有了贷款买房的通道，他们可以通过次级贷款市场，获得贷款，买到心仪的房子。此外，美国还有"ALT-A"（Alternative A）贷款市场，它主要是介于优贷与次贷市场二者之间的庞大灰色地带，面向一些信用记录不错但却缺少固定收入、存款、资产等合法证明文件的人。

天下不会有免费的午餐，房地产金融机构为次级贷款者大开方便之门，绝非慈善之举，而是为了更高的利润。针对次贷申请者大多收入水平较低的特点，房地产金融机构开发出多种抵押贷款品种。2006年新增次级抵押贷款中，90%左右是可调整利率抵押贷款；其中大约2/3属于2+28混合利率产品，即偿还期限30年，前两年以明显低于市场利率的固定利率计息，第三年利率开始浮动，并采用基准利率加风险溢价的形式。这意味着几年后借款者的还款压力会骤然上升，很可能超过低收入还款者的承受能力。

2005年，美国房价升到了27年来的新高，次级抵押贷款规模也随之迅速扩大。据统计，在美国2006年新发放的抵押贷款中，优质贷款只占36%，而次贷却占到21%，ALT-A贷款占25%。2001年美国次贷总规模占抵押贷款市场总规模的比率仅为5.6%，至2006年已上升到20%，次级抵押贷款市场贷款总额达到6000亿美元。

对于房地产金融机构而言，在上升的房地产市场环境中，发放次级抵押贷款的诱惑要强于优质贷款，因为：第一，次级抵押贷款的收益率更高；第二，虽然次级抵押贷款的违约率更高，但只要作为抵押品的房地产价值上升，一旦出现违约，房地产金融机构就可以没收抵押品，通过拍卖而收回贷款本息；第三，房地产金融机构可以通过证券化，将与次级抵押贷款相关的风险完全转移给资本市场。

将次级抵押贷款风险转嫁证券市场

在金融市场，证券化是20世纪最重要的创新之一，它造就了一批又一批顶级富人，并成为了贪婪的人们疯狂追逐的对象。

出于对收益的狂热追求，人们在次贷市场上义无反顾地朝着越积越大的风险奔去。通常，人们都会认为所有的人不会同时犯同样的错误。出现问题的毕竟是少数，基于这样的想法，金融机构才找到了套利机会，也正是这种法则，才保证了金融系统通常的稳定性。大数法则已成为金融机构规避风险的常规手段，然而，这种大数法则却在次贷危机中栽了跟头。

成功带来了财富和权力，使华尔街的翘楚们感觉无所不能。富人的钱赚足了，又开始打量穷人的口袋，明知他们很可能还不起贷款也向他们放贷。对这些不属于"优质债"

解释：大数法则

又称大数定律或平均法则，人们在长期的实践中发现，在随机现象的大量重复中往往出现几乎必然的规律。

↘ 美国房贷巨头房利美

的"次级债",银行当然不愿意持有,因此又将贷款打包,证券化,转手卖出。这样一系列金融工具和衍生品应运而生,无本金贷款（Interest Only）、债务抵押债券（CDO）、信用违约交换（CDS）等等名目繁多的创新金融产品,一切都成了一环接一环的数字担保游戏。

首先,房地产金融机构为了迅速回笼资金,以便提供更多抵押贷款,可以在投资银行的帮助下实施证券化,将一部分住房抵押贷款债权从自己的资产负债表中剥离出来,以这部分债权为基础发行住房抵押贷款支持证券(MBS)。借款者未来偿还抵押贷款所支付的本息,就成为房地产金融机构向 MBS 购买者支付本息的基础。而一旦房地产金融机构将 MBS 出售给机构投资者,那么与这部分债权相关的收益和风险就完全转移给机构投资者了。

然后,根据抵押贷款的资产质量的差异,房地产金融机构会发行几种完全不同的债券,通常包括优先级、中间级和股权级。相应的现金流分配规则为:首先全部偿付优先级债券,如有富余再偿付中间级债券,最后偿付股权级债券。由于收益分配和损失分担的顺序不同,这些债券获得的外部信用评级就不同。优先级债券往往能够获得 AAA 评级,债券收益率较低,购买方多是风险偏好较低的商业银行、保险公司、共同基金、养老基金等。中间级债券收益率较高,购买方多是风险偏好较高的对冲基金和投资银行。股权级债券往往没有信用评级,债券收益率最高,通常由发起人持有,有时也出售给对冲基金和投资银行。

随之,投资银行又以中间级 MBS 为基础发行债券,被称为担保债务权证(CDO)。经过层层包装,优先级 CDO 大多能够获得 AAA 评级,重新赢得稳健型机构投资者的青睐;股权级 CDO 的风险虽然大于中间级 MBS,但因能够获得更高的回报率,常常得到投机性机构投资者的追捧。

值得注意的是,在次贷市场上,许多放贷机构不要求次级贷款借款人提供包括税收表格在内的财务资质证明,做房屋价值评估时,放贷机构也更多依赖机械的计算机程序而不

房地产企业如何应对金融危机

是评估师的结论，潜在的风险就深埋于次贷市场之中。

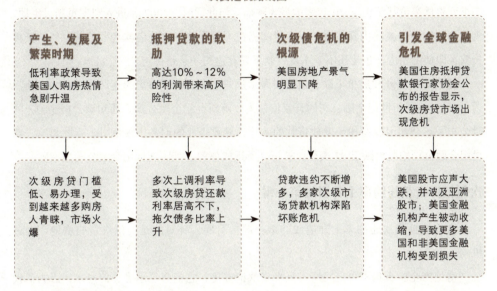

与此同时，信用评级机构的收入是基于所评级证券的金额，而不是信用评级能否真实地反映相关信用风险。在市场繁荣时期，信用评级机构为了承揽更多的业务，有时候通过提高信用评级的方式来讨好客户，这意味着信用评级机构主观上降低了信用评级的标准。此外，由于证券化产品过于复杂，很多机构投资者对证券化产品的定价缺乏深入了解，完全依赖产品的信用评级进行投资决策。最终的结果是，证券化产品偏高的信用评级导致机构投资者的非理性追捧，最终形成信用风险的累积。

房贷本来是由银行发放的，但投行把贷款证券化，将风险转移给市场，中间又生出几代金融衍生品。也许在次贷产品刚开始推向市场的时候，华尔街的那些投行赚得盆满钵满。但在追逐利润面前，次贷产品遍地开花，并多次衍生，风险开始无限放大，一有风吹草动，金融衍生品价格大幅下降，资产大幅度缩水，以致于金融市场发生剧烈动荡就成为必然。

基准利率上升及房价下跌引爆连环雷

21世纪初始，时任美联储主席的格林斯潘一直采取降低利率的方式刺激经济增长，大量的流动性资产涌入金融市场，导致资产价格泡沫化。但是，随着2003年美国经济的全面复苏，通货膨胀压力重新显现。美联储为此从2004年6月起两年内连续17次上调联邦基准利率，逐渐刺破美国房地产泡沫。2005年夏末，房地产价格上升势头忽然中止；2006 年，美国房地产进入市场修正期，至 8 月房地产开工指数同比下降 40%；2007 年，住宅房地产销售量和销售价格继续下降，二手房交易的下跌程度为 1989 年以来之最，二季度整体房价甚至创下 20 年来的最大跌幅。与此同时，2007 年进入利率重新设定期，借款者面临的还款压力骤然增加，房价却仍在不断下跌。这些借款者很难获得新的抵押贷款，即使出售房产也偿还不了本息，剩下只有违约一条路可走。

基准利率上升和房价下跌，最终引爆了那些被埋在次贷市场的连环地雷。2007 年 3 月 12 日，美国新世纪金融公司的几家债权人致函新世纪金融公司，通知该公司违约，同时公布了该公司因没有用于发放贷款的头寸，导致企业的财务出现危机。受此影响，新世纪金融公司的股价跌至 87 美分，被证交所正式停牌，美国新世纪金融公司濒临破产。

次级抵押贷款违约率上升引爆第一雷

次级抵押贷款违约率上升造成的第一颗雷引爆，针对的是提供次贷的房地产金融机构。

房地产金融机构不可能将所有抵押贷款证券化，它们必须承受违约成本，因为债权停留在自己资产负债表上而未实施证券化。

第二颗雷，针对的是购买信用评级较低的 MBS、CDO 对冲基金和投资银行

抵押贷款违约率上升导致中间级或股权级 MBS、CDO 的持有者不能按时获得本息偿付，造成这些产品的市场价值缩水，恶化了对冲基金和投资银行的资产负债表。对冲基金面对投资人赎回、商业银行提前回收贷款的压力，以及中介机构追加保证金的要求，被迫抛售优质资产，甚至破产解散。

第三颗雷，针对的是购买信用评级较高的 MBS、CDO 的商业银行、保险公司、共同基金和养老基金等

当较低级别的 MBS、CDO 发生违约，评级机构也会对优先级产品进行重新评估，调低其信用级别。尤其对商业银行而言，不仅所持优先级产品市场价值缩水，对冲基金用于申请贷款而作为抵押品的中间级和股权级 MBS、CDO 也发生更大程度的缩水，造成银行不良贷款比重上升。在次贷市场出现危机后，有可能进一步波及公司债市场。很多银行手中积压着大量无法出手的债券。公司债市场低迷无疑会影响到企业的融资成本。

过去几年美国企业的破产率非常低，2006 年破产企业只占 0.6%，但从历史上看，较为合理的水平应该在 2.5%～3%。很多企业之所以经营不佳却仍能够表面风光，实际上是仰赖流动性资产过剩，一旦流动性资产枯竭，将会有更多的企业无力支撑，被迫出局。

美国五大投行之一的贝尔斯登

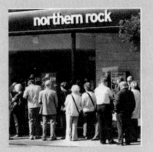
发生挤兑的英国北岩银行

如果机构投资者遭受损失,其理性对策就是出售一部分非流动性资产,提高自己资产组合中的流动性水平,以应对未来的风险和赎回压力。如果资本市场上所有机构投资者都抛售非流动性资产,那么就会造成两个结果:一是全球固定收益产品市场和股票市场大幅下跌,二是市场上流动性趋紧,甚至形成信用紧缩的局面。

第一个结果目前已经在全球资本市场上表露无遗,第二个结果正是全球主要发达国家向市场注入巨额美元流动性资金的直接原因。尽管过去10年金融市场历经多次风险,却都化险为夷,但这次危机的性质不仅仅是流动性短缺,而是家庭和企业的过度负债所致。很多家庭和企业已面临资不抵债,仅仅提供临时性的流动性资金支持,一时难以挽救。况且,全球范围内通货膨胀抬头,无疑制约着各国央行通过降低利率或提供大量流动性资金托市。

次贷危机几乎摧垮整个华尔街

次贷危机是一次资产价格泡沫破灭的危机。所谓资产价格泡沫,就是资产的价值与价格离得太远。这里有一个常识的判断,泡沫是非常脆弱的,泡沫的破灭几乎不费吹灰之力。事实上,华尔街金融巨头贝尔斯登、雷曼兄弟、美林证券等,都已经在虚拟经济的泡沫中灰飞烟灭了。

次贷危机几乎摧毁华尔街,从新世纪抵押贷款公司的关闭开始,次贷违约,沿着次贷产品的证券化产品,结构化产品,保险互换产品,债券保险公司,乃至整个债券市场,信用卡证券化产品,消费信贷证券化产品,乃至债券保险公司,都深陷危机。贝尔斯登倒闭,把危机的严重程度提高到红色警报,几乎所有金融公司都陷入次贷危机的漩涡。

政府支持的最大的房地产抵押担保机构,房利美和房地美被国有化;雷曼兄弟已经成为贝尔斯登悲剧的复制者;全球最大的投资银行美林证券公司被美国银行收购;美国国际集团命悬一线。这些百年老店迅速从华尔街消失,宣布华尔街过度虚拟经济的失败。

危机蔓延的三大传导方式

方式一：美国次贷危机向金融危机的传导

金融衍生品一系列的烽火台

烽火台，是中国古代重要的军事通信工具，曾在历史上发生过的烽火戏诸侯的故事，大家都非常熟悉。

美国次级抵押贷款及其衍生品，诸如商品住房、住房抵押贷款、MBS、CDO、CDS等等，也构成了一系列绵延万里的"烽火台"，如果第一个烽火台冒了烟，后面的烽火台就会跟着冒烟，大家就都知道有敌情出现，这个系统的连贯性很强。但是，这个系统致命的弱点就是，只要偷袭了第一个烽火台，并让它发不出信号，整个系统就全部瘫痪了。

在美国次贷危机中，第一座烽火台就是商品住房，只要商品住房的价格一直持续上涨，后面的"烽火台"即住房抵押贷款、MBS、CDO、CDS等金融产品都能够正常运转。相反，只要商品住房价格急转直下，后面的金融产品都将遭遇崩溃。

在美国，次贷危机演变为金融危机，主要是通过各金融机构之间的投资融资关系传导的。第一步，购房者向房贷机构借款，房贷机构向购房者提供融资；第二步，房贷机构向投资银行出售资产抵押债券（ABS），投资银行向放贷机构提供融资；第三步，投资银行向保险公司、对冲基金等金融机构出售债务抵押债券（CDO），后者向前者提供融资。一旦第一环出了问题，第二环、第三环接二连三都会出现问题，以致形成蝴蝶效应。

| 购房者向房贷机构借款，房贷机构向购房者提供融资 | 房贷机构向投资银行出售资产抵押债券（ABS），投资银行向放贷机构提供融资 | 投资银行向保险公司、对冲基金等金融机构出售债务抵押债券（CDO），后者向前者提供融资 |

方式二：美国金融危机向全球金融危机的传导

美国金融危机向全球金融危机的演变，主要是通过金融全球化来传导的，其途径有三：首先，全球股市的高度关联性，使得美国股市的走势影响到全球股市的走势；其次，投融资的全球化，使得美国金融机构的倒闭，给其他国家的金融机构或其他经济主体造成损失；再次，美国金融危机引发的金融系统的系统性风险，引起国际金融市场动荡，波及到全球金融机构和金融市场。

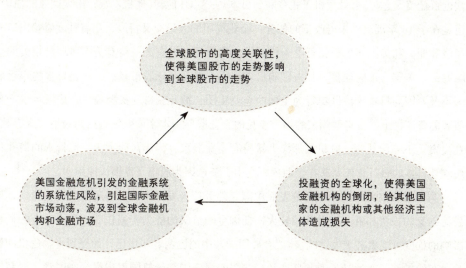

已历时一年多的美国次贷危机还在继续，一场原本只涉及单一地区、单一金融产品的危机已经通过蝴蝶效应演变成了一场危及全球金融市场的飓风。

美国金融危机目前已造成美国次贷损失1.4万亿美元，美国五大投资银行几近覆灭。就美国目前情况来看，更为严峻的金融灾难恐怕还在后面。据美国商业银行公布的数据，美国有62万亿美元的信用违约掉期（CDS），20万亿美元的汽车、学生、信用卡、商务等私人债务，2万多亿美元的商业抵押贷款，7万亿美元的寿险公司、信用联盟、地方政府财务公司及投资银行的债务或贷款，3万亿美元的500家以上中小商业银行贷款。从金融危机传导链条来看，信用违约会从房地产按揭贷款扩散到信用卡，再扩散到车贷，最后危及商业信贷和企业债务，造成链条式信用违约问题。

正当欧洲各国还在为如何帮助美国度过难关而出谋划策之时，金融危机汹涌而至，欧洲各国也是自顾不暇。过去数月，欧洲大型金融机构频频告急。业务覆盖荷兰、比利时和卢森堡三国的银行保险巨头富通集团已经正式被巴黎银行接管；冰岛政府也买断了意大利联合信贷银行（该银行在米兰、德国和东欧等国都有开设业务）；德国政府宣布，对该国陷入困境的抵押贷款商Hypo房地产控股采取一项新的救助计划，该计划的总规模为500亿欧元。在银行业危机加剧的背景下,欧洲银行间的拆借市场也陷入冻结。从北岩银行、HBOS银行,到富通银行、Hypo Real Estate(HRE),虽然大西洋东岸的欧盟各国积极寻求对策,试图建立防火墙,但欧洲还是没能抵挡住华尔街"瘟疫"来势汹汹的蔓延。

之前日本的三菱UFJ投资摩根士丹利90亿美金,一时之间仿佛体质相对健全的日本银行将成为华尔街的救世主。不料,三菱UFJ随后就出现自身难保的情况,正打算募款近百亿美元之时,金融危机正式登陆到日本。三菱UFJ及其他日本银行出现问题的原因,还是在于10年沉淀仍未能改革的部分:企业集团的大量交叉持股,还有过度倚赖出口的经济体制。和美国华尔街银行不一样,日本的银行并没有大量持有美国房地产相关的金融商品,美国房市的崩盘,并未影响日本银行。然而全球股市暴跌,却让日本的银行躲闪不及。因为日本传统以银行为主体的企业集团,彼此紧密交叉持股,造成银行资产负债表的资产栏上挂着其他国家的银行少见的企业股票。本来商业银行因为吸纳大众存款,在投资上不能像其他金融机构那样大量持有企业股票,因为风险太大。但日本的商业传统却让日本的银行意外暴露在金融危机之中,资产因为股市下跌而快速缩水。

再来看发展中国家,除部分发展中国家外,广大发展中国家金融系统比较脆弱,对发达国家的投资和资金援助依赖较大,抵御金融危机的能力普遍较低,受全球金融危机影响的程度可能更甚于发达国家。"金砖四国"中的巴西、印度已开始受到金融危机的影响。东欧的波兰、罗马尼亚、乌克兰、波罗的海三国等转轨国家出现金融困难。巴基斯坦外汇储备仅47亿美元,不足一月之用。连新兴经济体中的佼佼者韩国、新加坡都呈现

日本最大银行三菱UFJ注资摩根士丹利

深陷财务困境的摩根士丹利于2008年10月15日宣布,其与三菱UFJ已谈妥入股修改方案,后者90亿美元的注资已经完成。在"久旱逢甘霖"般的资金注入后,摩根士丹利的资本率得到大幅提高,同时杠杆率得以下降。交易完成后,摩根士丹利一级资本率将达到15.5%,远高于美联储6%的"资本良好"标准。资本率和杠杆率是衡量一家银行健康与否的关键指标。

金融危机征兆，韩国数家银行已陷入困境。

全球主要股市剧烈动荡

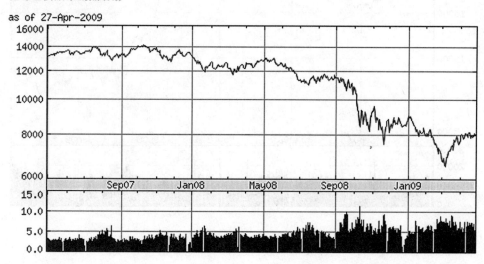

↘ 道琼斯指数

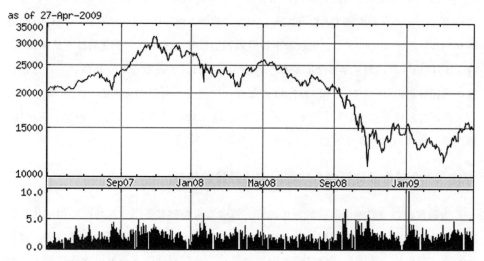

↘ 恒生指数

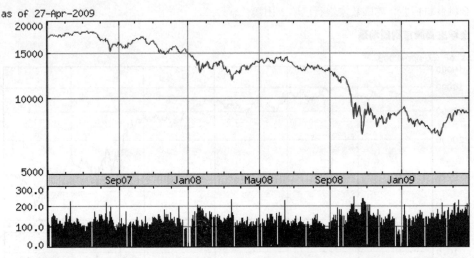

↘ 日经指数

2008年10月6日，全球股市一致遭遇了"黑色星期一"，美国三大指数大幅下挫，道琼斯指数迅速跌破10000点，这是2004年10月以来，该指数首度跌破万点关口。欧洲主要股市当天也受到重挫，伦敦股市100种股票平均价格指数跌7.85%，收于4589.2点；法兰克福股市DAX指数跌7.07%，收于5387.01点；巴黎股市CAC40指数跌9.04%，收于3711.98点。东京股市日经股指当日收盘时比前一个交易日下跌4.25%，收于10473.09点，为4年多来的最低收盘点位。当日，沪深股市双双暴跌，上证综指和深证成指分别以2173.74点和7217.32点报收，较前一交易日收盘大跌5.23%和4.52%。当天韩国首尔股市综合指数下跌60.90点，跌幅达4.3%。俄罗斯、印度、巴西、阿根廷、墨西哥、智利和秘鲁等股市都无一幸免。

方式三：全球金融危机向全球各国实体经济的传导

金融危机将会影响国际间的货币流向，资金有可能向某些国家和地区集中或从某些国家和地区撤出，进而影响到实体经济。金融危机对实体经济的影响主要通过国际贸易的途径来传导的。美国是全球最重要的进口市场，美国经济陷入衰退，将会降低美国的进口需求，这将导致其他国家出口减缓，进而影响到这些国家的GDP增长。这对那些依靠净出口拉动经济增长的国家或地区如德国、加拿大、墨西哥、东亚新兴市场国家、石油输出国等的影响尤为显著。此外，美元大幅贬值将会损害其他国家出口商品的国际竞争力，特别是那些与美国出口商品构成同质性竞争关系的国家和地区如欧盟和日本。

美国经济占全球比重达30%，其进口占世界贸易的15%。因此，美国经济走软甚至出现衰退将导致全球商品贸易量下降，进而影响全球经济，对于那些外贸依存度大的国家来说，情况将更为严重。一个高增长、低通胀的全球化黄金时代已经终结，美国、欧洲经济将维持较长时间的低迷，全球经济也将步入明显减速的下行期。在经济全球化程度不断提高的今天，地区经济之间难以完全脱钩，全球经济恐怕将不得不面对"环球同此凉热"的现实。

↘ 伦敦金融城

法国实体经济面临衰退

在法国，面对经济发展停滞不前、就业市场黯淡、物价不断上涨、购买力持续下降等重重压力，法国人的生活早已不轻松，而这场突如其来的"金融危机"更是让许多法国人的生活雪上加霜。种种数据和迹象显示，除了金融业首当其冲外，法国的房地产、外贸、旅游、汽车、航空、零售业等，都受到了金融危机的影响。譬如，法国房地产建筑许可证发放量比去年同期锐减23.3%，而房地产投建数量减少8.1%；雷诺和标致雪铁龙公司均已决定在本季度减产20%；零售业的家乐福和钢铁业的阿赛洛—米塔尔等巨头都宣布将大幅裁员。再加上出口形势严峻，内需扩大乏力等因素，法国经济已连续几个季度出现负增长。股市的剧烈震荡使许多上市企业市值大大缩水，减产、裁员、倒闭接踵而至。从金融危机到经济衰退，直接关系到普通法国人最担心的就业问题。目前法国失业率再次超过7%，失业人口达200万之多。

部分经济学家认为，虽然法国政府出台措施积极救市，但暂且不说3600亿欧元的救市计划能否兑现，即便掏得起这笔钱，亦是杯水车薪，难挽狂澜。

德国遭遇汽车业经济下滑

金融危机对德国实体经济的影响也日益显现，首当其冲的是汽车业。不久前，德国戴姆勒公司宣布，其在德国境内厂家工作的15万名员工的圣诞节假期将延长至5周；宝马公司在莱比锡的工厂也已临时停产4天，造成汽车产量减少2800辆；欧宝公司有两家工厂开始停产；美国福特在德国科隆的子公司也宣布将缩短工时。汽车业产生危机的首要原因是订单减少。一般来说，客户的订单是提前几个月甚至一年发出的,而那时金融危机还未如此严重,人们只是感到汽油价格上涨、通货膨胀等因素的压力,因此在大宗消费时就会慎重考虑。现在,金融危机愈演愈烈,汽车业得到银行贷款更加困难,致使整个行业面临颓势。

德国汽车业是该国整个实体经济的风向标,全国约 1/7 的就业岗位直接或间接地与汽车业相关。经济学家预计,如果政府不采取有效措施,2009~2010 年,将会有 20% 的汽车配件厂家破产,进而导致 5 万人失业。有鉴于此,德国政府正计划斥资 250 亿欧元支持实体经济,其中重点支持汽车业。此外欧盟也计划出资 400 亿欧元,支持汽车业,这也将惠及德国。

英国伦敦金融城经历"寒冬"

在来势凶猛的金融危机面前,作为最具国际化特点的世界金融中心的英国伦敦金融城,也一下子处在了风口浪尖之上,绝大多数金融学家认为,伦敦金融城将面临一个历史少见的"寒冬"。金融服务业是英国的支柱产业,创造的产值占英国国内生产总值的 10%。因而,金融服务业一向是英国热门的行业,伦敦金融城的从业人员也被认为是企业界的翘楚。然而,金融危机袭来,一大批高高在上的金融巨头顿时摇摇欲坠,曾经不可一世的精英人物也变得垂头丧气。2008 年 10 月到 12 月,可能有 11 万金融从业人员失业,伦敦金融城会有 4 万专业人士被扫地出门。

对全球贸易来说,次贷危机带来的损害还包括全球范围贸易保护主义的抬头。20 世纪 20 年代末金融危机爆发后,各国均高筑贸易壁垒,保护国内产业并转嫁危机。随着美国金融危机的爆发,全球化将受到严重挫折,并经历一次巨大的退潮。这对于新兴市场国家来说,是一个不得不接受的困局,在承受经济下滑风险的同时,还必须做好承受输入型通胀潜在威胁的准备。

话题6：引发金融危机的其他因素

【在经济环境中，虚拟经济的繁荣是建立在实体经济繁荣的基础之上，否则经济就只能跛行，那岂能走远！】

受次贷影响英国北岩银行发生百年不遇的挤兑行为。如果不是英国政府实施国家收购，国有化北岩银行，完全可能引发英国甚至整个欧洲的银行危机。毕竟欧洲金融机构直接持有大量次贷衍生产品，直接导致欧洲成为这次金融危机的重灾区。虽然欧洲央行通过大规模注资，使欧洲所有金融机构有了喘息的机会，但是由次贷延伸影响，滞后美国一年的欧洲经济已经面对衰退。日本经济也很难幸免于难，可能会重返负增长。

次贷危机戳破其他经济泡沫导致金融危机的爆发

抵押贷款是最大的信用泡沫

次贷危机点爆了太多泡沫，从信用泡沫开始，产品的泡沫，资金的泡沫，价格的泡沫，市值的泡沫，形成一个很长的泡沫链。最底层的抵押贷款是最大的信用泡沫，抵押贷款是一个信用产品，应该贷给有信用的人，但是次级贷款把信用产品贷给了一些低信用，甚至没有信用的群体，而且附加了许多加大信用风险的优惠条件，比如零首付、延迟本金还款等等。次级贷款实际上成为一个巨大的信用泡沫。基于1.5万亿美元的信用泡沫，创造了超过2万亿美元的资产证券化产品、超1万亿美元的债券抵押凭证的所谓结构化产品、近1万亿美元的信用违约互换产品，为了能够提高这些证券的评级，债券保险公司产生2.4万亿担保产品，以及近1万亿美元的信用卡证券化产品、近1万亿美元汽车消费贷款证券化产品。眼花缭乱的产品泡沫以及伴随的价格泡沫，创造了一个巨大的市值泡沫。

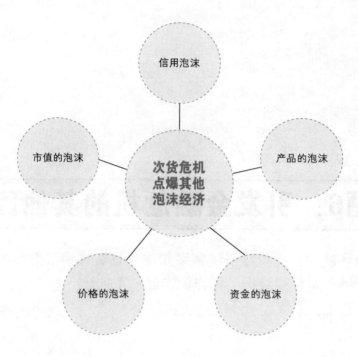

泡沫产生的过程

如何认识虚拟财富和泡沫的产生过程呢？银河证券高级经济学家——左小蕾，举过一个很好的例子，一只证券发行了1亿份，每份2元，市值2亿，如果最后以4元钱成交100份，那么市场价格就由每份2元上升到每份4元，这只总规模为1亿份的证券市值就激增为4亿元。结果是仅仅用400元就把这只证券的市值提高了一倍。最终400元创造了199999600元的虚拟货币，所有持有者的"资产"上涨一倍。反过来，当一个人因为市场变化，经济下滑，流动性等原因，愿意按照1元钱的价格赎回100份，那么市场价格就由每份4元下滑到每份1元，这只总规模为1亿份的证券市值就立即缩水成1亿元，所有人的所谓财富，缩小到1/3。当然，如果所有持有人都赎回，这只证券可能变得近乎毫无价值。特别是全市场都赎回衍生债券，全部发行人需要拆借资金，全市场流动性危机就爆发了。

价格泡沫、市值泡沫的制造与巨大的杠杆交易放大资金泡沫密切相关。在次贷危机中倒闭的赫赫有名的凯雷基金，本身有6亿多资本金，但杠杆的保证金把它资产放到200多亿，杠杆的倍数达到32倍。当次级贷危机发生的时候市场不稳定，马上要补充保证金，凯雷基金当时拿不出来，也根本没有地方可以拆借，最后只得破产倒闭。

在华尔街，有些被叫做"产品"的东西实际上没有任何真正的价值，也没有创造出真正的财富，跟实体经济无关。产品链越长越不知标的物是什么。次贷衍生品数万亿上十万亿的市值，是被虚拟货币托起的泡沫，是杠杆交易方式放大的虚拟财富，使虚拟经济脱离实体经济，逐渐走到危机四伏的地步。

资产价格泡沫的两种结局

资产价格泡沫的结局是危机。巨大的泡沫最后只有两个结果，第一个结果就是像现在这样，泡沫破灭了，数十万亿的虚拟财富没有了，金融危机一触即发；另外一个结果是美联储救市，印了大量钞票，结果很可能是导致全球通货膨胀，大量金融资本推高石油、粮食价格。

↘ 左小蕾

危机爆发的本质在于虚拟经济离实体经济渐行渐远，而一旦虚拟经济陷入危机，反过来会把实体经济给拉下水。今年诺贝尔经济学奖获得者保罗·克鲁格曼就指出，即使美国已经出台的救市政策，可以成功解冻信贷市场，实体经济也会受到巨大冲击。

全球金融协调机构的缺失是引发金融危机的制度原因

经济管理本质——一石不能二鸟

一个毋庸置疑的事实是，发达国家一般不容易出现债务危机和货币危机。例如欧洲，其债务以欧元计价。这是欧元的国际硬通货地位决定的，因此欧元计价能够被接受。这种国际货币体系，非常不利于新兴市场的金融自由化进程。发展中国家经常发生的货币错配，是因为在美元本位的国际货币体制下的不得已。次贷危机正引发全球金融危机，美国、欧洲启动了强大的货币制造机制，不惜代价拯救金融机构，稳定市场，稳定经济。美国央行的全球央行地位，英国和欧洲的准全球央行地位，使这些国家和地区在引发全球性金融危机时，可以作为最后贷款人向全球发货币来稳定其金融体系和经济。

↙ 丁伯根

国际货币体系的美元本位，一直是与公平的金融自由化相悖的关键性因素。美元本位有着巨大的不合理性，如果美国的央行地位是真正意义上的世界央行，其独立性、中立地位会对全世界有一定的公平性。但美国央行是根据美国经济来制定货币政策的，所以美国经济、金融市场的变化，美国货币政策相应的变化，都给全世界造成了巨大的不确定性。新兴市场国家的债务危机、货币危机、石油危机、粮食危机都与美元有关，与美国经济有关。

按照丁伯根法则：为达到一个经济目标，政府至少要运用一种有效的政策；为达到 N 个经济目标，政府至少要运用 N 个独立、有效的经济政策。这一原则被西方经济学家通俗地概括为一石不能二鸟。这个原则为制定政策提供了良好的标准，一箭双雕、两全其美的政策是很难达到的，要实现几个独立的经济目标，就必须使用同等数量的政策工具。我们注意到，在丁伯根法则中，有一个重要的前提是各个经济目标是独立的、政策工具也是独立的。

维持全球经济金融稳定和维持美国经济金融稳定虽然彼此相关但却是两个具有本质区别的任务，即是两项独立的政策目标。美联储愿意也罢，不愿意也罢，它事实上的确占据全球中央银行的角色，面对着两个政策目标，即维持全球经济金融稳定和维持美国经济金融稳定。但是，美联储仅仅拥有一个政策工具，即美联储的货币政策。一个政策工具要去实现两项独立的政策目标是不可能的。同样的结论也适用于欧洲央行。

这也说明，期望美联储或欧洲央行既能为自己的经济体系做好中央银行的职责，又能为整个世界做好全球中央银行的职责是不可能的，这一碗水怎么也难以端平。可见，美联储和欧洲央行根本担当不起全球中央银行的重担。事实上，自从布雷顿森林体系解体之后，世界各国的货币体系都获得了"自由"，不用再遵从"美元与黄金挂钩，其他货币与美元挂钩"的金科玉律。同时全球各种货币之间也丧失了稳定的关系，获得自由的同时，也承受着混乱。全球金融协调机

解释：硬通货

硬通货是指国际信用较好、币值稳定、汇价呈坚挺状态的货币

构的缺失，成为当前金融危机爆发的制度原因。

宽松货币政策能拯救经济危机，但会造成全球通胀

美国为了拯救经济危机，实施宽松的货币政策，长期维持低利率发行美元，通过全球化和金融自由化，假以时日，很可能制造全球的流动性过剩，带来国际石油价格、资产价格的大幅上涨，形成全球资产价格泡沫和全球通胀。在美元本位的国际货币体制下，全球经济都受到美国货币政策的影响。

美联储释放大规模的金融资本，如果国际金融格局没有根本改变，未来金融资本的大规模全球流动是完全可以预期的。美国发出来的货币，如果不超出国界，或者说没有金融全球化的推动，美国的货币政策从调整国内经济的角度，是可能收放自如。但是，全球流动的无孔不入，寻求投资机会的金融资本像脱缰的野马，可能不是美联储的利率提升就能完全收回去的。实际上，这里隐含着一个相应的全球金融体系缺位的问题。在美元本位的货币制度下，美国可以发货币；但在金融全球化的趋势下，并没有一个相匹配的全球金融体系来合理有效地管理这些过剩资本，以及过剩资本全球流动带来的问题。

经济全球化有迹象退回到区域化、地区化

布雷顿森林体系瓦解后，现有的国际货币体系是一个松散的国际货币体系。尽管欧元和日元在国际货币体系中作用逐渐增强，但是，储备货币的多元化并不能有效解决"特里芬难题"，只是将矛盾分散化，也就是说储备货币既是国家货币也是国际货币的身份不变。充当储备货币的国家依据国内宏观经济状况制定宏观经济政策，势必会与世界经济或区域经济要求相矛盾，因而会导致外汇市场不稳定和金融市场的动荡。施行与某种储备货币挂钩或盯住某种货币的国家，既要受该储备货币国家货币政策的影响，同时还要受多个国家之间货币政策交叉的影响。储备货币之间汇率和利率的变动对发展中国家的影响大为增强，使得外汇市场更加不稳和动荡，这种影响可以分为区域性的和全球性的。

亚洲金融危机后，建立新的全球金融体系的问题曾被反复提出。很多人认为国际货币基金组织（IMF）是全球危机的拯救机构，但是IMF作为国际社会的最后贷款人角色，更大的作用是事后的危机解救。而且IMF的危机解救计划受诸多政策限制，更多是理论上的合理，而不是实践上的可行。特别是对于市场经济体系并不成熟的新兴国家，国际组织按照解救南美国家债务危机的方式和思路制定的拯救计划，亚洲金融危机时的东南亚各国就不适用。

为了保护自己，世界格局已经发生了一些微妙的变化。欧洲诞生了统一货币——欧元；亚洲的外汇联合防御机制的讨论也应运而生；东亚国家还签署了互助基金的备忘录，最近亚洲开发银行行长再提亚洲危机合作机制的议案。全球化在某种程度上有退回到区域化、地区化，甚至贸易保护主义的迹象。这是进步还是退步且不去说它，但是至少，人们都在采取各种方式尝试保护自身的利益。

危机根源——全球国际经济失衡

此次危机源于全球国际经济失衡

关于当前金融危机的缘由，真正深入的分析，就要把它结合在前几年讨论的问题之中，那就是全球国际经济失衡。如果真的像大多数金融学家认为的那样，当前金融危机仅仅是由于金融创新，由于华尔街的贪婪才造成的。那么，这类金融创新和贪婪过去也一样很多，诸如在安然事件、美国储蓄信贷危机中，我们都看到了这类金融创新和华尔街的贪婪。既然如此，为什么这次的金融危机却与以往有所不同。答案是：这次金融危机之所以这么严重，一个重要原因是跟国际经济出现的一些深层次的问题有关，具体说，就是严重的国际金融失衡。

纵观金融危机史，金融危机总是与区域或全球经济失衡相伴而生的。1929年爆发金融危机之前，国际经济结构发生了巨大变化，英国的世界霸主地位逐渐向美国和欧洲倾斜，特别是美国经济快速增长呈现出取代英国霸主地位的趋势，这次国际经济失衡为此后的金融危机埋下了祸根。

20世纪末期，区域经济一体化趋势要快于经济全球化趋势，拉美国家与美国之间的经济关联度使得拉美国家对美国经济的"蝴蝶效应"要比其他国家更为强烈。20世纪末的20年里，当拉美地区的经济结构失衡时，往往以拉美国家的金融危机表现出来。欧、美、日经济结构失衡同样是导致欧、美、日等国金融危机爆发的根源。当区域的或全球的稳定经

1944年召开的布雷顿森林会议

解释：特里芬难题

美国经济学家特里芬在1960年指出，布雷顿森林体系下，美元承担的两个责任，即保证美元按官定价兑换黄金、维持各国对美元的信心和提供足够的国际清偿力（即美元）之间是矛盾的。这个被称为"特里芬难题"的矛盾最终导致布雷顿森林体系无法维持。

济结构被打破时,新的经济平衡往往以金融危机为推动力。1992年欧洲金融危机,源于德国统一后德国经济快速发展,打破了德国与美国以及与欧洲其他国家间的经济平衡。1990年的日本也是因为美日之间的经济平衡被打破后,在金融危机的作用下,才实现新的经济均衡。

以中美经济活动为例分析经济失衡现象

过去10年是全球经济增长的黄金时期,这段时间经济增长率非常高,而且通货膨胀率很低,其中很重要的原因就是东亚经济的增长在其中扮演了很重要的角色,由于中国、印度等国家开始加入全球化,因此,这些国家对全球经济的增长起到了越来越重要的作用。与此同时,这些国家出口的产品使通货膨胀保持在较低的水平上。

我们以中美两国经济失衡为例,来解释全球经济失衡,管中窥豹,略见一斑。过去10年是中国经济增长的黄金时期,从1978年改革开放以来,我国经济发展步入了新的历史阶段。而正真稳定且高速的经济增长实际上是在20世纪90年代后期才开始出现的。尤其在最近5年,GDP的增长率超过了10%,超过了过去20年平均增长水平。

中国经济增长之所以如此强劲,一个很重要的原因就是出口拉动,其中就包括美国消费的拉动。美国消费者是全世界都少有的,在全世界消费者中,只有美国消费者能够如此大胆地消费,在最近几年,美国经济增长主要依靠消费拉动,消费又靠财富增长来拉动,而财富增长很多是来自美国楼市和股市。

显而易见,在这样一个大格局中,出现了经济失衡。这个经济失衡就是美国的贸易逆差越来越大,而中国的贸易顺差越来越大,这种情况是没有办法持续的,在数学上求不到一个收敛解。

经济失衡是一个棘手的问题,随着失衡的程度越来越深重,其危害也会愈发严重。但是,过去10年是全球经济黄金增长时期。在这样一个看上去无限繁荣的时期,如果说服美国人和中国人改变这种格局都是非常困难的。虽然从表面上来看经济非常繁荣和稳定,中国出口很多产品到美国,同时我们积累了很多外汇储备,投资美国的国库券,然后又被融资。其实,经济失衡隐含着很多风险,这个风险对美国来说,就如同寅吃卯粮,对中国来说,积累的对外依存度越来越高,积累的外汇储备的风险越来越大。

另外一个结果,就是我们看到,在过去10年的时候,中国加快生产,美国加快消费,全球的能源和大众商品的增长需求非常快。因此,不难想象为什么包括石油、农产品、金属的价格都被持续推高,这种大宗商品和能源价格的推高,给美国带来了新的通货膨胀,当美国提高利率来抑制通货膨胀的时候,房价应声而落,所以次贷的违约率迅速提高,信用率普遍降低,这时需要降低自己的财务杠杆,一旦降低财务杠杆就要被迫卖出质量比较

↘ 美联储主席：伯南克

好的金融资产。所以危机从次级贷款的金融产品开始蔓延到其他金融产品，比如蔓延到股票市场、货币市场以及基金市场。当第一张多米诺骨牌推倒之后，连锁反应的金融危机就紧接着显现了。由此可见，全球经济失衡是当前金融危机的深层原因。

经济失衡导致金融危机的演示图0

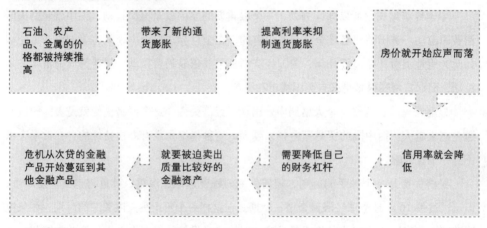

缺乏有力的金融监管

通过建立法律加强监管但收效甚微

每次金融危机都会引发人们督促立法机构，制定更加严格的法律法规，加强金融管制。但遗憾的是，立法机构面对金融危机并不是总能作出最英明的决策。1720年《泡沫法》，禁止所有未经皇家许可状授权的股票发行，这一规定使得一个多世纪的时间里，在英国要开办一家合法企业都变得很困难，直到该法最终被废除情况才发生了变化。1929年华尔街崩溃催生了《1930年斯姆特－霍利关税法》，这部法律对国际贸易产生了破坏性的影响。21世纪初商业网络泡沫之后，美国出台了《萨班斯——奥克斯利法案》，增加了所有美国上市公司的经济负担。可见，监管者本身也并不比其他人更加理性和明智，因为人们在他们身上寄托了太多期望，注定会收到更多的失望。在金融狂热和金融危机中，人人都牵扯其中——借款人、放款人和监管者，都过于频繁地被过度兴趣和恐慌的潮流席卷。是人都会犯错，监管者也一样，这正是监管者很少逆经济周期而动的原因之一，监管方也被潮流席卷，看来，我们不能把维持金融稳定的信心，过多地寄托在监管者随机抉择的金融调控上。那么我们应该怎么办？

世界范围内积极寻求加强监管力度的办法

一个建议是，我们应建立某种机制，赋予它在视野里寻找问题的职责。听上去这个主意不赖。但历史上充斥着这样的情形，在狂热的氛围里，当局有关泡沫即将来临的警告被完全无视。1996年底，艾伦·格林斯潘谈到了"非理性繁荣"，股价短暂下滑，但之后10年的大多数时间里股价加速上涨。英国央行行长默文·金，在2007年夏天之前很早的时候，就曾谈过错误定价的信贷风险和艰难时局即将到来。但当市场上涨时，没人把那些灾难预言家的话当回事。

当然，有些监管是无可避免的，拯救贝尔斯登的行动使得一场改革在美国势在必行。在英国，2008年稍晚时候政府推出立法，以解决一些在北岩事件期间浮现出来的弊端。此外，也有可能进行更多微观经济层面的改变，例如信贷评级机构的工作等。没完没了且最终没有什么成果的争论——关于有必要限制金融城奖金，关于更充分披露和提高透明度，将一如既往地存在。

大型商业银行的年报将继续以每年多出20至50页的速度变厚。显然有必要使银行体系里雇员和股东的经济利益更加一致，以减少交易商肩负巨大短期风险的诱因。但无论如何，每当金融危机之后很可能出现的情况是，谨慎和节制成为主基调。银行在考虑把钱放在哪里和如何放时，将谨慎得多。

贝尔斯登被收购

　　始建于1923年的华尔街巨头贝尔斯登公司曾经经历了1929年的美国历史上最严重的大萧条,但是近80年之后,这家美国第5大投资银行却走入歧途。

　　2008年3月16日,摩根大通宣布以2.4亿美元的价格收购贝尔斯登。这样,有着85年历史的贝尔斯登公司成为了在次级债危机中垮掉的首家大型银行。

北岩事件

　　2007年9月中旬,英国北岩银行(Northern Rock)出现了英国近140年来首次"挤兑现象"。该银行直接持有与美国次级债相关的金融产品尚不到总资产1%,但由于其资产负债结构存在期限不匹配问题,资金来源主要依赖短期市场,当美国次贷危机波及到欧洲短期资金市场时,造成流动性紧缺,北岩银行融资出现困难,引发了挤兑现象。

话题7：中国经济在全球危机下受到哪些冲击

【从表面看，中国似乎是这场金融危机的幸运儿，但随着金融危机的持续，我们也开始看到一些意想不到的损失。】

金融危机引发中国金融机构的系统性风险

毫无疑问，中国金融机构因为直接投资次贷产品受到的影响比较有限。从表面上看，中国在这次金融危机中好像幸免遇难。如果我们直接看中国商业银行的对外投资，与这次次贷有关的风险暴露实际上比较小。即使那些持有次贷比较多的商业银行，如中国银行、建设银行、工商银行，跟他们巨大的资产相比，其直接投资次级贷款产品受到的影响是比较有限的。

事实上，中国金融机构的损失主要来自金融危机引发的系统性风险。正如何帆教授所说的那样："随着美国金融危机的爆发，我们开始看到有一些意想不到的损失，一些金融机构并没有购买次级抵押贷款为基础的金融产品，但是它也受到了损失，比如中国外汇投资公司，在美国有一个基金，这个基金是雷曼兄弟在短期货币市场上发行的债券，这种在过去是相当稳定的，几乎相当于你把钱存在银行，但是金融危机中，连这样的投资都遇到了风险。我们看到中信泰富跟次级贷款没有什么关系，赌的是澳元升值，澳大利亚作为出口国，中国的经济增长需求这么大，这是很好的对冲风险的办法，但是受到金融危机的影响，所以澳元开始贬值，所以在对外投资比较积极的中国企业，包括中国的金融机构，都有可能随着金融危机的进一步恶化，产生意想不到的损失。只要你的交

易对手是华尔街的金融机构,你没有百分之百的把握一定不会出现风险,这是我们要关注的一个问题。"

尽管中国的金融机构现在受到的损失相对有限,但是中国1.9万亿美元的外汇储备着实让人揪心。这次金融危机使得中国1.9万亿的外汇储备被牢牢地套死。有些学者提出,我们握有美国大量的国债,如果我们抛出这些国债,将会使美国国债市场有崩盘之虞。那么,我们真的能够把美元资产抛掉吗?事实上,这是不现实的,如果我们抛掉美元资产,美元将会急剧贬值,其霸主地位肯定会受到一定的影响。但是,美元的贬值也将会让我们遭受巨大损失,所谓"伤敌八百,自损一千"。所以,现在不管我们愿不愿意,似乎和美国成了拴在一根绳上的两只蚂蚱,变成了利益共同体。这是一件让中国很难受的事情,因为中国在处理金融危机时的美国国债问题上,进退维谷,陷入"进亦忧,退亦忧"的不利境地。

我们为什么会遇到这样的情况?实际上是来自于我们,长期持续的巨额贸易顺差和积极的引进外资政策,使得大量美元滚滚而来;大量投资美国国债,也是众多可供选择的方式中看来最有利的一种投资方式,然而,美国次贷危机引发的全球金融风暴,却酿成了我们今天的尴尬局面。

中国出口业遇困局

有人说,出口企业的冬天已经来了。在我们看来,这种判断不尽正确。现在,冬天远远没有到来,最冷的时候还在后面。中国现在的出口企业遇到的困难,并不是源自美国的"传染病",而是我们过去的"慢性病",现在遇到的问题不是突然出现的。美国金融危机对中国真正的影响,可能要等到2009年才完全显现出来,所以我们要有最清醒的认识,做好最充足的准备,最困难的时候,还没有真正到来。

就 GDP 增长率的变化来说，GDP 增长率连续 5 个季度下跌，能源需求一路走低。GDP 增长率连续 5 个季度下跌。全国近七万企业倒闭，失业人口达 2000 万。

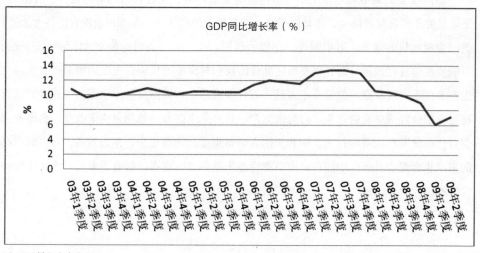
↘ GDP增长率变化图

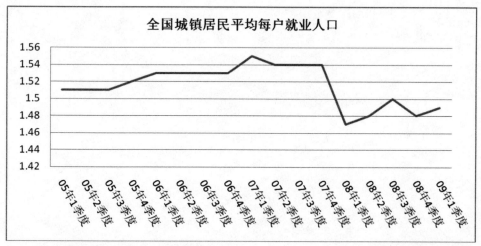
↘ 全国城镇居民平均每户就业人口变化趋势图

在珠三角地区，玩具、家具、服装、鞋子这些行业都普遍遇到困难，但是这仅仅还是一个开始，危机会蔓延到其他行业。拿一张中国地图由北到南，从大连一直到湛江、海口，你会发现中国的沿海，每隔 100~200 千米都有一个港口，每一个港口旁边一定是一片临港工业区，包括钢铁、化工、造船。这些重、化工业也开始遇到困难，而且遇到的困难可能比劳动密集型产业更严重，所以我们不能低估美国金融危机通过贸易渠道对我们的影响。

全球金融危机警示中国收支失衡格局加快调整

　　国际收支失衡格局是一个不能够持续的发展格局,在这种格局中的每一个经济体,无论是处于贸易顺差地位,还是处于贸易逆差地位的经济体,都面临着潜在的巨大损失。美国金融危机的爆发,对中国有一个警示作用,在过去一直讨论的全球国际收支失衡,可能要被迫进行调整,而且调整的速度会比我们想象中的更快。美国的贸易赤字实际上主要来源于美国家庭户的储蓄率太低。而且最近几年,美国贸易赤字调整的速度要远远超过大部分经济学家的想象。因为家庭户一旦对未来财富的预期发生了改变,会迅速调整自己的储蓄和消费的行为,随着美国人储蓄更多,消费更少,作为对应,对中国产品的需求也会更少。所以中国产品出口将会越来越困难,现在已经有很多出口企业出现经营困难。

话题8：遭受金融危机各国出招救市

【美国次级贷款问题已从局部发展到全球，从金融领域扩散到实体经济领域。各国纷纷通过相应的财政、货币政策和手段加大资金投入，扩大需求，稳定市场，促进经济增长。】

美国启动最大规模救市行动救市资金达1万亿美元

美国曾经创造了数以万计的财富和无数的超级富豪，但如今，随着次贷市场的地雷被依次点爆，这一切都灰飞烟灭，不仅自身难以为继，还牵连了其他国家的金融机构，乃至全球整个经济运行。

为了收拾残局，美国政府启动了有史以来最大规模的救市行动，美国救市资金将超过1万亿美元。2008年9月15日，美联储向美国银行体系注资700亿美元，这是"9.11"以后最大规模的单日注资行动。次日，美联储又向保险公司AIG注资850亿美元，同时继续向美国银行体系注资500亿美元。

2008年10月3日至4日，美国国会众议院就布什总统提议的7000亿美元的救市计划展开辩论，并对修改后的救市方案进行投票表决。救市方案经过一番波折后，终获通过。投票中，263名议员投了赞成票，大大超出反对的171人。2008年10月14日，美国宣布具体救市举措后又马上出台了2500亿美元的银行入股计划，相关计划都已开始进入实际操作阶段。

美联储10月21日颁布一项新计划，为6000亿美元货币市场共同基金的购买提供融资，从而为紧张的金融市场注入流动性。

虽然美国7000亿元救市计划堪称大手笔，但仅限于对金融机构，虽说手心手背都是肉，但是美国其他行业到目前为止还没有受到家长的抚慰，美国三大汽车巨头遭遇破产的窘境，本来已经商量好的250亿美元救援计划也被搁浅，汽车行业似乎面临着自生自灭的困局。

刚刚当选为美国总统的奥巴马，被誉为美国的变革力量。虽说还没有正式上任，但已经开始马不停蹄地组建自己的领导班子，并在积极思索、寻找美国摆脱困局的出路。所谓新官上任三把火，奥巴马不仅明确表示将不惜一切代价刺激经济，对于金融危机，他也正在酝酿一系列的救助计划。据说，奥巴马和美国众议院议长佩洛西正在准备动用5000亿美元以刺激经济，该计划包括增加美国失业救济金。与布什一次性支付的方式不同，奥巴马将会向中产阶级提供固定的个人收入减税。此外，奥巴马和佩洛西还希望向各州提供援助，并且增加联邦政府在道路、桥梁以及其他公共基础设施建设方面的开支。

欧盟携手联合打响反击战

当金融危机以迅雷不及掩耳之势席卷欧罗巴，冰岛深陷破产泥潭，东欧危机四伏，欧洲经济步履维艰之时，欧盟掌门人才开始带领着貌合神离的欧盟诸国揭开了欧盟救市的大幕。经历了混乱的单打独斗后，英国一系列颇具成效的救市措施，逐步引领欧盟走入救市正轨。

2007年下半年，次贷危机第一轮冲击波已经对欧盟银行业造成了较大影响，英国北岩银行发生挤兑危机并被国有化，德法等知名银行皆遭重创。然而由于当时欧洲经济增长势头较好，通胀风险急剧增大，欧洲央行及各国均致力于抗击通胀，因此无暇防备金融危机的扩散及隐患。但始料未及的是，新一轮次贷危机冲击波袭来，致使欧盟多家大型银行陷入困境，股票市场不断下跌。外界一直期待欧盟能推出一个类似美国的大规模统一的救市方案，但因欧盟内部成员国众多，经济发展水平、金融体系、受危机影响程度不尽相同，加之各国出于维护本国利益往往在重大决策上难求一致，以致于欧盟各国只顾自扫门前雪，不管他人瓦上霜。

2008年10月12日，欧元区15个成员国在首次欧元区峰会上通过了一项计划。各成员国政府即日起便以此为基础抛出了各自的大规模救市方案，打响了欧元区应对金融危机的联合反击战。随后，欧盟27国领导人在欧盟峰会上达成一致，在原则上采纳了欧元区的行动计划，从而将救市统一战线从欧元区扩大至整个欧盟。欧盟之所以能够迅速达成救市共识，英国布朗政府救市方案功不可没，正是其推出的成效显著的救市方案，让欧盟各国看到了采取类似救市措施成功抗击金融危机的一丝希望。

英国政府推出将部分商业银行国有化的救市方案

这一方案有三个步骤：第一步，英国中央银行向商业银行提供2000亿英镑的短期融资贷款，以增加银行资金的流动性；第二步，建立"银行资本调整基金"，总额500亿英镑，有条件购买银行股份，补充银行的资本金；第三步，政府为银行间相互贷款提供大约2500亿英镑的担保，以增强银行相互之间的信心。英国政府直指核心、行动迅速的政策，比购买坏债更能迅速提振市场信心，有利于加快金融系统中的资金流动，银行也因此重新开始向企业、消费者和同业发放贷款。此后欧盟各国开始陆续以英国救市方案为基础向银行体系注资，以共同应对当前的金融危机。

漫画：欧元区15个成员国首脑峰会

俄罗斯将向银行注入9500亿卢布资金

俄罗斯总统梅德韦杰夫2008年10月23日说"俄罗斯在抵御金融危机的同时，应抓住机遇发展经济。"他指出，俄罗斯应参与世界经济新游戏规则的制定以获取最大利益，并促进全球金融体系的稳定。

欧洲各国纷纷出资稳定金融市场

德国推出总额高达5000亿欧元的救市方案；荷兰政府向荷兰金融部门拨款200亿欧元，将用于帮助包括保险商在内的荷兰所有金融企业；法国总统萨科齐2008年10月6日也宣布，不会让本国银行储户有任何损失，这意味着法国将为个人存款提供全额担保。此外，法国政府还计划推出3600亿欧元的融资计划，2008年10月23日，萨科齐又宣布，年底前将通过市场融资设立一个主权基金性质的"投资基金"，主要用于帮助资金陷入困境的企业，特别是避免一些具有战略意义的企业落入外资手中；丹麦政府宣布也与各商业银行就成立风险基金达成协议，决定在今后两年里向此基金注入350亿丹麦克朗（1美元约合5.4丹麦克朗），保证储户的存款在银行倒闭时不会蒙受损失；与此同时，瑞典央行也向银行业界大幅注资；爱尔兰政府则表示准备为本土银行存款和债务提供两年担保，以消除市场对银行系统即将崩溃的担心；希腊财政部则宣布将为国内所有银行个人存款提供担保，以稳定急于从银行取现的储户情绪。

亚太各国紧锣密鼓注资救市

在欧盟携手对抗金融危机的时候，亚太各国看到海啸逼近，纷纷出台经济刺激计划，各种注资计划也早已紧锣密鼓的进行起来。

日本积极救市，恐再经历停滞10年的境况

首先是日本加紧制定刺激景气政策，并打算"撒钱"刺激消费。经过了20世纪90年代金融危机袭击后，日本经济发展停滞了近10年，直到新世纪初才重新走上了发展的快车道。日本曾深受金融危机之害，因此，这次金融危机来袭，日本自然非常紧张，不愿再次经历"停滞10年"的境况。

2008年10月8日，日本中央银行在短期金融市场上实施紧急公开市场操作，向市场注资1.5万亿日元；10月10日，日本中央银行注资总额达到4.5万亿日元，创单日注资新高；10月22日，日本中央银行公布，已向国内短期金融市场注入501.68亿美元，这是日本中央银行与欧洲央行（ECB）等外国央行统一步调，决定无限量提供美元资金后的首次美元注资。10月24日，日本中央银行再次通过公开市场操作向短期金融市场注资6000亿日元，此举是日本中央银行在10月16日暂停公开市场操作约一周后，连续第2个工作日向市场注资以缓解流动性不足的压力。10月29日，日本又出重拳，公布了2750亿美元（27万亿日元）的经济刺激方案，以求进一步防止全球金融危机加重日本经济下滑。整体方案包括帮助中小企业恢复信贷，降低高速公路税和以现金返还方式对普通家庭进行补贴。该方案中有5万亿日元用于对民众的补贴，其中2万亿日元将用于对家庭的补助，每个四口之家可以得到6万日元（约600美元）的补贴，同时国家也会增加对农民的补贴，并降低在职员工缴纳失业保险的份额。而有1万亿日元将给地方政府，以渡过这波全球金融危机。日本政府表示，如果算上政府为小企业提供贷款担保等其他不需要立即支出的项目，该经济刺激方案的总规模达26.9万亿日元。

韩国为摆脱衰退注资计划接二连三

除日本之外，韩国也在海啸来袭中惴惴不安。有经济学家预计，韩国第三季度经济可能创下四年来的最差表现，加上消费者削减支出，出口需求减少，衰退阴影笼罩整个

韩国。为了刺激经济摆脱阴影,韩国在救市中可谓不遗余力,下足了功夫,各种注资计划一个接着一个,降息、出售国债、设立基金,一波接一波地紧张推进着。

面对韩国股市不断大幅下挫,韩国金融服务委员会秘书长 Lim Seungtae 2008年10月24日表示,韩国金融服务委员会拟通过流动性注入来帮助券商和资产管理公司,而该方案不会对韩国央行造成负担。韩国央行行长李成太也表示,为帮助受近期信贷危机冲击的中小企业,韩国央行将把优惠信贷规模上限提高2.5～9万亿韩元。除此之外,韩国央行可能会进一步降息,以避免韩国经济增长大幅放缓。11月3日,韩国政府又推出高达14万亿韩元(约109.8亿美元)的振兴经济方案,以确保在全球经济衰退临近之际,韩国经济能够达到软着陆的目的。14万亿韩元的巨款,主要用于基础设施建设和民间投资,目标是将明年的经济增长率提高1%～4%左右。11月14日,企划财政部和韩国银行公布,将向进出口企业支援160亿美元。金融委员会则表示,年底前成立10万亿韩元的"债券市场稳定基金",以购入公司债券和金融债券(银行、证券公司、信用卡公司等发行的债券)等。11月28日,韩国国家退休金服务基金同意,应韩国央行的要求,出售总值11亿美元的美国国库债券,所得款项将用来买入韩国债券,以助央行增加其外汇储备。

在日本、韩国忙于抵御海啸之时,马来西亚、越南、泰国、菲律宾、新加坡的救市措施也都陆续展开,毕竟在这场海啸中,谁都很难幸免于难。澳大利亚政府此前也开始了一项高达104亿澳元,相当于73亿美元的计划。总理陆克文宣布:政府将为澳大利亚金融机构的所有存款提供为期3年的担保;并承诺要为住房抵押贷款融资领域注入40亿澳元资金,以稳定房贷市场。

全球央行携手应对金融危机

2008年10月8日,为缓解金融动荡对经济的冲击,全球6家主要央行有史以来首次联手降息。美国联邦储备委员会、欧洲央行、英国央行、瑞士央行、加拿大央行和瑞典央行联合宣布将基准利率均下调50个基点,日本央行对有关政策表达强力支持。其中,美联储降息0.5个百分点至1.5%,并调降贴现率0.5个百分点至1.75%;欧洲央行把基本利率由4.25%减至3.75%;瑞典央行把基本利率由4.75%减至4.25%;英国银行的基本利率由5%减至4.5%;加拿大把基本利率由3%减至2.5%;瑞士央行把三个月期的银行同业拆息由3%减至2.5%。此外,中国央行也决定从2008年10月15日起下调存款类金融机构人民币存款准备金率0.5个百分点,从2008年10月9日起下调一年期人民币存贷款基准利率各0.27个百分点,其他期限档次存贷款基准利率作相应调整。

六大中央银行基本利率调整表

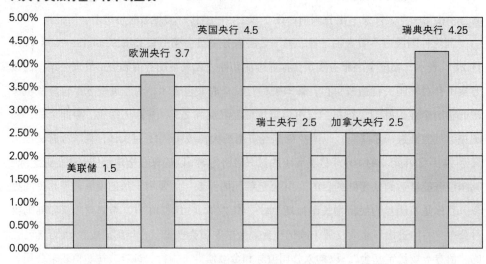

为了对全球银行体系提供流动性,美联储 2008 年 10 月 13 日宣布,将无限制提供美元给英格兰银行、欧洲中央银行以及瑞士国家银行。这项举动将让这些央行可无限制借贷美元。美联储在一项与其他央行联合发出的声明中表示,英格兰银行、欧洲中央银行,以及瑞士国家银行可以通过抵押品,借贷 "任何他们希望的额度"。在由美联储借得美元后,英格兰银行、欧洲中央银行以及瑞士国家银行将以 7 天、28 天与 84 天为期,以固定利率提供私人金融机构短期美元资金借贷。这项新的计划将持续至 2009 年 4 月 30 日。

国际货币基金组织(IMF)援助濒临破产的经济体的相关举措

国际货币基金组织(IMF)援助濒临破产的经济体	
国家	援助金额(亿美元)
冰岛	21
乌克兰	165
匈牙利	251 (IMF、欧盟、世界银行共同援助)
巴基斯坦	商议中

2008 年 11 月 8 日,在巴西圣保罗,出席二十国集团财长及央行行长会议的代表也一致认为有必要改革目前的国际金融体系,采取共同行动应对全球金融危机。与会代表在为期两天的闭门会议中就金融危机产生的原因及应对措施进行了深入探讨,认为只有采取全球性措施才能解决金融危机。

话题9：爆发金融危机的3大隐患

【危机未解除，伴随着一系列应对措施的出台，下一步，我们该怎么办？这种反思更多地是指向未来，而其出发点却是对当下的检讨。】

隐患1：对金融风险认识不足

近一个多世纪以来，全球金融风险的面貌、特征和形式发生了很大变化。各个商业机构、各国监管部门、中央银行以及全球监管组织，对于金融风险的防范和化解方式、管理理念都发生了很大变化，如今已不再局限于20世纪30年代美国经济危机后的风险管理模式。从这次美国次贷危机引发的大型商业银行、投资银行风险来看，应该说我们对风险的认识还不够。其实早在几年前，就有经济学家提醒美国政府要注意防范房地产次级抵押贷款的泡沫和金融衍生产品的泛滥，但贪婪的本性和对更多利润无节制的追求，面对冷静理性的声音谁能听得进去？美国政府不遗余力地为资本家攫取超额利润创造条件，甚至罔顾巨大的金融风险，最终导致金融危机的爆发，几乎把全世界经济都拖下了水。

次级抵押贷款事件爆发后，冲击波传导到了次级债券，引爆了次贷危机。这一传导过程，给人们充分展现出传统商业银行业务与投资银行业务风险传递的过程。我们知道，投资银行与商业银行在风险管理上存在着截然不同的文化，商业银行注重风险管理，投资银行更重视风险收益。但是，无论是更重视收益还是风险规避，作为银行来讲，安全性、收益性与流动性的均衡考量，应始终成为经营管理中根深地固的原则。

两个次级危机事件的引爆，无论是次级抵押贷款还是次级债券爆炸，引爆的成因都是来源于金融生态，爆炸后又作用和影响金融生态的变化。然而，作为一国金融生态的调节者——货币政策及其传导体系，责无旁贷地成为金融危机的始作俑者和救火员。次级抵押贷款原本是一项金融产品，从世界金融历史的角度看，单纯由一个金融产品所引发的一场金融危机还是极为罕见的。事实再一次地警示我们，金融风险无时无处不在。

过去银行的风险管理模式，主要是关心贷款能否安全收回，但是今天不能只看还款能力。除了评估项目本身的还款能力，更要评估企业总体环境、资源占用、资源效率等。银行在目前新的经济金融发展环境下，需要建立一种新的更宏观的、更友好的风险管理模式。风险管理是金融管理的核心，风险计量、风险转移、风险规避等技术如果运用得当，可像一面镜子一样让我们视野清晰，有效避免危机。金融界的魅力也就在于：当风暴来临时，优秀的银行家已经掌舵自己的航船，到达了安全的境地。

隐患2：金融创新过度扩张导致泡沫产生

次贷是美国金融不断创新的结果。金融机构对付金融风险的基本策略就是，让尽可能多的人承担损失。这就好比要摊派10000元的费用，如果只让1个人拿，谁都会觉得是个负担；如果要让100个人拿，每人只要100元；如果让10000个人拿，每个人1元钱，谁都不会觉得是个负担。人们认为金融制度的创新在于投资风险有效分散，投资风险通过证券化产品从企业转移到机构投资者，再从机构投资者转移到广大公众投资者，这是一个风险社会化的过程，我们只要承担少量的风险就可以坐享可观的收益，美事一桩，岂不乐哉？

但是，如此美好的事情面临的却是一个悖论。金融创新的动力来自于收益的不断增加，但是收益与风险自始至终都是一对联体婴儿，谁也别想甩了谁。既然是这样，金融创新分散风险好像就有点说不过去了，看上去更像是一个系统风险不断增加的过程。

解释：金融生态

金融生态是指对金融的生态特征和规律，本质反映金融内外部各因素之间相互依存、相互制约的有机价值关系。

遗憾的是，事实就是如此，教科书中关于金融创新分散风险的观点，仅仅是一种静态的观点。正如下面的例子，住房抵押贷款机构把10000元贷给购房者，那么这10000元的违约风险就只有这一个机构承担。如果它把这10000元债权打包卖给投资银行，投资银行再把其分为10000份卖给证券投资者，假设有5000人购买，那么这10000元的违约风险就由5000人来共同承担。但是，事情远远没有就此结束。住房抵押贷款机构把这10000元债权打包卖给投资银行后，它就得以成功套现，假如它拿到了9000元。它就又会把这9000元再打包卖给投资银行，投资银行再把其分为若干份，出售给投资者……明眼人立刻就会发觉，从动态角度来看，金融创新根本没有分摊风险，而是在不断地创造风险。

可见，金融创新会产生风险放大效应，其中一些投资银行向商业银行融资时，杠杆一般高达5倍至15倍。一旦哪个环节出了问题，引发的就是链式反应。

贪婪与恐惧是人类天生的本性，市场总是在人们的贪婪中走向过度繁荣，而在人们的恐惧中出现灾难。任何一种过度扩张的结果总是以过度繁荣为危机来临的起点，而以灾难作为终结。作为金融机构，在这些周期的变化中，人们要在过度繁荣的时候抑制自己的贪婪，不要让泡沫崩溃的悲剧在自己身上再次重演。

对于监管机构来说，金融创新其实并没有错，金融创新的危险在过度衍生与膨胀。华尔街的转型是一个新的开始，它给我们的启示是：政府对金融业务的监管并不在于抑制创新，而在于抑制过度扩张所导致的泡沫。

隐患3：政府在自由市场经济中未履行好职责

美国政府救市，面临两难选择：救市用的是百姓的钱，而且还不一定能百分百有效；不救市，则经济崩溃，百姓生活更受影响。不仅如此，由于美国金融危机涉及大量国家和公司，已经远不是美国一国的事情。欧洲和亚洲各国，其中中国、日本等国政府、公司和银行，也都拥有这些面临破产的美国公司的债券或股票。美国金融危机继续恶化，就意味着全球性的金融危机，所影响的社会安定就决不是美国一个国家，包括中国也深受其累。

反对美国政府救市的重要理由是：自由市场经济不允许国家和政府从事主要的经济活动，这是经济自由主义者数百年来的主要信条。经济活动应当由私人来办，通过自由市场的交易可以得到最大的效率，同时也可以锻炼公民。而政府管理经济总是效率不高，而且更容易腐败。自由放任主义者坚信，自由市场经济可以解决主要的经济问题，甚至自身就可以形成自发的秩序，从而最终规范市场的运作。

然而，1930年代的美国经济大萧条和当前的金融危机表明，这种过于相信自由市场经济的理论有其偏颇之处。本来，公司和银行管理不当，导致破产，由其经营者承担责任，让别人另起炉灶，有能力者胜出，也是市场经济的基本要义。但是，当市场经济本身的运作出现了系统性的问题，有可能引起经济危机、导致全社会的恐慌时，完全依靠市场自己来解决问题，付出的代价太大。所以，政府在适当的时候代表公共机构出来干预和救市也是必要的。

更重要的是，政府在自由市场经济下的责任是维护交易规则，当公司出现欺骗消费者和客户、做假账欺骗股民时，政府的调查、干预和惩罚也是必要的（这里的政府也包括司法机关）。美国此次金融危机也反映了政府在市场经济中并未很好地履行自己的职责，这是共和党执政八年要为经济政策负主要责任的原因。从更早的时间来看，此前民主党克林顿政府八年执政中，政府监管力度小的问题同样存在。当时任美国联邦储备委员会主席的格林斯潘，奉行的低利率政策导致流动性过剩，他对金融衍生工具的放任自流立场，已经预埋了金融危机的隐患。而华尔街在15年里不断创新金融衍生工具，衍生品越来越多，最终使得金融危机造成灭顶之灾。

由此可见，迷信市场经济的万能力量是一种幼稚片面的想法，但由此而全盘否认自由市场经济则同样不可取。与自由市场经济相比，计划经济本身的问题更为突出。因为它表面上没有经济危机，但实质上因为政府管制了经济的主要部分，官僚的权力太大，主观随意性很强，有可能带来全社会的低效率和经济萧条。原苏联及东欧社会主义国家的经济失败已经证明了这一点，中国有幸在30年前开始放弃计划经济、实行市场经济的改革。计划

经济可以在局部或某些特殊的经济部门显示出某些优势,但总体上会扼杀社会经济效率、个人创造性和积极性。任何制度都不是完美无缺的,但是基本体制上的差别仍然明显。保持市场经济在促进生产效率和创造性方面的优势,同时又加强公共部门包括政府在监管市场规则和维护工商业道德方面的职责,而不是放任自流,才是救世之道。

话题10：危机会持续多久

【金融危机持续的时间，取决于中央银行在危机中是否能发挥作用，效果有多大。经济学家保罗·奥默罗德经过研究，得出一个非常粗糙的规律，在中央银行做了该做的工作后，危机后的低迷期持续2年左右时间的情形屡见不鲜。】

解除危机的时限，中央银行作用的大小是关键之一

危机会持续多久？是陷入金融危机中的每一个经济主体都最为关心的话题。企业家们在盘算着自己的企业是否能够活着挺过危机。极为重要的决定因素就是这次危机将会持续多长时间，一个显而易见的事实是，随着危机持续的时间越长，陷入困境和破产倒闭的企业将会越多。或者说，随着危机持续的时间越长，一个陷入经营困境的企业，破产倒闭的可能性将会越大。

当然，对这个问题的任何回答都不得不受限于大量的变数，关键之一是最后贷款人的表现和作用。在金融危急之时，中央银行的地位和作用将会更大地被凸显，它是否能够在关键时刻，决心出手救市，选定合适手段，拥有充足的物质资源，是能否止住金融危机的关键因素。

借鉴历史为危机提供指引

绝大多数情况下，和最后贷款人同样重要的因素，恐怕就是时间，就如同大多数感冒一样，即使不吃药，过一两个星期，也大体会好。但是，这并不是说，最后贷款人不重要。

相反，它很重要。单纯的感冒固然不是什么大问题，多数情况下，即使不需要打针吃药，挺一挺，一两个星期就过去了。但是，真正让医生担忧的，是感冒容易引发其他并发症，金融危机也一样，如果处理不当，将会引发恐慌、暴乱、政府倒台等一系列"并发症"。

历史确实也为重大金融事件的时间跨度和影响程度提供了一些指引。正如美国两位经济学家莱因哈特和罗格夫分析的那样，二战后最具灾难性的五个金融危机（芬兰、日本、挪威、瑞典和西班牙）中，年产出增长率从顶峰到谷底的跌幅超过5%，甚至三年后，增长率仍维持在比危机前稍低的水平上。把最近35年来发生在工业化国家的16次较大的金融危机放在一起评价，实际人均产出增长率平均跌幅的结果是略大于2%，且一般需要2年时间恢复到危机前的增长率水平。

经济学家保罗·奥默罗德最近分析了17个西方国家在1871年和2006年间的255次衰退案例。他发现，其中164次只持续了一年时间，大多数在2年内结束。由此，凭经验得出一个非常粗糙的规律：在最后贷款人做了他该做工作的前提下，多年来金融危机后的经济低迷时期长达2年左右时间的情形屡见不鲜。

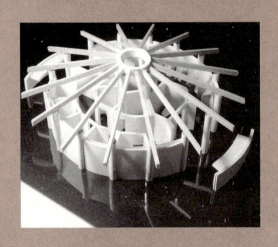

房地产业是近年来中国最为热门的行业。
房地产行业在短时间内迸发的兴盛，成为经济新的增长点。
房地产行业与金融产品的关系越来越紧密，
这种虚拟资产属性，
决定了在金融危机中它是除金融行业以外，
最受影响的行业。

房地产企业生存遭遇挑战

Real estate enterprises struggling for life

第二部分
The Second Part 2

第二章 CHAPTER 2
房地产业——金融危机的"堰塞湖"

房地产业是近年来中国最为热门的行业。国家取消了福利分房制度之后,商品房市场的大门豁然打开。每个人都似乎看到了需求背后巨大的赢利空间。地方政府、企业、个人都投入到了房地产业的"运动"之中。这种畸形的全民炒房的做法是国家的悲哀,房地产业已经成为中国风险最高的行业,俨然是危机四伏的"堰塞湖"。

金融危机——另类地震

【地震对经济的影响的确很大,比地震危害更大的却是金融危机,一场席卷全球的金融危机在向人们逼近。金融危机没有预警,正如大家对地震的到来毫无察觉一样。】

金融危机与地震的发展逻辑极为相似

从表面看,金融危机和地震风马牛不相及,深入探究,你会被他们共同的发展逻辑所震惊。自然和人类社会都是我们的认识对象,但在认识前者方面,往往比认识后者更为冷静,一个不言自明的道理就是"当局者迷,旁观者清"。毕竟,我们是人类社会的一员,而自然相对来说是外部环境。因此,在认识自然时,我们少了很多主观情感的干扰,能获得更为客观的认识。

如果说什么样的例子能够更好地解释金融危机的发展逻辑,那么就是地震。

这个灵感来自一次社会科学界大会发言。在会上,著名历史学家葛剑雄教授做了发言,题为《人与自然的和谐相处》,他主要以发生在 2008 年 5 月的汶川地震为研究对象。他在台上讲着汶川地震,我在台下却想着另一件事情,那就是当前的金融危机,可谓"言者无心,听着有意"。我吃惊地发现,把葛剑雄教授发言中的地震改为金融危机,就是一篇极好的解释经济危机的论文。

金融危机与地震具有同样的发生机理

汶川地震发生之后,人们很关心一个问题:为什么会发生地震?就如同发端于美国次贷危机的全球金融海啸席卷全世界的时候,我们也会提出同样的问题:为什么会发生

↘ 葛剑雄

房地产企业如何应对金融危机

金融危机?

地震发生的原因普遍认为是地球本身的活动,无论是板块形成的动力,还是构造上的不均衡,以及地球本身内部的运动,都可以归结为地球自身的原因。

就地震的原因,两大猜想:板块说和构造说

板块说,其最基本的原理可以表述如下:地球表面并不是所有地方都是均衡的,都是同样的密度,它实际上是一个一个的板块,板块运动的时候,相互接触的部分就会产生巨大的能量,引起剧烈的震动。

构造说认为,地球表层不是均衡的,密度也不一样,地心核心能量的释放往往发生在裂缝和地表最薄的地方,或者最稀疏的地方,这就产生了火山喷发。两个板块中间的地方会有运动,而这个运动的过程中,除了火山爆发,就是引起地震。

金融危机原因——市场经济

那么,金融危机的原因在哪里呢?大家共同的认知是:金融危机的原因是市场经济本身,无论是缘于人类"野兽本能"驱动下的投资冲动,还是市场经济体制固有的内在矛盾,都可以归结为市场经济本身的原因。

地震中的板块说不仅能解释地震发生的原因,也可证明金融危机爆发的缘由。全球经济并不是所有地方都处于均衡状态,也不是所有地方的经济都是同质的,实际上它是一个个的经济板块,诸如,虚拟经济板块与实体经济板块、中国经济板块与美国经济板块,等等。如果各个板块在运行的时候,未能实现高度的协调互动,其摩擦就会引起剧烈的震动,最终爆发金融危机。关于此次金融危机,站在板块说的角度,它爆发的原因就可以归结为虚拟经济、实体经济及全球经济失衡等板块的巨大摩擦引发的。

构造说也可以解释金融危机爆发的原因。就市场经济本身的构造而言,它本身蕴含着不可解决的根本矛盾。在马克思看来，这个根本矛盾就是社会化大生产与生产资料的私人占有之间的矛盾；在凯恩斯看来，根本矛盾就是人们在投资行为上反映出来的"野兽本能"，这种本能会引发投资者过分的自信或悲观，由此造成投资的周期性波动，引发金融危机。

金融危机引发的人为因素

人们普遍认为，地震的根本原因是地球本身的原因。

对于金融危机来说，却恰恰相反，金融危机一定是人为的原因。金融危机是一种社会现象，社会离不开人。因此，任何社会活动都是包含人在内的活动，任何社会现象都是包含人在内的现象。

我们说金融危机的原因是"人为"的，所要表达的意思仅仅是金融危机是与人或人的活动相关的，并不是说金融危机是以人的主观意志为转移的，是不具有客观规律的。恰恰相反，金融危机具有自身固有的客观规律。它总是按照自身的逻辑在运行，按部就班走过疯狂、惊恐、萧条、崩溃和拯救固有模式。而不会以某一个人，或某些人的意志为转移，在全球经济一体化的时代，一个人，几个人，甚至一个国家，几个国家都难以改变经济的运行方向。

举例来说，整个人类社会就像一片汪洋大海，我们每一个人都像一滴海水，诚然，每滴海水都有自己的能量，但是每一滴海水到底是在浪尖上，还是在海底，绝不是这滴海水自己可以决定的。决定它的是整个大海的起浮之"势"，就相当于我们上文所说的客观规律。

人们普遍存在这样的疑问，在地震频繁发生的地方，一些人为的活动，会不会引发地震？从目前掌握的证据来看，人为的活动是不会引起地震的，但是它会加剧地震。

金融危机也有类似的情况，许多经济学家在分析当前金融危机的时候，把过多的注意力集中在美国次贷危机上，过分夸大了美国次贷危机的破坏力。事实上，次贷危机仅仅是一个导火索而已，即使不是由它来点爆全球金融危机，也会由其他金融产品来点爆。

金融危机本身造成的损失相对来说是有限的，就如美国次贷危机，美国政府完全有能力解决住房抵押贷款机构的损失。但是，金融危机会产生很多次生危机，例如，抵押贷款机构的危机会传导给其他金融机构；由虚拟经济传导给实体经济；由金融业传导给了房地产业、制造业；由美国传导到全球，诸如此类。这些次生灾害加在一起，即便全世界联合起来，也很难立即治愈这次危机带来的伤痛。

地震与金融危机遭遇同样的尴尬：事前无法准确预知

"解释上的巨人，预报上的侏儒"既是金融学家面临的尴尬，也是地震局专家面临的尴尬，无法事前准确预知。对于地震，人类已经进行了系统而深入的研究，积累的资料也相当丰富。因此，对于地震的发生原理，地震局专家已经有了丰富且准确的理论。无论是发生在日本的地震，台湾的地震，还是发生在中国汶川的地震，地震发生以后，地震专家很快就会为地震给出合理的解释。

而对于金融危机，人类也已经进行了系统而深入的研究，积累的资料相当丰富，也有数百年的历史。因此，对于金融危机的发生原理，金融学家已经有了很好的理论基础。无论是墨西哥金融危机、东亚金融危机，还是这次全球金融危机，在爆发以后，金融学家迅速为金融危机分析出合理的原因。

无论是地震中的灾民，还是饱受金融危机伤害的经济主体，当他们面对地震专家或者金融学家侃侃而谈地震或者金融危机爆发的原因时，人们都不禁要质问他们，"为什么不在事件发生前给我们做出预报呢？如果能够及时预报，损失会有这么大吗？"那么，地震和金融危机是否能够准确预报呢？

到目前为止，科学家普遍认为是没有办法预报的。因为地球变化的过程中确实有不少前兆，可以帮助人类提前预知地震，但这些前兆并不确定。

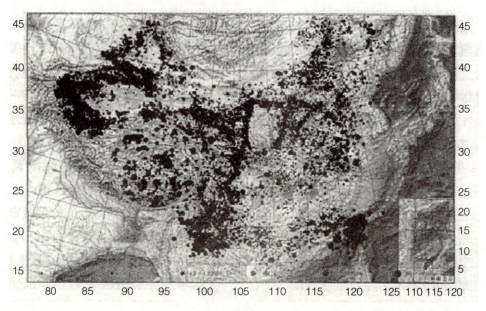

↘ 地震预报

金融危机的预报也存在这样的尴尬。面对不均衡的全球经济，金融学家可以断定，每隔十年肯定会出现一次比较大的金融危机，至于爆发的时间和地点，却说不准。金融学家普遍认为，准确的预测，哪怕是把误差放宽到半年，对于金融危机来说也是不可能的。

虽然每次金融危机爆发之前都有一些征兆，但是这些征兆同样不确定。例如，有些金融指标的变化被认为是金融危机爆发的前兆，但是有的时候，这些金融指标的突然变更并没有带来金融危机；可见准确的预报非常困难，甚至是不可能的。

金融危机的"堰塞湖"影响范围更广，危害更大

地震更大的危害往往是紧随其后由次生危机引发的，诸如大规模的瘟疫、生态危机等等。在这其中，堰塞湖是众多次生危机中非常严重的一种。

堰塞湖是由火山熔岩流、冰碛物或由地震活动等原因，引起山崩滑坡体等堵截山谷、河谷或河床后贮水而形成的湖泊。

金融危机爆发后，一系列次生危机中也会出现堰塞湖现象，金融危机的"堰塞湖"是由于金融危机的爆发，造成金融机构接连破产倒闭，引发众多金融衍生产品的价格暴跌，随之而来的是整个经济体中流动性紧张，这些因素就像地震引起的堰塞湖一样，堵截虚拟经济和实体经济中的经济流，形成金融危机的"堰塞湖"。金融危机的"堰塞湖"，随着风险的积聚，随时都可能崩坝，整个国民经济将受到巨大冲击。

堰塞湖及金融危机"堰塞湖"的形成规律表

两大现象	形成过程的固有规律
堰塞湖的形成过程	原有的水系
	原有水系被堵塞物堵住。堵塞物可能是火山熔岩流，可能是地震活动等原因引起的山崩滑坡体，可能是泥石流，亦可能是其他的物质等
	河谷、河床被堵塞后，流水聚集并且往四周漫溢
	贮水到一定程度便形成堰塞湖
金融危机堰塞湖的形成过程	原有的经济流
	原有经济流被堵塞物堵住。堵塞物可能是金融危机中破产倒闭的金融机构、价格暴跌的金融衍生产品、紧张的流动性，等等
	经济流被堵塞后，风险会在一些地方积聚并且往四处漫溢
	风险积聚到了一定程度便形成了金融危机的堰塞湖

房地产业成金融危机"堰塞湖"

【虚拟资产属性与支柱产业的地位，决定了房地产行业成为全球金融危机的"堰塞湖"。】

房地产业成金融危机"堰塞湖"2大原因

虚拟资产属性，是房地产成为金融危机"堰塞湖"的内在原因

房地产业并非一直是金融危机中的堰塞湖。之所以会成为当今金融危机中的堰塞湖，与房地产的属性嬗变有着必然关系。房地产的属性随着人类活动的不断丰富而渐次展开，经历了从耐用消费品和生产要素到兼具投资工具属性的嬗变。

在消费活动中，房地产满足人"住"的需求，显示了耐用消费品属性，被称为住宅。随着经济发展与人口增长，在人类持续追求居住环境改善的努力下，住宅始终是房地产重要的组成部分，其规模持续稳定地增长。

在生产活动中，房地产表现出生产要素属性。在产业发展的各个阶段，房地产起着重要作用。产业由简单到复杂，社会分工由粗到细，逐步形成今天复杂而庞大的产业体系，

房地产作为一种重要的生产要素，渗透到了各个领域。

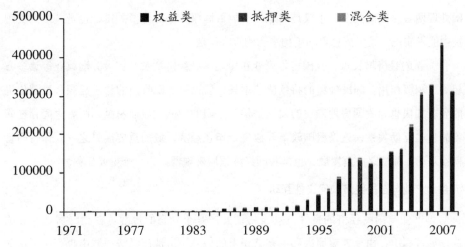

↘ 1971～2007年间美国REITS市值（单位：百万美元）

在投资活动中，房地产展现出投资工具属性。伴随金融自由化、金融创新和金融管制的放松，与房地产有关的各种证券纷纷出现，房地产在20世纪70年代之后成为普遍的投资工具，投资者不需要参与房地产交易活动，仅仅是购买与房地产有关的各种证券，比如购买房地产抵押贷款证券（MBS），或参与房地产信托投资（REITs）等等。这种投资活动与一般证券投资活动没有太大区别。房地产日益浓烈的虚拟资产属性，决定它越来越具有金融产品的价格决定机制和变动趋势，与金融产品的关系日益紧密。因此，在近百年来每一次金融危机中，除了金融业之外，房地产业往往是受影响最深重的产业。房地产的虚拟资产属性，是它成为金融危机"堰塞湖"的内在原因。

支柱产业地位，是房地产成为金融危机"堰塞湖"的外在原因

当前，房地产业作为国民经济的重要组成部分，在整个国民经济体系中具有十分重要的地位和作用。从总体上说，房地产业在国民经济体系中处于先导性、基础性、支柱产业的地位。房地产业的上述地位，决定了它在国民经济中，特别是在推动城市建设、促进经济增长和提高居住水平等方面发挥着重大、积极的作用。

房地产业与国民经济相互作用

从一般意义上说，房地产业与国民经济之间存在着互相制约、互相促进的辩证关系。从国民经济总体的角度考察，房地产业是整个国民经济产业体系中的一个重要构成部分，二者有密切的相关性，一方面，国民经济的总体状况是房地产业得以存在和发展的宏观

基础，制约或带动房地产业的发展程度；另一方面，房地产业又是国民经济的新经济增长点和支柱产业，其发展规模和速度也会制约或促进国民经济增长和产业的协调。如何正确处理两者之间的关系，不仅是房地产业能否健康发展的重要关键，也是关系到宏观调控中能否实现国民经济总量和结构平衡的重大问题。

作为新的经济增长点，我国房地产业在拉动国民经济增长、扩大劳动就业等诸多方面起到了积极作用。国民经济的持续快速增长、居民可支配收入的稳步提高和城镇化进程的显著加快也为我国房地产业的发展提供了广阔的空间。显而易见，两者之间存在着显著的良性互动关系，这是我国改革开放三十年在经济领域的重要成果之一。保持两者的良性互动，并使之协调发展，也是我国经济领域宏观调控的一个重要任务。

房地产业与国民经济如何良性互动

房地产业与国民经济的良性互动及协调发展是个动态的过程。在我国房地产业的快速发展过程中，由于客观原因和主观认识上的偏差，房地产经济领域中也产生了诸如区域投资过热、供应结构失衡、房价增长过快、市场秩序紊乱等一系列问题，以上问题已经影响到了国民经济的总体平衡及持续健康发展。当前，如何促进两者之间的良性互动，实现房地产业与国民经济之间的协调发展，已经成为全社会关注的一个重要的热点问题。

结合我国当前社会经济发展的实际进程看，要促进我国房地产业与国民经济两者之间的协调发展就必须处理好一系列重要关系，诸如平衡部门经济与国民经济的关系，以实现房地产业的正确定位；平衡过分依赖与适度发展的关系，以规范地方政府的行为；平衡适当降温与适度规模的关系，以完善房地产业宏观调控；平衡市场机制与住房保障的关系，以构筑社会经济发展安全网。为此，就需要实现一系列重要的政策创新，一方面用来调控和规范房地产业，另一方面用来调控和完善国民经济，构建促进中国房地产业与国民经济良性互动的经济社会环境。总之，房地产业的支柱产业地位，是它成为金融危机堰塞湖的外在原因。

各国房地产遭遇危机

美国房地产业积重难返

美国房地产市场衰退已经持续了近3年，目前仍然没有明显好转迹象，销售低迷、房屋积压、房价下跌的局面仍在继续。经济学家预期，鉴于失业率高升、消费开支紧缩，美国房地产市场将继续走软。

2008年以来，美国新房销售量总体保持下降趋势，其间曾因部分购房者尝试抄底等原因出现小幅反弹，但很快恢复下跌态势。占全美房屋总销量80%的旧房销售在低水平上波动，积压待售住房数量约为10个月的销量。

股市暴跌和经济形势恶化使得很多潜在的购房者撤出市场，虽然房价不断回落，但消费者仍缺乏信心，不愿出手购房。部分地区的房屋销量出现增长，主要原因是大量丧失抵押赎回权的房屋流入市场以低价拍卖，暂时性地刺激了销售，并不是因为市场出现实质好转。

美国全国房地产经纪人协会日前发布的报告显示，美国2008年11月旧房销售量经季节调整按年率计算为449万套，比前一个月下降8.6%，与去年同期相比下降10.6%。美国商务部数据显示，11月份美国新房销售量比前一个月下降2.9%，经季节调整按年率计算仅为40.7万套，为1991年1月以来最低水平。

标准普尔公司发布的房价指数表明，2008年第3季度美国房价同比下降16.6%，与前两个季度相比呈现加速下跌态势；9月份美国20个大城市的房价同比下降17.4%，跌幅较8月份进一步扩大。截至2008年9月份，20个大城市的房价较其2006年5月份高峰时已经跌去21%，回归到2004年的水平。

美国预测机构Global Insight认为，如果参考长期基本面决定的房屋价值，目前美国虽仍有一些地区房价被高估，但严重高估的情况已基本不存在。加利福尼亚、佛罗里达和内华达等州的一些城市曾是房价泡沫最多的地区，其房价跌幅也是最大的。

美联储和美国财政部2008年11月25日宣布投入8000亿美元解冻信贷市场，其中美联储将动用6000亿美元购买住房抵押贷款及相关有价证券。美联储主席伯南克说，美国政府应采取更多措施来遏制住房止赎率继续上升，包括收购违约的抵押贷款资产和推出更大规模的计划来对抵押贷款进行再融资等。

根据房地美发布的数据，截至2008年12月3日的一周里，美国30年期抵押贷款平均利率为5.53%，比前一周明显下降，为2008年1月底以来的最低水平。一些经济学家认为，抵押贷款利率高低与否并不是房地产市场的关键问题。消费者信心低迷、大量待售房屋积压等问题都不是降低利率能够解决的。此外，政府连续出台巨额救助计划会导致财政赤字扩大，可能会给经济带来意想不到的损害。

法国房地产业严重恶化

当前金融危机从美国蔓延至欧洲，令主要依靠贷款维系资金链完整的房地产市场受到了严重影响。法国房屋建筑市场2008年第3季度出现了严重恶化，房屋建筑许可证发放量和新房开工量均出现大幅萎缩。

根据法国环境和持续发展部和住房部两个部门 2008 年 10 月 28 日公布的数据，2008 年第 3 季度法国房建许可证发放量比 2007 年同期大幅下降了 23.3%，新房开工量也同比下滑 8.1%。事实上，在金融危机的影响下，2007 年，法国房建许可证发放量就锐减 18.2%，新房开工量萎缩 11.8%，低于 40 万套。可见，受金融危机影响的法国房地产市场出现了明显恶化，2008 年约 38.5 万套的新房开工量回到了 2005 年的水平。法国房地产经济学者预测认为，2009 年法国的新房开工量可能降至 30 万套左右，这与法总统萨科齐确定的 50 万套目标相去甚远。

相关数据显示，2008 年第 3 季度法国房贷发放总额比 2007 年同期锐减 26.3%，新房销量则同比大幅减少 40% 多，二手房成交量也同比下降近 30%。房屋销量的下降令房产中介公司经营艰难，一些大的房地产中介公司关闭了营业额锐减的分公司，而许多小型房地产中介则干脆停业。

法国经济学家普遍认为，信贷紧缩使获取房贷变得十分困难，这种局面能否改变近期内还存在不确定性。另外，持币观望的态度也令房屋销售市场不景气，从而导致新房销量、房建市场以及房地产经营均陷入低迷。

日本房地产业再遇冰霜

金融危机由美国蔓延到了日本，不仅导致日本经济出现衰退，也使刚刚有所好转的日本房地产市场再次遭遇寒冬。

日本民间调查机构不动产研究所公布的调查结果表明，受金融危机冲击，2008 年 11 月日本首都圈住宅销量同比下降 14.9%，连续 15 个月低于上年同期水平。2008 年 1～11 月累计住宅销售量约 3.7 万套，预计全年销量为 4.2 万套，比 2007 年减少约三成。日本另一大都市圈近畿圈的住宅销量也在大幅下降，2008 年 11 月仅销售住宅 1716 套，同比减少20.7%，预计全年销量将比上年减少两成左右。

在住宅销量持续下降的情况下，日本新建住宅开工量和新建住宅供应量也在低位徘徊。据日本国土交通省公布的数据，经季节调整后按年率换算日本全国住宅开工量从2008年4月的115.2万套下降到10月的102.7万套。同期，首都圈的新建住宅供应量月均仅为3600套左右，但是首都圈和近畿圈积压待售住宅量合计高达3万套。

金融危机爆发后，欧美房地产基金撤离日本市场，对日本房市造成较大打击。在上市的房地产投资信托交易市场，2007年5月份外国投资者买超607亿日元（1美元约合90日元），到2008年6月份转为卖超380亿日元，至今一直处于卖超状态。

房地产市场需求低迷，也使日本住宅用地价格加速下跌，商业用地价格由升转降。据日本国土交通省公布的日本全国地价调查结果，2008年上半年，日本全国商业用地平均价格同比下降0.8%，这是自去年同期商业用地价格时隔16年首次出现上升后，再次转为下跌；全国住宅用地平均价格同比跌幅扩大到1.2%，连续17年出现下降。

与此同时，房地产行业的倒闭企业数量也在急剧增加。2008年4月至11月，共有304家房地产企业倒闭，数量同比增加22.1%。导致房地产企业倒闭的原因除市场不景气外，还包括资金借贷困难。据日本帝国数据库的调查结果，在房地产行业约有25%的企业难以从银行获得所需资金，在倒闭的企业中约有四成多是因为贷不到款而倒闭。

英国房地产业陷入严重低迷

受当前金融危机冲击，英国经济已进入衰退期，在信贷市场继续紧缩、消费者实际收入下降和失业率不断上升的背景下，英国房产市场在短期内将无法走出低谷。全英建筑协会的数据显示，2008年11月英国房价同比下跌13.9%；而据英国土地登记管理局的数据，10月英国房价同比下降10.1%，两项数据都表明，英国房价还在继续下跌。市场研究机构Globle Insight欧洲首席经济学家霍华德·阿切预测，2008年和2009年英国房价将分别下降14.5%和15%，到2009年下半年英国房市才可能回暖。

2008年9月2日，英国政府公布了总额约10亿英镑（1英镑约合1.5美元）的房地产业援助计划，并于3日起对17.5万英镑以上的住房交易停征印花税一年。该计划还包括：政府和房地产开发商共同出资，向年收入在6万英镑以下的首次购房者提供最高相当于新房价值三分之一的无息贷款，期限最长5年；政府将出资为数千个面临抵押贷款拖欠风险的购房者提供帮助。此外，英国还将拨出65亿英镑，用于未来3年的公共住宅计划。为了帮助房市尽早走出低迷和刺激国内经济，英国央行今年以来连续降息，目前基准利率已降至2%，为1951年以来最低水平。

在政府的大力干预和央行的空前降息举措下，英国房市有所稳定。但一些经济学家认为，房价还可能进一步下跌，因为信贷市场依然萧条、消费者信心也严重不足。各银行目前正忙于改善资产负债表，即使面对政府反复施压，它们还是不愿放贷，即便是从政府获得巨额紧急救助的苏格兰皇家银行、莱斯银行和苏格兰哈利法克斯银行，也是口惠而实不至。

全英建筑协会表示，政府刺激措施对房市作用有限，只有当英国经济真正复苏，消费者实际收入得以增长的时候，房产市场才会回暖。此外，经济学家还普遍认为，英国央行需要进一步降息才能对深陷低谷的房市起到较大推动作用。

由英国全国房地产经纪人协会顾问罗莎林德·伦肖所做的这项调查显示，英国全国的房地产经纪人总数从 2007 年夏天约 8 万人下降至圣诞节时的 4.8 万人。同时，约 4000 家或四分之一的房地产中介机构倒闭。这不仅造成房地产经纪人失业，也造成估价师、谈判员、管理人员和抵押顾问等失业。造成失业的主要原因是房价和房产销售大幅下跌。据英国皇家注册测量师学会统计，目前房地产中介机构平均一周才卖出一套房，是 1978 年以来的最低水平。

各地房地产业垮坝时对经济危害

【在金融危机中,房地产业这个"堰塞湖"一旦崩坝,后果将是非常严重的。不仅会引起房地产业的衰退和萧条,而且会冲击整个国民经济。】

日本房地产业垮坝

20世纪60年代以后,许多日本人开始忘乎所以,信心急剧膨胀。在房地产市场出现狂热之时,日本股票市场也形成了巨大泡沫。与所有泡沫经济一样,物极必反,日本泡沫经济繁荣期维持了3年,终于在1990年底崩溃了。之后,日本房价开始直线下降。泡沫经济所造成的虚假繁荣把日本银行和房地产业绑在了一起。房地产和股票市场的崩溃,不仅在银行内部造成了许多坏账,其本身的投资收益也大幅下降,银行受到了双重打击。在房地产泡沫经济崩溃之后,日本在萧条中挣扎了十多年,迄今为止,依然看不到明显的起色。泡沫经济已经变成了日本甩不掉的噩梦。

日本经济在萧条中挣扎了十年

在1975~1991年间,日本GDP增长率的均值为4.1%,房地产业崩溃之后,日本经济陷入了严重的衰退,在1992~1998年间,日本GDP增长率的均值骤然降至1%左右,1993年甚至降低至0,1994年为0.6%,1995年为1.4%,1996年一度上升至3.6%,而1997年又降至-0.7%,为日本23年来出现的第一次负增长,1998年更加降至-0.8%,连续两年出现负增长,1999年为0.2%,2000年为2.8%,2001年为0.4%,2002年为0.3%……日本遭遇了"失去十年"的惨痛经历。

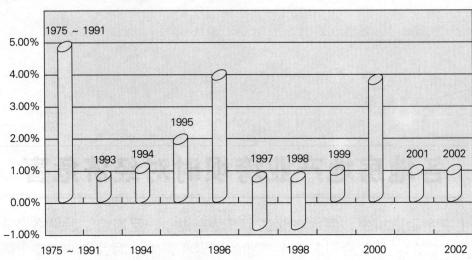

日本1975~2002年GDP变化图

除了 GDP 之外，其他宏观经济指标都明显地显示了日本深受房地产业崩溃之累，进入了长期的严重衰退时期。以 1998 年为例，日本的失业率高达 4.3%，为日本历史最高水平，工业生产较上年同期下降 8.4%，房屋建筑比上年下降 14%，零售额下降 5.2%，进口下降 9.3%，工业产业的经常获利比上年同期降低 29.3%。大部分企业经营业绩恶化。日立等五大电子企业的营业额减少了 10.4%。神户制钢因钢材价格下降，销售数量减少，出现经常性亏损。企业破产和债务增加。日本银行贷款幅度大幅度下降，9 家城市银行总贷款额比上一年同期下降 3.3%，3 家长期贷款银行贷款额下降 7.2%，7 家信托银行贷款下降 8.9%。

房地产业垮坝导致日本政府财政赤字居高不下

与美国一样，日本虽然也是世界上屈指可数的富国，但是，日本政府却一直欠债度日，长期不能消除巨额的财政赤字。20 世纪 70 年代中期，日本的国债占其财政收入的比重高达 1/3。20 世纪 80 年代，日本政府把消除国债作为重要的政策目标，因此，赤字稍有缓解。然而，好景不长，1990 年日本房地产业崩溃，日本政府不得不大规模举债来应对危机，依靠大量发行国债，试图力挽狂澜，对国债的依赖程度再度增强。1996 年度一般财政赤字占名义国民生产总值的 7.4%。1996 年 3 月日本国家和地方政府的长期债务高达 442 万亿日元。一般政府债务累积额占名义国民生产总值的 88.8%，是经济合作与发展组织成员国中财政状况最差的国家。

房地产业垮坝导致日本消费下降，国内市场疲软

房地产业崩溃之后，失业率显著上升，挫伤了居民的消费信心，日本消费随即下降，市场日渐疲软。尽管日本央行数次调低利率，试图刺激居民消费，但是日本居民消费最终都没有显著提升。1997 年，日本居民消费甚至出现了负增长，这是日本自二战结束以来第一次出现负增长。日本国内市场的萎缩严重束缚了日本制造业的手脚。在日本政府各项政策的刺激之下，1997 年全年居民消费增长率为零。在 1998 年初，日本政府估计居民消费可以增长 2.6%。但是，事与愿违，日本居民消费又下降了 1.2%。

房地产业垮坝导致日本投资萎缩，生产能力过剩

房地产业崩溃之后，日本的投资就一直萎靡不振，虽然 1991～1995 年间，日本央行先后 9 次调低官方利率，共降低 5.5 个百分点。1999 年，日元的利率已经降低为 0.5%，尽管日元的利率几乎为零，贷款投资的成本很低，但是民间仍然缺乏投资意愿。

面对投资无法刺激消费的尴尬局面，日本政府只能通过政府投资，进行大规模的公共事业投资。从 1992 年开始，日本政府一共有 8 次增加公共事业预算，补充预算开支达 33.6 万亿日元。日本在 1998 年追加的 2000 亿美元的预算中有 257 亿美元属于新的公共工程计划。在此之前，日本的基础设施已经相当完备了，再大规模投资于基础设施建设，其边际效益有限。政府投资的乘数效应不明显，产能过剩的局面没有得到显著改善。

房地产业垮坝导致日本出现巨额不良贷款，银行业被拖入泥潭

房地产业崩溃之后，日本地价、房价及股价统统暴跌，仅 1997 年由于日本土地价格的下跌就给日本银行造成了 87～140 万亿日元的坏账。例如，日本住专会社在房地产

解释：乘数效应

是一种宏观的经济效应，也是一种宏观经济控制手段。是指支出的变化导致经济总需求与其不成比例的变化。

投机失败之后无法偿还银行贷款,日本主要的 8 家银行在 1996 年底拥有的住专会社的不良贷款就有 5964 亿日元。在 1995 年住友银行宣布坏账为 8 亿日元,随后许多日本银行宣告亏损。东京三菱银行是世界上最大的银行之一,在 1997 年亏损了 5240 亿日元,在 1998 年 5 月宣告冲销了 14300 亿日元坏账。大和银行冲销了 3920 亿日元,还有 9580 亿日元坏账。三和银行在 1998 年亏损了 1820 亿日元。日本的主要银行几乎全面亏损。

泰国房地产业垮坝,甩不脱的噩梦

在泰国历史上,1997 年 7 月 2 日是一个非常悲惨的日子。一场突然降临的金融危机改变了许多泰国人的生活轨迹,即使在多年之后他们仍然对金融危机的创伤痛心疾首。其中,泰国房地产业的"崩坝",将经济拖入深潭,成为泰国至今难以甩脱的噩梦。

在金融危机的冲击下,泰国持续数年的房地产泡沫瞬间崩溃

仅在 1997 年第一季度,泰国首都曼谷的地价就骤然下跌了 10%。1998 年初,泰国房地产市场继续恶化,许多地区房价下跌 30%~50%,不良债权问题越来越严重,许多周转不灵的房地产公司破产。房地产需求急剧下降,特别是办公楼的需求下降更为严重。大量办公楼宇难以出售。许多施工过程中的办公楼不得不停下来,成为"烂尾楼"。泰国 1998 年房地产销售额仅仅只有 1997 年同期的一半,全年房地产销售额创下过去 20 年来的最低点。曼谷商业中心的办公楼租金在 1997 年第四季度下降了 15%,住宅租金下降了 30%。

房地产业垮坝之后,大量外资撤退,泰国经济大量失血

伴随外资的大规模外逃,泰国 30% 的企业濒临破产倒闭,在短期内失业人数就达到了 290 万人,占全国劳动力的 1/10。40% 的建筑工人失业,汽车、金融业解雇了 25% 的雇员。中小企业因为贷款利率过高而纷纷倒闭,91 家金融投资公司中有 58 家被坏账拖垮。泰国经济增长率在 1997 年骤然下降至 -1.4%,1998 年更是剧烈下降为 -10.8%,失业率高达 8.8%,通货膨胀率为 15%,进口增长率从 5.4% 下降为 -2.5%,私人投资增长率从 4% 下降为 -21.3%,公共投资减少 25.3%,私人消费下降 12%,绝对贫困人口增加 1/3,造成儿童营养不良,食品价格迅速上升,社会福利支出不断下降,入学率降低。

房地产业垮坝之后,金融体系瘫痪

在泡沫经济中,房价和股价飞涨。泰国举国上下举债成风,抬高了利率。因为泰国的利率远远高于美国的利率,大量外资流入泰国。许多泰国企业为了减少融资成本纷纷

举借外债，1992 年为 200 亿美元，1995 年增加到 759 亿美元，到 1997 年 11 月上升为 945 亿美元，是外汇储备的 2.5 倍，相当于同期国内生产总值的 40%，有大量外资涌入了房地产市场。泰国房地产业崩溃之后，由于泰国币值急剧贬值，所欠的债务要用几乎多出一倍的商品去偿还，还债压力凭空增加了一倍。随着泰国经济的衰退，外资唯恐逃之不及，金融系统大量失血。由于没有外资流入，外贸出口无法大量增加，泰国获得美元的能力急剧下降。因此，泰国债台高筑，还债压力空前。

香港地区房地产业垮坝，调用巨资"惨胜"收场

1997 年 7 月东亚金融风暴蔓延到了香港，香港成为国际金融投机集团攻击的重要对象。从表面来看，投机集团攻击的是香港的汇率，而事实上，汇市、股市和房市是紧密联系在一起的，一荣俱荣，一损俱损。虽然，在中央政府的大力支持下，香港政府动用很大力量，花费巨大成本，成功击退了国际金融投机集团，保住了汇率稳定。但是，伤敌一千，自损八百。经济学家普遍认为，这于香港来说是一场用伤筋动骨换来的"惨胜"。

伴随香港金融危机，房地产业出现了一定程度的崩溃，把整个香港经济拖入了险象环生的境地。香港房地产价格比股价跌得更为严重，自 1997 年 10 月以后，一年内至少下跌了 50%。1998 年各季度的跌幅分别为 -19%、-11%、-20%、-3%。商用大厦的房价跌幅更大，同期住宅租金的跌幅为 -10%、-5%、-9%、-5%；1999 年香港私人住宅平均价格下跌 14.6%。香港政府在中央政府的全力支持之下竭力救市，采取各种办法维持房价。可是，在 2000 年又下跌了 10%，2001 年继续下跌 12.1%，2002 年下跌 11.2%，2003 年再跌 11.8%。和房地产泡沫经济最高峰相比，房地产总值几乎跌掉了 60%。房地产业一直到 2005 年还没有摆脱负面的影响。

由于房价迅速下跌，房地产业出现严重萧条。香港建筑工程完成名义总值在1995年时增幅仅有1.7%；在1999年以后逐年萎缩，每年下降六七个百分点，香港建筑业一落千丈。房地产市场交易也落入低谷，住宅交易在1998年曾经达到2785亿港元，而在2001年前后只有1509亿港元。

伴随香港房地产业的崩溃，1998年香港经济增长率骤然下跌至-4.1%，出现了几十年来第一次负增长。随后，从1998到2003年，香港经济一直在经济衰退的泥潭中挣扎。1999年，经济增长率为-1.2%。在中央政府的帮助下，2000年香港的经济增长率略有回升，可是到了2001年经济增长率再度降到零以下，为-0.7%；2002年为-0.6%；2003年甚至降低到-2.2%；一直拖到2004年才略有起色。

伴随香港经济衰退，许多企业关门倒闭，产业萧条，在1998年8月香港的失业率迅速上升为4.7%。尽管香港特区政府采取了不少办法，但是失业率始终居高不下。在2002年香港的失业率为7.3%，到2003年为7.9%，2004年为6.8%，这与经济衰退之前1994～1997年2%的失业率相比，形成了强烈的反差。

CHAPTER 3 第三章
房地产业的信心危机与迷茫

2008年,我们经历了太多的磕磕绊绊,2009年,我们仍然在危机与迷茫中前行。前景未知,困难就在眼前,只能直面,无法回避。

当前,我国部分城市土地需求量锐减,由于房地产市场持续低迷,开发商受到资金紧张和信心不足双重压力的影响。全国住宅市场进入深度调整期,成交量缩水至同期五成左右,大多数城市价格下降明显,项目价格跌幅达到30%以上,房地产开发企业存货存在巨大去化压力。

2008年在香港成功上市的目前仅有河南建业一家,恒大地产上市失败更增加了行业恐慌情绪。与2007年13家企业上市,募资624亿港元的业绩相比,2008年的企业上市融资之路可谓惨淡。房地产业的危机与迷茫远远不止这些,注定还有更艰难的长路要走。

牛市熊市大比较

【2008年,国家宏观调控政策的作用显现,市场供给方资金链条绷紧,需求方处于明显观望状态,商品房交易量大幅下降,房价上涨幅度逐步放缓,房地产市场景气回落。】

场景一

地点:东莞土地交易大厅
时间:2007年7月　人物:开发商

"26.8亿,第一次;26.8亿,第二次……"当叫价达到第199轮时,万科旗下的东莞新万公司叫出了26.8亿元的天价,此时拍卖大厅里每个人都屏住了呼吸,空气中依然弥漫着一种紧张气氛。当拍卖师喊到第三次时,金地东莞公司总经理谢文云再次举起了手中的牌,但是出乎谢文云预料之外的是,拍卖师似乎并没有注意到他的举牌动作。"26.8亿,成交!"伴随一记响亮的槌声,广东"新地王"就此诞生。

场景二

地点:北京某楼盘售楼处
时间:2007年3月　人物:购房者和开发商

北京东部某新贵楼盘,第二批产品推向市场当日,现场人数达1000余人,售楼处里人满为患,开盘现场被焦急的购房者围得里三层外三层。该楼盘此次所推的近200套房子更是在一上午时间内被抢购一空，现场火爆异常，两次开盘两个100%销售率，震惊了整个北京楼市。

场景三

地点：杭州城西某楼盘外面
时间：2007年5月　**人物**：购房者

晚上8点左右，杭州城西某楼盘前，有数百人连夜排队买房，队伍从售楼大厅一直排到200米开外的路口转角处。此楼盘将于28日0时开盘，其中不少买房者是从26日中午就已经在此等候，甚至有很多人带来了帐篷。

如果要形容中国的房地产市场的2007年，只能用"异常火爆""疯狂"这些偏激的词才能够透彻而深刻地表达。时隔一年，形势却来了一个180°的大转弯，在乾坤大挪移的瞬间，市场朝着人们完全意想不到的方向发展，我们也只能很无奈的用"惨淡"这个词来形容如今的房地产业，而在上面所出现的场景一、二、三已经成了一些房地产商过往的美好回忆。

场景四

地点：厦门土地交易大厅
时间：2008年10月　**人物**：开发商

上午9时，土地出让会仅一分钟，厦门岛内两地块因无人报价流拍。在土地交易大厅里，现场来宾屈指可数，且不说作为主角的开发商身影难觅，就连向来好扎堆的新闻媒体也只是寥寥数家。来宾们方落座，主持人便宣告地块在截止时间内无人报价遭遇流拍，前后仅一分钟时间。

疯狂时期的土地拍卖现场

疯狂时期的北京楼盘销售现场

疯狂时期的杭州楼盘销售现场

场景五

地点：北京燕郊某售楼处
时间：2008年7月　人物：售楼小姐和购房者

去年燕郊人声鼎沸的某售楼中心现如今买家寥寥无几，售楼处门可罗雀，冷冷清清。自7.5折低价楼盘出现以后，北京燕郊的房价如"泄洪"一样一发不可收拾，出现了大幅度跳水现象。但即使是这样，依然没有打动看房人的心。

场景六

地点：重庆市某中介店面
时间：2008年8月　人物：购房者和置业顾问

一边是开发商打折促销的让利大声叫卖，一边却是购房者一波接一波的退房潮。为了刺激销售量，楼市折扣不断，消费者退房需求也加大，把去年在万人争抢的房子要在今年退掉，甚至于一些置业顾问也摇身一变做起了帮忙退房的生意，似乎这样赚钱更容易些。

今时早已不同往日，去年土地交易市场座无虚席，售楼处大排长龙，开盘价一天一个涨；但如今，土地市场、售楼处"门前冷落鞍马稀"。

萧条时期的楼盘拍卖现场

萧条时期的土地拍卖现场

各区域代表城市房地产市场成交量情况表（单位：平方米）

城市	2007年8月	2007年10月	2007年12月	2008年1月	2008年2月	2008年3月	2008年4月	2008年5月	2008年6月	2008年7月	2008年8月
上海	337.3	278.3	218.5	198.1	88.4	227.1	188.1	207.1	100.9	70	65.98
北京	180.7	165.7	177	119.2	47.9	98.9	90.9	109	134	70.6	40.80
深圳	38.7	16.6	20.2	19.9	7.2	/	26	40.6	27.0	24.5	31.00
武汉	138.5	112.1	65	64	29	46.5	39.1	57.6	41.3	42.3	35.69
重庆	216.3	92.5	65.3	96.3	46.2	67.1	82.4	107.1	69.5	100.5	53.0

按照以往的经验，房地产市场在每年第一季度的成交量一般会比较少，这是房地产行业的规律。但从4月份开始，住房的成交会迅速活跃并进入销售旺季。但2008年，即使开发商卖力的吆喝声中，人们期盼的"红五月"和"金九银十"依然没有出现，各个房展会大都是冷清收场。

8月，在本应是卖房子的好季节，但全国各主要城市房地产市场环比成交量依然惨淡，同比跌幅也是未见缩小反而出现继续扩大的趋势。2008年1～8月，各大城市累计成交量同比大幅下降接近甚至超过50%，武汉甚至达到了61.58%，市场低迷状况可见一斑。

全国主要城市2007年与2008年1～8月累计成交量对比表（单位：平方米）

城市	2007年1～8月累计成交面积	2008年1～8月累计成交面积	同比下跌幅度%
上海	1475.69	639.57	-56.66
北京	1006.3	597.04	-40.67
重庆	1051.85	622.10	-40.86
武汉	826.02	317.34	-61.58
沈阳	644.01	558.46	-13.28
天津	584.61	333.19	-43.01
深圳	418.31	199.16	-52.39
杭州	295.26	146.18	-50.49
苏州	261.03	474.76	-45.02
西安	391.16	516.58	-24.28
郑州	360.63	570.37	-36.77

地产行业云雾弥漫前景不明

【在国际、国内经济形势以及国家宏观调控政策的影响下，房地产市场将步入较长时间的调整期。】

国内房地产市场身处沙场，颓市已现

房地产市场的颓靡态势到底还要持续多久？房地产业的前景到底会怎样？这都是让每一个房地产企业揪心的问题。在金融危机阴影笼罩之下，乐观者变成了谨慎乐观者，谨慎乐观者变成了悲观者，悲观者甚至开始有些绝望。

打折销售已经成为全国房地产市场上的普遍现象，减薪裁员已经开始蔓延到越来越多的房地产企业。毫无疑问，越来越多的房地产企业的高管层都开始意识到，这次面临的房地产业的深度调整，与以往存在本质区别，绝不会像以往那样，忍耐几天，挺一挺就能过去，无数房地产企业将面临生与死的考验。

解释：国房景气指数

由房地产开发投资、本年资金来源、土地开发面积、房屋施工面积、商品房空置面积和商品房平均销售价格6个分类指数构成。

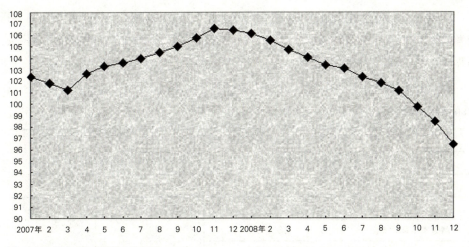

↘ 全国房地产开发景气指数趋势图

地产企业信心低迷，各救市之举均显徒劳

房地产行业的不景气，国房景气指数一路下跌，国家统计局公布的 2008 年 11 月份国房景气指数数据依然不容乐观。回望 2007 年初到 2008 年 11 月份的数据走势，曾经的高点对于今天的房地产行业来说，似乎有点可望而不可及。

房地产企业的信心指数，在市场持续低迷之下，不断下调。自 2007 年底开始的市场调整对房地产企业心理预期层面的影响还在继续扩大。数据显示，自 2007 年第三季度房地产业企业家信心指数在达到波峰 146.6 点之后就持续下滑，2008 年第二季度房地产业企业家信心指数下降非常明显，为 118.4 点；而在第三季度更是直线下滑，回落到 96.4，比二季度回落了 22.0 点，为近几年历史最低。

2006年1季度~2009年2季度房地产企业家信心指数

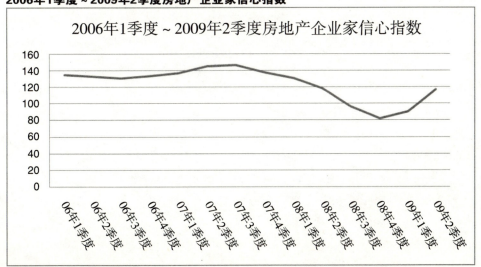

丧失信心也好，对环境无奈也罢，市场观望的气氛构成了浓雾一片。降低房价，消费者依然按兵不动；救市政策出台，强心剂时效过后又归于原样。曾经的黄金时代已成为昔日的一段故事，而现在，房地产企业在浓雾中看不清未来的方向。

2008年房地产企业销售额普遍下降，在各方面支出的压力下，行业资金缺口达到7100亿元，平均每家内资开发商资金缺口1201万元。资金压力成为企业目前最严峻的问题。

2008年房地产行业资金缺口估算（单位：亿元）			
资金需求		资金供给	
开发投资额	31599.56	开发商自有资金	9479.87
续缴上年拿地支出	3325.00	商品房销售额	26643.48
需缴本年拿地支出	5557.5	新增中长期银行贷款	3338
本年需偿还银行贷款本金	2280.00		
房地产税收支出	3800.00		
合计	46562.06	合计	39461.35
假设参数		缺口	7100.71
2008年开发投资额增速25%（2005～2007年平均）		企业纯自有资金占投资额30%（参考历史数据）	
土地出让金当年缴纳65%，下年缴纳35%		2008年新增中长期贷款同比持平（货币政策要求）	
2008年土地出让金同比下降10%		2008年商品房销售额同比下降10%	
所有新增房地产贷款全为3年期，2008年偿还2005年贷款			
非营业税税收支出同比下降10%，与政府土地出让和商品房销售收入降幅一致			

房地产企业如何应对金融危机

调整，房地产企业发展的必经过程

【蝴蝶的成长有一个重要的过程，那就是蜕变，由毛毛虫变为蝴蝶的过程是痛苦的，但那是它生命中最重要的一个阶段，也是成熟的象征，更主要的是为它带来了新生。】

面临深度调整，我国房地产市场不容乐观

2008年，我国房地产市场从新建商品房市场开始出现调整迹象，成交量大幅下挫，土地市场上底价成交、流拍、开发商退地等现象逐渐增多。同时，由于2006年至2008年上半年，房地产开发投资和住宅市场投资均保持在较高水平，预示着在未来1～2年时间内，房地产市场供应量将很充足，对市场消化能力会造成巨大的压力。

根据各国房地产业周期调整的实证研究结果显示，房地产业调整的指标主要是指成交量和新开工面积。当成交量出现滞涨或呈缓慢下跌态势时，预示着房地产市场出现上冲乏力，下滑的概率将越来越大；同时当新开工面积缩减时，表明开发企业资金链吃紧、对未来预期看淡。随着房地产业在高涨期开工，现阶段涌现到市场上的滞后性供给增加，市场价格会面临巨大的下跌。当这些现象积累到一定程度后，往往出现一个成交量大幅下跌、价格深幅急挫的快速调整期。目前，我国房地产市场正处于高涨期尾部、市场的胶着僵持阶段，随着时间的推移，开发企业的生存环境将日益恶化。

从统计数据来看，尽管2008年上半年市场销售明显下滑，但是由于2007年结转销售收入的影响，我国大部分房地产开发企业在2008年上半年经营状况总体良好。从表象上看，当前世界经济金融危机对我国房地产企业还未产生明显的影响，但开发企业生存的宏观环境存在长期隐忧，世界性经济金融危机在未来相当长时间内会通过资金链、消

费者预期、居民收入、整体经济衰退等方面影响房地产开发企业。基于上述情势，整个中国房地产市场依然不容乐观，市场将进入深幅的调整期。

调整期，房地产企业问题集中爆发

除了世界金融危机的宏观影响外，各企业面临的微观环境却存在很大差别。相关研究发现，在土地市场上，2006～2007年屡屡受挫的企业，反而面临较好的经营环境，没有巨额的债务压力。但是，2006～2007年表现激进的房地产开发企业，在房价下降、地价下滑的情况下，面临着巨额的资金成本和经营压力，这些不断累积的债务使一些开发企业数年的净利润消蚀殆尽，只能在困局中等待市场总体环境回暖，这种紧迫的局势可能会持续数年之久。

因此，在危机中更加凸显了房地产企业的生存软肋。永远的资金痛，绕不过的政策槛，简单粗暴的盈利模式，控制不力的财务监管，挣不断的土地"金绞索"和大而全的战略布局……这些都是影响房地产企业成长与发展的关键因素。在房地产市场繁荣时期，高涨的市场行情往往会把所有的问题都掩盖，但当前房地产企业的生存环境已经面临巨大变化与挑战时，企业所信奉的游戏规则也在发生变化，昔日那些潜藏的问题如今已经一一暴露，成为影响企业在下一轮生存发展中的致命因素。

第四章
CHAPTER 4
房地产企业的6大生存软肋

2008年以来，国际国内宏观形势发生了深刻变化，金融危机横扫全球，几乎所有的企业都在风暴中战战兢兢，裁员、缩减开支、合并重组……在危机中每一个市场主体都很脆弱，我国房地产企业也不例外。

软肋1：倍受压力的资金链

【房地产业是典型的资金密集型行业，资金是房地产企业最重要的资源，是房地产企业的血液。自2007下半年以来，市场出现了观望状态，房地产开发企业面临着销售不畅的局面，企业资金链问题更为突出。】

单一的融资渠道让地产开发企业走在悬崖边缘

"问渠哪得清如许，惟有源头活水来"朱熹在《观书有感》一文中，感慨源源不断的新鲜水流是支撑水渠清澈的理由。同样的道理，房地产业是资本密集型产业，而资金则是房地产企业的生命线。顺畅的资金流流转于产业内部是房地产企业持续发展的根本，但对于我国房地产企业来说，资金链紧张是众人皆知的秘密。经过多年的改革与发展，我国房地产业深层次的矛盾也逐渐显现出来，不管是房地产开发企业还是房地产代理企业，其自有资金都极其有限，资本负债率远远高于其他行业，他们主要依靠的是银行和信贷机构放款，而我国不完善的房地产金融市场则进一步凸现了房地产企业资金不足的窘境。不管是过去还是现在，房地产企业对于资金的渴求一直都很热切，资金不足一直是房地产企业所面临的最严峻的问题。

由于受到各方面的政策限制，房地产开发企业融资渠道单一化情况近年来并未得到大的改观。根据保守估计，地产开发企业银行贷款和自筹资金占比分别超过20%和30%。银行贷款限制着开发企业的开发规模和节奏，自1997年以来，中央银行房地产类贷款额度和用途加以限制之后，开发企业的资金链更趋紧张。

自筹资金≠自有资金，加大自有资金比率减少风险

房地产开发企业自筹资金渠道主要有预售、施工企业带资施工、材料企业赊销等，这种传统的自筹资金模式完全依赖于开发达到一定程度后的预售活动，如果市场处于高涨期，那么这种高杠杆融资模式存在的巨大缺陷会被掩盖起来，资金流动就会较为顺畅，企业融资渠道的广度和深度就不会受到很大限制。但是，一旦市场情况逆转，这种金融游戏规则将面临严重困境，几重融资渠道压力会集中到开发企业，自筹资金渠道会很快断流，进而拖累企业的经营绩效。

同时，预售制情况下，开发企业将相当一部分开发风险转嫁到下游购房者身上，而大量预收购房款同样来自购房者的银行贷款，那么融资渠道过于依赖银行贷款的倾向更加明显。这种预售模式在市场环境逆转、成交量下滑情况下，开发商的资金链将受到严峻考验。

因此，过分依赖银行贷款和销售回款的传统融资模式受到空前挑战，自筹资金渠道中的结构性隐患集中爆发出来，市场各方面的相关者发现目前融资模式掩盖了自筹资金和自有资金的区别，放大了企业经营的困境。从根本上说，自筹资金不等于自有资金，解决企业经营困境的重点在于迅速提高自有资金比率，摆脱企业目前对银行贷款的超强依赖性。

多数融资渠道被金融危机堵死，开发企业命悬一线

2008年房地产市场本就笼罩在寒流之中，而金融风暴的袭击让企业更加衣不蔽体，由于股市大幅下挫，股票市场已经失去了融资功能，通过首次公开上市或者借壳上市从资本市场融资的可能性几乎为零，其他融资方式也受到各种因素的制约，在这种情况下，拓宽融资渠道、提高自有资金比率便成为企业解决资金困局的重要课题。

资金链的一再紧绷深深地勒痛了众多的房地产企业的脖子，当捱不过这种撕心裂肺之痛的时候，企业就只能黯然退场。而背负着极高负债率的房地产企业也犹如走钢索的人，站立不稳，危险至极，金融危机的风暴就有可能会把他们吹倒。

在我们最新的对中国房地产前500强企业的研究中表明，由于中国房地产开发企业整体土地储备规模庞大，占用了企业大量资金，而随着市场日趋低迷，销售回款速度明显放慢，多数开发企业放缓了项目开发进程，资产周转速度减慢，中国前500强企业平均总资产周转率仅为0.53次，最大值为2.94次，最小值仅为0.03次。2008年上半年，不少开发企业在等待环境好转的过程中，错失各种资产重组、合作开发、股权转让、项目转让的机会，在市场经营环境持续恶化的情况下，所拥有的土地储备囿于资金压力而

无力开发，2008年下半年受各地土地底价成交、流拍、退地等影响，土地储备成为开发企业的巨大包袱，转让机会缩减，储备价值日益贬损，现金储备不断流失，形成企业经营的恶性循环。

"屋漏偏逢连夜雨，船迟又遇打头风"。与开发企业现金储备流失严重相伴的是，资本市场以及银行机构对房地产市场预期看淡，在对开发项目融资时表现得异常谨慎，因此，在2007年土地储备方面较为冒进的企业，资金链绷得更紧，出现断裂的概率更高。2007年与2006年相比，房地产开发企业整体资产负债率水平呈现了攀升趋势，到2008年上半年止，资产负债率超过70%的企业占到500强企业的23.4%，这说明企业抗风险能力在不断下降，而整个房地产业整体资金压力非常之大。

2007年与2008年形成鲜明对比

我们依然记得那个喧嚣迭起的2007年，在那一年，中国的房地产业在喧嚣浮躁中开场，并近乎于疯狂，但最后却在一片浓雾中散场。2007年，有人称那是中国房地产业的资本元年，资本市场为企业敞开着友好的大门，各路企业蜂拥上市，各路资本扎堆涌进房地产市场。

2007年4月20日，偏居于广东顺德的碧桂园，因为在港上市，一夜之间红遍大江南北。当日，碧桂园报收7.27港元，相比5.38港元发行价上涨35%。以160亿股总股本计，碧桂园资产总市值突破千亿港元，达到1163.2亿港元，而拥有碧桂园95.2亿股的25岁的杨惠妍轻松超越玖龙纸业的张茵，成为内地新首富。

碧桂园的上市是赶上了好时候，但它后来的跟随者恒大和建业就没有那么好的运气了。2008年3月，恒大在港上市的计划夭折后，爆出了恒大资金链异常紧张的新闻；6月，建业虽忍痛挤进港交所，且不说去年首富的神话不能复制，就连融资规模比预计的少了数亿。紧随建业之后，还有龙湖地产、星河湾等，即使香港投资者对地产新股在金融危机下兴趣减少，但这些企业仍然在拼命忍痛要挤进港交所。

房地产企业上市道路艰难

2007~2008年地产公司境外上市统计（单位：百万元）	
年份	上市情况
2007	境外上市13家，其中9家在香港上市
	在香港IPO募集资金624亿港元
	碧桂园、远洋地产、SOHO中国融资额均超过100亿元，合景泰富和中国奥园分别为52亿元和42亿元

2007～2008年地产公司境外上市统计（单位：百万元）	续表
2008	准备在香港 IPO 的有昌盛中国、恒大地产、卓越地产、星河湾、龙湖地产、方圆地产、河南建业住宅集团、天津永泰红勘集团等
	4月昌盛中国和恒大地产宣布搁置或终止香港上市计划
	6月河南建业在香港成功上市，募集资金 13.75 亿港元

顺驰房地产

2007年9月5日，香港上市公司路劲基建有限公司入资顺驰中国控股有限公司的协议正式签订。根据协议，路劲基建将向顺驰中国注入12.8亿元资金，入资完成后持有顺驰中国55%股权。从2003年的崛起到2006年的没落，顺驰仅仅风光了三年，但其在这三年中的兴衰，正如中国房地产市场的一个缩影。

历史似乎表明，登上资本殿堂就有望摆脱资金链紧张的魔咒，缓解资金压力所带来的疼痛，在春季挥舞着大旗征战南北，在冬天微笑到最后。资金，什么时候都是房地产企业心中永远的痛，而在如今，这种痛更加让人难以承受。如果哪天当房地产企业不再为资金而劳心费神不知所措时，那或许就可以说明我们的房地产企业进入了一个新的发展阶段了。

软肋2：左右命运的政策

【从大环境可以研判，国家宏观的政策方向是保持房地产健康向上的发展趋势。政策在强化，措施在细化，调控效果将逐步显化。】

国家政策对房地产的发展有极其重要的作用

在许多人看来，我国楼市也像股市一样，是名副其实的"政策市"。从我国房地产业的发展历程来看，其复苏、成长、调整都与政府政策有着密切关联。

1988年住房制度改革的推出标志着房地产市场化的起步；

1998年实行住房分配货币化，为房地产业的发展创造了巨大契机；

2003年宏观调控开始，针对房地产市场调控的各项政策法规频繁出台，国18号文是一个警示性文件，也是对房地产泡沫论的否定，但政策的主基调仍偏向扩张；

2004年，由于房地产价格冲高，房地产泡沫有所显化，调控节奏加快，紧缩"地根"和"银根"成为两大重点；

2005年，中央实施了一系列全面、严厉、深入的调控政策，主要是"新老国八条"；

2006年，调控再次升级，出台国六条及国十五条；

2007年，依然是房地产宏观调控持续和加强的一年，清算土地增值税、国24号文、房贷新政等陆续出台；

2008年，处在金融危机下的房地产业开始萎缩不振，而诸多相关政策又开始迅速转向，先紧后松的政策让人们对于房地产的未来走向仍存在疑虑。对于我国房地产业来说，未来的发展仍然绕不开那一道政策槛。

1988～2008年主要政策列表

时间	事件	影响
1988	推出住房制度改革	标志着房地产市场化的起步
1998	实行住房分配货币化	为房地产业的发展创造了巨大契机
2003	推出国18号文	否定房地产泡沫论，政策的主基调仍偏向扩张
2004	调控节奏加快，紧缩"地根"和"银根"	控制房地产价格及泡沫
2005	中央实施了一系列全面、严厉、深入的调控政策，主要是"新老国八条"	————
2006	调控再次升级，出台"国六条"及"国十五条"	————
2007	依然是房地产宏观调控持续和加强的一年，清算土地增值税、国24号文、房贷新政等陆续出台	————
2008	处在金融危机下的房地产业开始萎缩不振，而诸多相关政策又开始迅速转向，	————

2008年初，我们曾经做了一个关于房地产业可持续发展的调查，针对"政策法规是影响房地产业发展的最重要因素"这一命题在房地产开发企业中展开调研，我们发现几乎没有房地产企业不认同这一观点，有38.4%的企业选择了非常同意，占比最高，27.6%的企业选择了比较同意，31.6%的企业选择了同意，只有2.4%的企业不同意该观点或表示中立。可见，政策对于房地产业发展的影响已经在房地产企业家心目中达成了一致共识，在中国的房地产业尤其是房地产市场的发展过程中，政策调整转向的作用是不能忽视的一个极其重要的环节，而很多房地产企业也难免会非常迷信政府的行政力量。

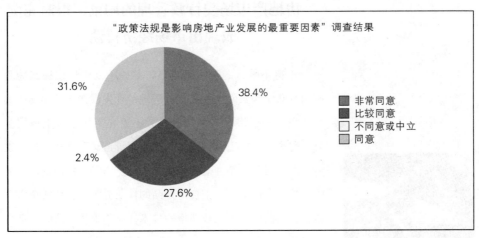

↘ "政策法规是影响房地产企业发展的最重要因素"调查结果

国家政策是地产开发企业的"助推器"

在市场化的条件下,却要迷信政府的行政力量,就像一个号称是无神论的人却在家里摆了一个观音菩萨,多少有点讽刺。但不可否认,对于年轻的中国房地产业来说,需要持续不断的政策来予以规范和推进,不能脱离政策的干涉与约束而放任发展,没有政府政策的引导,房地产业可能更加迷茫也未可知。实际上,在过去的二十年里,房地产业的持续发展就与政策法规对于房地产业的不断放开和引导是分不开的,政府政策实际上是对我国房地产业起了"助推器"的作用,房地产业发展的过程也是我们房地产政策不断创新的一个过程。

我国房地产市场还存在的一系列问题,如合理的住房建设和消费模式尚未形成、住房保障制度发展不足、有关法律建设滞后、法律法规不健全、房地产市场体系不健全、市场秩序不规范、未建立起与房地产市场健康发展相配的房地产金融体系等,这些问题的解决还将倚赖于国家各项政策法规,房地产业的发展依然需要各项政策法规的引导和调节。

房地产企业如何应对金融危机

房地产市场受行政管理的约束,很难完全表现出市场经济特性

不得不承认的一个事实是,某些不以市场化操作为基础的行政干预实际上对我们的房地产业发展造成了误导或偏差,政府对于市场的调控有时并不是在市场基础上运用金融、财税等杠杆工具,间接调控来引导市场和产业可持续发展,而是通过强制性规则来主导房地产市场,把房地产市场的调控过多地集中于把住房产品的性质界定在自住或个人消费上,从而使用了比较严格的技术性硬约束将住房的投资性质清除出了市场。

当政府对市场干涉太多时,市场行为主体无法根据自己的理解对市场信息进行筛选,也就无法通过对市场供求关系的判断来进行有效决策;同时,由于政府对市场涉入太多,

市场中各种各样的供求信息也就无法通过价格反映出来。于是我们的市场主体只好两手捂着钱包眼睛盯着政策，导致了市场的变化很大程度上就在于政府对房地产市场的了解与判断，在于政府还会推出什么样新的政策。

从2007年开始，政府把对于市场调控的着力点渐渐放在住房保障体系的建设上，而留给了商品房市场更多的自由度，希望以市场化方式（如税收、利率、货币补贴等）建立起覆盖全民的住房保障体系。正确运用政府调控和市场机制两个手段是房地产调控的必然方向，但从某种程度上讲，我国的房地产调控，还处于探索阶段，如何优化市场机制与行政干预的合理配置，仍然是需要长期思考的一个问题。

因此，不管是否身处金融危机，我们的房地产业在未来一个阶段仍然不得不看政府"脸色"行事，政府对于市场的行政干预在今天或者未来一段时期里，依然是房地产业不得不面临的一道"槛"。

软肋3：简单粗暴的盈利模式

【越来越多的房地产企业开始疯狂地在全国范围内攻城略地，或积极寻求机会争取到海外上市融资，土地经营开发领域却放缓了脚步，把盈利越来越多的压在了土地之上。】

国内房地产开发企业的三大主流盈利模式

1998年中国取消福利住房分配政策，开始以商品房为主的全面市场化，为房地产行业的繁荣拉开了序幕。然而，在1998～2004年间，房地产开发盈利模式基本沿袭了香港模式，即开发商包揽土地、融资、规划、施工、销售、物业管理的全部环节，并从中获取土地开发的利润。在房地产开发的产业链中，房地产企业主要以土地开发为主要盈利点，通过对土地进行规划、建设，并通过为住宅区提供其他服务获得利润，即常规房地产盈利模式。

近两三年来，房地产企业的盈利模式有了转变，越来越多的房地产企业开始疯狂地在全国范围内攻城略地，或积极寻求机会争取到海外上市融资，土地经营开发领域却放缓了脚步。很明显，我国房地产企业盈利模式的转变，一方面，企业把盈利越来越多的押在了土地之上，他们希望房价上涨，带动地价不断增值，使自己拿到的土地价格翻番；另一方面，越来越多的大企业把盈利放在资本市场之上，他们希望能够成功上市，实现一次"华丽的转身"。

盈利模式一：房地产企业大量囤积土地的

就北京房地产市场为例，尚未形成实际住房供应的土地面积占已出让住宅用地面积总量的53%。开发商"囤地"有越演越烈之势，国土资源部调研报告显示，去年我国百强房地产企业"囤地"就高达381万平方米，比上一年增长30.8%。中国社科院工业经济研究所投资与市场研究室主任曹建海指出，北京仍有8000万平方米的土地被开发商囤积，按照北京市政府公布的日售600套住宅的速度，如果全部开发成住宅，完全可以卖到2015年。如此看来房地产开发商囤积土地，已经成为了行业公开的秘密。为此，《国务院办公厅关于转发建设部等部门关于调整住房供应结构稳定住房价格意见的通知》明确提出："对经国土资源部门、建设主管部门查实具有囤积土地、囤积房源行为的房地产开发企业，规定商业银行不得对其发放贷款。"由此可看出，目前我国地产商"囤地"现象之严重，已经引起了国家相关部门的关注。

房地产企业之所以选择大量囤积土地的盈利模式，是因为他们豪赌土地价值会不断上升。近年来，随着城镇化、工业化的加速发展，中国人均耕地已减少到约933平方米，还不到世界平均水平的40%。为了保障粮食安全，中国实行了比较严格的土地管理制度，加上房地产项目与工业园区对建设用地的强烈需求，土地价格不断攀升，直接增加了开发商的拿地成本，一些资金不足的企业需要获取更多资金，房地产信托、外资房地产基金等各种融资渠道开始被提上议事日程。另一方面，随着土地资源的稀缺性，豪赌土地升值空间的行为越来越多，很多开发商认为，土地开发收益远不如土地升值收益效率快，很多企业开始放弃原有的土地开发模式，向土地升值收益方向靠拢。

然而，经历过较短的"面粉比面包贵"的疯狂之后，土地市场回归了理性。当初拼命抢夺过来的战利品，到如今却成了最大的包袱，而那些空手而归的房地产企业反倒成为赢家，在危机中比那些曾在土地市场上风光无限的胜利者似乎要镇定自如得多。毕竟，房地产业作为服务行业，如果它没有把盈利模式与服务质量的提升、服务模式的创新联系在一起，而是一味地把希望寄托在产品价格的疯涨之上，总有一天会把房地产泡泡吹得越来越大，直到最终破裂。

盈利模式二：房地产企业上市圈钱

房地产业是最典型的资金密集型行业。在实行招拍挂之后，资金雄厚的企业必然在拿地中处于绝对优势地位。通过股市筹集发展资金是房地产业发展的理想模式。

房地产板块是拥有公司数量最多的A股行业板块之一，也是频繁进入投资者视野的板块。目前已有100家左右主营业务为房地产开发的A股上市公司，此外还有众多在主

业之外的投资参股房地产项目的上市公司。

面对频频出台的紧缩银根的政策,房地产企业为了在资本舞台上不被淘汰,纷纷走上了上市。但是,很多的房企把上市作为大规模拿地的工具,大肆圈地,再去融更多的资本,而不是做更好的商业开发。

大型上市公司影响地方政府的能力很强。在某些中西部城市和三四线城市,醉心于招商引资,所以大型上市公司很容易在拿土地过程中得到优惠和眷顾,大量土地集中于大型企业手中。

资本市场是最为典型的虚拟市场,也是市场化程度最高,全球联动最为通畅的市场,几乎每一个企业面对这个市场来说,都像是大海中的一滴水,难以左右其形势。远看顺驰,近看恒大,在他们做好了上市的准备动作之后,资本市场的大门却没有对他们开放。事实上,即使上市成功,能够融到多少资金,也是与市场行情有密切联系的。因此,把盈利寄希望于资本市场,而不花大力气做好自己的业务,往往带有强烈的赌徒心理,与其说是与资本市场赌博,毋宁说是和天赌命。

盈利模式三:借势虚高房价实现暴利

近年来,高房价一直是房地产企业实现高盈利最重要的法门。中国房地产企业高负债、低现金流的状态,很大程度上与经营方式有关。房地产公司多数都是借助银行贷款等外债开发和建设新房,然后通过售房回收资金。在房产市场需求旺盛、销售红火的时期,这种高负债运行是十分经济的。房产出售率高、交易活跃,房地产开发企业可以迅速回笼资金,因此,他们即使没有太多的自由资本和现金流,也可以使项目正常运转;但是,一旦行业有效需求出现下降,例如由于宏观调控或者房地产价格过高而导致市场需求萎靡,房地产公司的资金链立刻紧绷。当前的房地产行业没有很好的规避风险的工具,极容易陷入资不抵债的困难境地。房地产行业是与金融体系紧密相连的。房地产行业如果陷入资金周转困难，银行系统的资产流动性和赢利性会立刻受到影响。

进入调整期，降价销售保障资金链不断裂

2007年房地产市场经历了又一轮高涨之后，大部分区域受政策影响，于第四季度开始进入调整期，并且在经历了一年的持续调整后，仍然处于低迷状态。全国市场2008年9、10月份进入深度调整期，成交量缩水至同期的五成左右。

如下表所示，2008年9月，长三角成交量为去年同期的三成左右，上海住宅成交创下了近两年来的低谷，仅略高于2008年2月份春节期间的成交量；环渤海成交量为去年同期的4~6成左右，北京成交量出现恢复性反弹，但仍为近两年以来的第三低位；珠三角成交量为2007年同期一半左右，广州、深圳价格持续调整，刺激市场需求，推动成交逐步回暖；中西部成交量为2007年同期四成左右。

全国各地区商品住宅成交量增幅一览表

区域	城市	商品住宅成交量（万平方米）				
		2008年9月	同比增长	环比增长	2008年1~9月	同比增长
长三角	上海	48.59	-77.61%	-26.40%	688.15	-59.35%
	南京	20.38	-80.23%	-18.77%	329.59	-55.00%
	杭州	17.44	-53.71%	26.92%	163.62	-50.86%
环渤海	北京	54.80	-60.77%	34.31%	651.84	-43.12%
	天津	31.85	-75.24%	0.00%	365.00	-48.27%
	沈阳	147.70	-31.53%	100.07%	706.16	-17.86%
珠三角	广州（8月）	61.2	-11.3%	1.06%	-	-
	深圳	30.66	1.83%	-1.11%	229.82	-48.75%
中西部	成都	33.21	-78.41%	-11.84%	386.02	-
	重庆	75.19	-59.77%	41.89%	697.23	-
	武汉	35.80	-72.88%	0.31%	353.00	-63.11%
	西安	48.06	-52.10%	1.40%	439.23	-29.00%

就住宅价格来说，除个别城市外，大部分城市房价普遍呈现继续下滑走势。长三角价格体系松动现象明显。2008年上半年，区域内各城市价格体系保持平稳，第三季度起上海、南京、苏州、无锡等城市降价项目明显增多，部分区域竞争激烈，上海的三林和松江新城、苏州的工业园区、南京的江北和江宁等板块，价格战升温；环渤海部分城市

价格体系开始松动，环渤海区域房价体系一直相对稳定，大部分项目以小幅折扣为主，2008年8月份开始至今，北京、天津等市场降价打折楼盘开始增多，尤其在黄金周期间部分开发商更是加大打折力度，万科甚至推出了7.5折的特价房，价格体系已开始松动；珠三角启动新一轮降价风潮，华南区域住宅市场在进入前一轮降价后的稳定时期后，2008年9月份知名开发商纷纷借助中秋假期、黄金周的销售旺季加大促销力度，广州番禺市桥南板块、花都新区板块、深圳宝安西乡板块、宝安中心区板块等区域价格战开始上演；中西部的部分城市价格明显下调，自2008年6月份开始，中西部区域价格体系开始松动，9月份成都、武汉等部分城市价格更是出现明显下调。

全国各地区商品住宅成交价格增幅一览表

区域	城市	商品住宅成交价格（元/平方米）			
		2008年9月	环比增长	2008年8月	环比增长
长三角	上海	13248	-2.30%	13559	1.29%
	南京	6054	-4.39%	6332	-3.89%
	杭州	19395	12.85%	17186	23.51%
环渤海	北京	12657	-10.04%	14070	21.90%
	天津	6824	-1.00%	6893	3.95%
	沈阳	3445	1.20%	3404	-3.02%
珠三角	广州	—	—	9078	-0.48%
	深圳	11824	-22.04%	14430	-7.45%
中西部	成都	5997	-1.70%	6098	2.78%
	重庆	4851	-6.1%	5166	6.43%
	武汉	4673	-2.54%	4795	-3.44%
	西安	4899	7.56%	4554	1.40%

软肋4：寒冬的沉重包袱——土地

【在经历了2007年的喧嚣之后，土地市场也在2008年归于寂静。取代了"囤地"和"地王"，"观望"与"流标"成为今年土地市场的关键词。】

天价土地成危机最大炸弹

在2007年的房地产市场，还有什么是震撼我们心灵的呢？那一定是土地。土地成交价格总是完全出乎所有人的料想，除了用"天价"二字来形容最后成交的土地价格，就连一向语言最丰富的媒体都辞穷了。

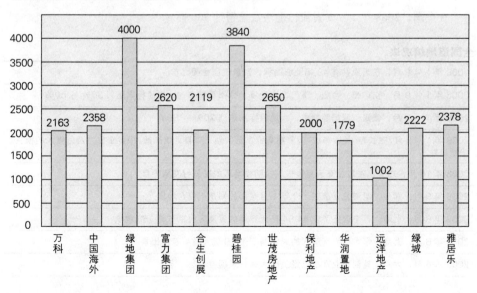

部分房地产开发企业的土地数量（单位：万平方米）

2007年房地产开发企业的土地储备增长明显,"面粉比面包贵"的现象屡现市场。企业往往动用巨额资金增加土地储备,如图所示,我国12家知名房地产开发企业的土地储备,如果按当前平均开发建设速度估算,消化这些土地储备需要5年以上的时间。

对于土地的疯狂热情并不是无来由的,在竞争中,谁能掌握越多的稀缺资源,就意味着谁具有更大的竞争力,这能够解释为什么一部分企业对于土地的热衷。

土地与资本的亲密关系是建立在市场持续火爆的良好预期之上的。当房地产企业勇于在最后关头抛出骇人的价格时,我们谁都没有想到政府会想到一些什么样的政策左右市场的发展,更想不到远在美国的"次贷危机"和我们有什么大不了的关系。但事实就是,问题不可思议的发生了,让我们的房地产企业猝不及防。

土地市场低迷,政府引导调控

房地产业退地,流标现象频繁

2008年上半年,不少开发企业在等待环境好转中,错失各种资产重组、合作开发、股权转让、项目转让的机会。在市场经营环境持续恶化的情况下,所拥有的土地储备囿于资金压力而无力开发。2008年下半年受各地土地底价成交、流拍、退地等影响,土地储备成为开发企业的巨大包袱,转让机会缩减,储备价值日益贬损,现金储备不断流失,形成企业经营的恶性循环。

由于房产市场持续低迷,开发商受到资金紧张和信心不足双重压力影响,土地流标现象频现。

在全国,2008年1~9月流标地块数量超过300幅。

全国退地情况表

2008年1~9月,在天津共有48幅地块流标,数量位居全国之首
2008年1~9月,在广州、合肥、厦门、连云港、徐州等城市,土地流标率达到30%~50%
2008年1~9月,武汉、深圳等城市,土地流标率达到20%~30%
2008年1~9月,在长春、长沙等城市,前期高价拿到的地王项目处境尴尬,很多企业为避免更大的损失,纷纷退地
2008年10月,瑞安,决定放弃云南香格里拉明峻地区的度假村发展项目
2008年9月,郑州,建海置业退还了今年1月竞得的郑州电视台地块
2008年8月,上海,苏宁退还了以44.04亿元竞得的黄浦区南京东路163地块
2008年8月,上海,恒大上半年购入的源深路1号19亿元重新挂牌出售
2008年6月,太原,首创置业宣布已经退出太原长风项目

续表

2008年5月，南宁，连续两幅地块由于付款违约遭收回
2008年2月，福州，融信损失7000万退回白马路地块

部分城市土地需求量锐减，情况如下表所示：

北京、天津、南京、深圳土地需求量增幅一览表

城市	2007年1~9月 （建筑面积：万平方米）	2008年1~9月 （建筑面积：万平方米）	同比增幅
北京	262	124	-53%
天津	234	233	0%
南京	836	182	-78%
深圳	122	123	0%

我国部分城市土地流标情况明显，如下表所示：

2008年前三季度部分城市土地流标情况一览表

城市	土地成交幅数	土地流标幅数	流标率	城市	土地成交幅数	土地流标幅数	流标率
扬州	3	13	81%	徐州	8	1	11%
厦门	2	3	60%	杭州	9	1	10%
广州	8	7	47%	武汉	10	1	9%
合肥	3	2	40%	上海	59	5	8%
连云港	9	3	25%	大连	39	2	5%
南京	16	2	11%	成都	41	2	5%

政府积极出台措施刺激需求

为此，在土地方面，政府放低姿态刺激需求。

首先，政策性住房用地出让力度加大。北京、沈阳、青岛等城市推出多幅经济适用房、动迁房和限价房用地，一方面调整土地供应结构，有效控制房价；另一方面凭借成本低、税负优惠、需求稳定等优势吸引开发商；

其次，延期出让，减少流标现象，成都、南京、杭州等城市对竞买人不足的地块主动实施延期出让，以避免流标现象的频频出现；

再次，调整出让要求，放低门槛刺激需求，部分城市政府采取了改变出让方式、降低底价、提高限售价格以及调整开发要求等方式进行应对。

调低土地政策后的市场现状

北京回龙观镇地块再度上市,原来的招标方式改为挂牌出让,底价由 1.34 亿元调低至 1.17 亿元,最高限售价格由 6500 元/平方米提高至 6600 元/平方米,2008 年 10 月被北京宏大金华房地产开发有限公司以挂牌起始价摘得

顺义站前西街地块,出让方式由招标改为挂牌,最高限售价格由 4980 元/平方米提高至 5500 元/平方米,开发要求中"居住用途建筑面积全部作为限价商品住房"调整为"居住用途建筑面积中 10 万平方米作为限价商品住房,其余面积作为普通商品房"

武汉赵家条地块 2008 年 4 月挂牌底价较 1 月时调低 27%,最终以 1.5% 的溢价率成交

巨量的土地储备占用了企业大量可用资金,使资金流动周转速度急剧下降。在面临市场环境变化时,企业调整的余地越来越小,土地储备成为众多房地产开发企业的"金绞索"。当初各路房地产企业卯足了劲在土地市场厮杀,大量真金白银往土地身上砸,争夺可谓异常惨烈。只是,当初拼命抢夺过来的战利品,到如今却成了最大的包袱。当隆冬过去以后,历史是不是又将重演呢?前车之鉴,后事之师,就好像我们每一个人在顺境时遭受突如其来的打击后,在遇到同样问题时会表现得更加成熟与理性,至少我们不会傻到完全重蹈覆辙,企业也应该一样。

软肋5：大而全的战略布局

【大而全的问题逐渐凸显为精力分散、投资难以集中、冗员过多、负担过重等一系列问题，让房地产开发企业遭遇发展瓶颈。】

迅速扩张应以稳扎稳打为基础

两军对峙，每布下一个据点，实际上就有可能是为对方背包袱，因为攻的据点越多，就需派更多人手去守据点，兵力也就不易集中。显然，战线拉得过长是军事上的大忌，但我们的房地产企业却似乎对此情有独钟。

征战全国本来应该是任何一个有实力有抱负的房地产企业的战略意图。当市场处于快速发展通道时，企业铺开摊子不仅可以迅速占领市场，还能实现协同效用，节约资源和成本。只愿偏安一隅而不愿意走向全国的房地产企业或许只能是地头蛇而成不了蛟龙。但问题是，征战的步伐到底应该要走多快，征战的疆域到底要多宽？对于房地产企业来说，稳扎稳打是第一要务，显然很多国内房地产企业忽略了这一点。

扩张是对资金及管理能力的考验

随着企业和行业的发展，扩张是必然的，但是有一些房地产企业连本土的根基还没有完全站稳的时候，就已经拉开了全国的布局。在同一时间十几个项目同时进行建设，这无论是对于企业的财力、物力、人力，还是协调管理能力，都是一个巨大的考验，如果企业不能保证有足够的资源周转于各个项目，及各个项目之间的协调运转，那么出问题就是迟早的事情。大而全的战略布局不言而喻将要给房地产企业带来更多的资金与管理压力。

软肋6：房地产业公信度极低

【中国的房地产企业掌握了很多社会资源，房地产行业关系到国计民生，可能正是房地产企业的敏感位置，使得行业的公信度普遍不高。】

房地产业被公众认为是"问题产业"

中国房地产企业是在饱受争议中成长起来的，无论是开发企业还是中介代理企业，都面临着公众社会责任的拷问。从对房地产暴利的指责，到被称为推高房价的"幕后黑手"，显然，在相当程度上，我国房地产企业面临着不被理解、不被认同，甚至不友好的社会环境。中华慈善总会发布的国内首份房地产企业社会责任发展现状调查报告显示，房地产行业的公众满意度在所有行业中排名倒数第一。有人甚至说，中国房地产业五毒俱全，一头连着暴利，一头连着腐败，一头连着坑蒙拐骗，一头连着社会事件，一头连着畸形发展。毋庸置疑，社会大众把房地产业归结为彻头彻尾的"问题产业"，这是有失公允且不客观的。但是，社会的态度并非空穴来风，子虚乌有，的确有值得我国房地产企业深思的地方。

深陷危机得不到社会同情

金融危机正席卷整个世界，受金融危机的冲击，我国房地产业也面临极其严峻的考验。国内大量房地产企业在危机与迷茫中煎熬，一些中小房地产企业处于破产倒闭的边缘。然而，房地产企业虽然身处逆境，却没有博得公众的同情，与同样陷入困境的制造业相反，公众对房地产企业并未给予更多的同情，房地产暴利的指责依然不绝于耳，对房地产企业社会责任的拷问依然此起彼伏。

房地产业＝暴利

地产商＝黑心

房产中介＝没有诚信

这种长期以来在公众心理上形成的思维定势，已经根深蒂固，绝非一朝一夕可以改变。通过房地产开发企业的努力，我们也没有看到公众态度的改变和缓和迹象。

被称为诚信度最低的行业，与其不"检点"的行为有关

2009年1月3日，首都经贸大学统计学院发布了2008年北京地区社会调查八大指数。这是继2006、2007年后，该院第三次发布北京社会调查指数，旨在反映北京人的社会心理状况及变化。八大指数分别为社会诚信、社会和谐、居民安全感、公共服务满意度、廉政信心、资源节约、居民生存环境感知以及居民幸福感。其中，社会诚信指数显示，经历了三鹿奶粉事件，食品行业的社会诚信度受到重创，降为倒数第二，而诚信度最低的依然是房地产业。

于是，不难理解，在政府是否应该救市的争论中，很多人仍然主张不应该出手相救。在我国房地产企业资金链紧张，面临生存发展困境时，公众对于房地产企业仍然是同仇敌忾，没有同情，反而是一种幸灾乐祸的态度。公众在对其他行业生存困境报以深切同情的同时，对深陷生死一线的房地产业却报以敌意，这多少让房地产企业有几分无助与无奈。

真理有时是掌握在少数人手里的，但是，道德似乎总是站在大多数人的一边。很多人把伴随我国房地产业发展而出现的，几乎所有社会问题都归结到房地产企业的身上，显而易见这是不客观的。毋庸置疑，伴随我国房地产业近二十年，尤其是近十几年的快速发展，出现了一系列尖锐的社会问题。这些社会问题归根结底都与我国房地产业发展过程中，形成的社会利益流向有关。房地产企业、银行、地方政府、投机者等等各种经济主体都牵涉其中。

出现的这些社会问题是各种经济主体共同作用的结果，是各种社会经济关系的集中映射，绝非房地产企业所能决定和控制的。正如几年前，在自传《道路与梦想》的发布会上，万科集团王石所说，房地产行业暴利的现象是不能否认的。他还进一步指出，房地产暴利来自于土地寻租，土地寻租直指地方政府。而事实上，王石仅仅指出了问题的一个方面，相关经济主体的地方政府和房地产企业、银行、投机者等都脱不了干系。房地产行业的公众满意度之所以在所有行业中排名倒数第一，也不能不说与近年来很多房地产企业行为的"不检点"有着必然的关系。

第五章 CHAPTER 5
地产企业"过冬"的4件"棉袄"

过去几年,大多数房地产企业依靠快速的拿地、开发、销售的模式,在一定程度上规避了市场风险。但随着成交量的萎缩,利空消息的涌现,楼市金秋的悄然逝去,地产"冬季"成为最多地产人和投资者讨论的话题。

楼市的寒风不仅"吹冷"了各大房企,也"吹冷"了中介以及建筑行业。为了摆脱困境,开发商与建筑、中介等行业使出浑身解数为自己准备过冬的"棉袄"。

第1件棉袄：裁员、减薪

【随着危机影响向实体经济的蔓延，裁员风暴不再仅限于华尔街的金融部门，而是席卷全球各个行业领域。】

渡过"寒冬"各行各业纷纷收缩成本支出

身处金融危机之时，还有什么事情比公司裁员更让我们噤若寒蝉呢？一场的金融风暴突袭而来，几乎全球的企业都开始节衣缩食过日子，即使财富500强的顶级企业也未能避免。如果在谷歌上键入"裁员减薪"的关键词，你会惊讶地发现有一份全球企业裁员明细表，其中包括公司名称、裁员人数等等，看完之后令人心惊胆战。

谷歌圣诞大礼

往年谷歌会包一个1000美元的大红包给员工做为圣诞节大礼，但在刚刚过去的2009年圣诞节，取而代之的是改为送每人一部谷歌今年新推出的G1手机。

全球各行业公司裁员减薪情况表

公司名称	国籍	行业	裁员减薪情况
高盛高华	中国	金融	裁员接近20%
中金公司	中国	金融	下属投行部门裁员接近3%
中信证券	中国	金融	部分员工薪酬最高降幅达到了20%
摩托罗拉	美国	通讯	母公司全球裁员3000人
北电网络	美国	通讯	全球裁员1300人
高盛	美国	金融	全球裁员3620人
AIG	美国	金融	裁员380人
花旗银行	美国	金融	全球裁员2.3万人
摩根士丹利	美国	金融	已裁员4400人
新加坡星展集团	新加坡	金融	全球裁员900人
汇丰银行	中国香港	金融	2008年9月份裁员1100名
惠普	美国	IT	全球裁员24600人
雅虎	美国	IT	裁员3000人
德国邮政	德国	通讯	全球裁员4万人
克莱斯勒	美国	汽车	全球裁员5000人
通用汽车	美国	汽车	裁员500人
戴姆勒	美国	汽车	全球裁员3500人
星巴克	美国	饮料	全球裁员1.2万名专职和兼职员工

通常，当财务状况艰难时，企业会采用裁员这样简便的方法改善财务状况，砍掉一些管理费用，减少支出。因此，裁员、减薪成为企业降低用工成本的无奈却又迫不得已的选择。不少房企从内部做起，纷纷裁员减薪，以求减少开支、降低成本。裁员减薪的风暴逐渐蔓延到广州、深圳、北京等众多一线城市。

裁员潮从地产中介始发蔓延至相关行业

实际上，从2008年初，我国房地产市场就已经被寒流笼罩，最先受到冲击的就是二手房市场的中介。随着二手房交易量的锐减，大批中介纷纷关门，大批房地产经纪人无奈下岗。即使还在营业的店面，也是冷冷清清、凄凄惨惨。每间公司都有数百名员工加入失业大军，而有的公司则首先对主管级人员降薪。

同时，房地产开发企业的日子也不比中介企业好过多少，虽说他们比中介企业财大气粗，但在"寒冬"之中耗了大半年，元气也损伤不少。因此，为了捱过未知期限的"冬季",也不得不节衣缩食,缩减人工成本。

关于某房地产公司裁员的小道消息比比皆是,虽然无从考究其消息的真实性,但我们有理由相信,面对漫长的"冬天",裁员对于房地产企业来说,确实不失为一个直接减少经营成本的好办法。

房地产项目开发的特点是,人员数量根据项目大小设置,例如30～50人的团队管理10万平方米的楼盘。随着流动资金的减少,部分开发企业已无力再开发其他项目,多余的人员面临着失业、裁员的命运。对于房地产品牌企业来说,在考虑裁员时往往会非常慎重,因为他们担心大规模的裁员会影响公司形象,所以通常会采取低调处理或者变相裁员的方式,把负面影响降到最低。

控制新进员工减少新增劳动力,从而控制成本,也成为不少房地产企业考虑的措施之一。据深圳市劳动保障局发布的2008年上半年人力资源市场数据显示,深圳市2008年上半年房地产业对员工需求仅为2507人,而2006年仅第二季度房地产行业对员工的需求就高达34615人,今年比2006年下降幅度超过九成。在刚刚结束的校园招聘活动中,一半以上的房地产公司几乎全部取消2008年底的校园招聘,即使在做校园招聘的企业,其招聘规模也大幅缩减。校园招聘是企业人才储备最直接的一种形式,在红火的2007年,几乎所有的房地产企业都在进行大规模校园招聘,但好景不长,形势的急转直下,那些刚刚进企业还没有来得及褪去学生青

↘ 房地产企业瘦身

涩面孔换上工作成熟笑脸的大学生们就面临着失业这一人生中最为沉重的打击。

裁员治标不治本，企业需慎行

从短期来看，选择裁员，公司将会减少人工及管理成本的开支，但遣散费和福利费用，其他间接和直接的费用也随之出现。而从长远看，一旦市场回暖，公司业务再次扩张，较之企业花在重新招募员工上的费用，节省的成本则相对较少。裁员往往会产生混乱、猜疑、挫折、士气低落、生产率下降、忧伤以及组织冲突，虽有立竿见影的效果，但却不一定是企业渡过"寒冬"的良方。由此可见，还是减薪来得实惠一些，既可以保证员工安心工作（金融危机下，即使是那些能力出众的人也不敢轻易跳槽，工作稳定是第一要务，薪水倒是次要的了），也能达到缩减开支的目的。

第2件棉袄：收缩战线、合作转让

【为了把有限的资金更好地用在"刀刃"上，房地产企业开始减少开工面积，缩小投资规模，寻求项目合作或转让，忙着参加"瘦身"俱乐部。】

房企缩减开发规模，实现风险最小化，现金流最大化

房地产市场低迷，要想让日子过好，一方面要找钱，一方面也要省钱，两手都要抓，两手都要硬。

为给公司搭建一个坚实而安全的平台，以保障未来业绩的持续增长，万科在2008年下半年就开始了调减项目，调整原计划开工的部分项目的规划和产品结构，并缩减了开发规模，下半年的开工面积由原计划的848万平方米减少到683万平方米，减幅19.5%。同时，竣工面积也从原计划的689万平方米减少到586万平方米，减幅达14.9%。因此，部分原定于2009年竣工的项目目前已被搁置。

不仅万科在全国各地开发的大量项目忙着收缩战线，这个紧要关头，没几个房地产企业敢在这个时候轻举妄动，扩张的步子就暂且不迈了，最小化风险、最大化现金流量才是最紧要的。除了万科，其他房地产企业也在马不停蹄地进行瘦身运动。首创置业曾公开表示，公司动工面积将由原定的150万平方米降至60万平方米，降低60%。2009年的竣工面积，也将由200万平方米大幅减至88万平方米。香港房地产业巨头和记黄埔也宣布将暂停全球业务的新投资，在2009年年中之前，所有未落实或未作承诺的开支都将节省下来，并要检讨全部投资项目。

很多房地产企业根据各地市场变化,调整了企业在各区域的发展计划,如有的房地产企业收缩在深圳、广州等价格调整幅度较大城市的投资,转向前景看好的二三线城市发展;也有房地产企业坚定大城市或熟悉的本土市场发展计划,收缩向外地的拓展计划,以减少投资风险。

退下"地王"光环,以合作与转让方式回笼资金

除了项目延期、停工并收缩战线,还有很多房地产企业采取项目合作或者转让的方式,分散风险回笼资金。2007年,包括南京、广州、上海、成都、重庆等多个城市诞生了10余个"地王",但随后这些"地王"就遭遇尴尬处境,退地、项目转让等在各"地王"身上上演。例如,神州融信地产不惜损失7000万元土地保证金,将2007年以9.04亿高价拿到的福州"地王"退回;苏宁集团不惜损失上亿元保证金,退回南京路地块;万科东莞"地王"也通过项目股权转让方式实现资金回笼。

在2008年最后几个月,房地产项目转让的情况明显增多。2008年11月6日,万科发公告,称将去年收购富春东方股权包中的南京恒邦房地产开发有限公司100%股权挂牌转让,转让总价为2.268亿元。2008年11月10日,大连乾豪地产公司旗下的三个地产项目的权益被远洋地产以4.8亿元收购,收购完成后乾豪地产将成为远洋地产的全资附属公司。2008年11月26日,上海联合产权交易所挂出一则公告,上海新蓝天置业发展有限公司29%股权及2755万元债权以1.29亿元的价格转让。近期还有多个已建成楼宇项目的转让公告出现在上海联合产权交易所,比如,人民广场板块内的延福大厦半幢写字楼以2.59亿元的价格挂牌。10月、11月两个月时间,通过北京、上海两大产权市场挂牌的房地产项目多达34个。与房地产密切相关的建筑和建材类公司的股权转让达12项,地产和建筑建材项目占同期两大交易所全部转让项目的16%。

第3件棉袄：促销、打折

【2007年房地产根本不谈营销，不愁房子卖不出就愁房子不够卖；2008年房地产都在谈营销，不愁房子不够卖就愁房子卖不出。】

万科引领降价风潮，抢占市场先机

2008年光景，反映了楼市"寒冬"房地产企业销售集体受阻的窘境。为了能够快速卖房，促销、打折以及各种新鲜营销招数，都齐齐上阵。

万科在2008年新春的"元宵特卖会"，那是万科在继北京、广州、深圳等地楼盘降价以后，又将降价行动带到上海的一次实践活动，那次特卖会在上海楼市掀起了一股不小的风暴。随后，万科继续开足马力，打折促销活动开遍全国各地，冒着被同行指责的风险，稳稳当当的回笼了大部分资金。事后证明，万科比其他同行要高瞻远瞩，在他人还在继续延续上一年的楼市乐观预期时，万科出其不意的赢得了第一局的胜利。

万科上海2008特卖会

上海万科的元宵特卖会在虹桥万豪大酒店三楼举行。仅从上午9~11:30短短两个半小时，万科特卖会销售额就已破亿。直至当天傍晚5:30，累计成交170余套，约占全部推出房源的70%以上，累计销售2.57亿元，超出了万科原先的预想。此次针对上海约4万名会员的特卖活动是万科一贯奉行的快速开发、快速销售经营策略的实践。

地产开发企业跟风降价

随着市场行情未能朝着好转的局面发展时,企业销售的窘困局面就越发显现,越来越扁的钱袋让其他企业开始坐卧不安了。如果说,之前的降价活动还是遮遮掩掩犹抱琵琶半遮面,但为抢占市场先机,该行动时就行动。尤其是在金融危机越演越烈的阴影笼罩之下,楼市的观望浓雾始终难以散尽,为打动消费者赶快出手,楼市的打折促销狂潮一浪接过一浪。

继万科之后大华、恒大等大型房地产企业也相继掀起了大规模的降价筹资活动。在楼市颓废半年之久后,2008年的7月上海一则某楼盘6折促销的传闻,揭开了上海楼盘跌价的序幕,而这个6折促销的楼盘就是大华集团旗下的大华锦绣华城。随后,借着奥运的东风,大华又以奥运的名义促销旗下其他几个楼盘。连续几个月的促销活动,大华斩获颇丰,回笼大批资金。9月29日,恒大在全国范围内的13个新开楼盘也同时进行折扣幅度为8.5折的促销,黄金周7天,恒大地产在全国市场上回笼资金超过45亿。

全国各地打折促销汇总表

促销方式	城市	项目名称	促销内容
直降打折	上海	象屿都城	销售报价由8300元/平方米起下调至7800元/平方米起
	北京	万科中粮紫苑	B区均价降2000/平方米
	广州	富力金港城	带1500元/平方米装修、均价4000~4500元/平方米推出
	深圳	金港华庭	销售报价由8000元/平方米起下调至7000起
赠送抽奖	上海	幸福小镇	送10万元装修费
	北京	帝景博悦	购房赠送高尔夫终身会籍卡,最高价值48万元
	广州	江山帝景	送50万元高尔夫会籍
	广州	颐和高尔夫庄园	购独栋联排别墅,有机会获赠颐和上院的服务式住宅1套
	深圳	荣超侨香诺园	买房送宝马
	深圳	万科东海岸上居	买别墅送游艇会会籍
	沈阳	钻石星座	9月29日~10月5日购房客户可获钻戒一枚
	西安	天正·幸福里	60万/套巨额保险,开盘当天即买即送
	惠州	德州城	"买一套送一套",购房者有机会抽中与所买住房同等价位的一套新楼
售后保障	北京	东亚三环中心	全款9折,最低总价34万元,可享受无理由退房保障
	南京	顺驰滨江奥城	推出有差价补偿等活动,国庆期间推行置业无忧计划,享价格保障
	武汉	万安盛世年华	"无理由退房"原价返购,加送增值金,签署"无理由退房"保值承诺书

续表

促销方式	城市	项目名称	促销内容
促进到场	上海	保利西子湾	电脑音响来就送 签约还有优惠礼总价减1万元
	广州、天津、南京、武汉、西安等	恒大多个项目	邀请谢霆锋、范冰冰、林熙蕾、蔡卓妍、陈鲁豫、孙俪、胡军、赵薇、黄晓明、陆毅、陈好、任贤齐、萧蔷等内地及港台明星出席各地项目开盘活动

当传统的销售旺季,以打折促销为冲锋号但又以惨败收场时,从地方到中央政府的各种救市政策也如雨后春笋般冒了出来。利率一降再降,房产新政层出不穷。尽管央行、国务院的各项房地产新政仍然有点意图难辨,但不论效果如何,至少让买卖双方舒坦了一些。因此,借着政策的春风,楼市促销狂潮再一次掀起。

促销方式令人眼花瞭乱

在房产新政发布后的第一个房展会——第24届中国上海房地产展示交易会上,绝大部分参展楼盘都加入了打折促销的行列中,各种新奇促销手法吸引了不少人的眼球,套用时下最流行的说法就是——"雷人"。

吉利名苑在活动期间购买多层房源的话可以送3~4.5万元不等的装修费;绿地领海推出"每天十套"特别房源,买了就送价值1.5万元的家具;世纪飞凡在指定日期前购房不仅送价值2万元的红包和5000元的某超市OK卡以外,还可加送四天三夜的香港迪斯尼双人游,如果购房者不愿旅游的话,这项优惠可转为抵扣1万元的房价。除了送各种礼品和现金外,还有开发商直接送面积,上海松江某楼盘称,在规定日期内买房,买一房送2平方米,买两房送3平方米,以此类推最多能送5平方米。

楼市低迷,市道不佳,房地产企业终于不再欲降还羞。在营销上动了大量心思,各种促销活动层出不穷。从万科的最先行动到如今的全业促销,在应对市场变化过程中,我国房地产企业更要注重及时抢占市场先机,出手要快、下手要狠,先于同行一步回笼资金,否则,就有可能遭遇在消费者面前卖力不讨好的尴尬境地。

第4件棉袄:"剩"者为王

【能坚持到最后的企业一定就是强者。大浪淘沙,"剩"者为王;在逆市谁能生存下来,才能有发展的资本。】

"物竞天择,适者生存"是房地产市场的生存法则,不过在房地产的"冬天",企业生存规则已经由之前的胜者为王转换成了到如今的"剩"者为王。经过大浪淘沙之后,留下来的将是能够扛得住风雨、经得起考验的企业。

"寒冬"中,房地产企业首先要做的就是看住安身立命的主业,把生存作为第一要务。因此,我们看到很多房地产企业停止了一贯的扩张,深挖洞、广积粮,做好做强不做大,收缩战线,保住资金、人才、市场和生产能力,无论是裁员、减薪也好,延期、停工也罢,促销、打折也行,目的只有一个就是不被淘汰,要坚持做一个勇敢而又聪明的"猪坚强"。

在2007年7月,一班地产大腕齐聚无锡参加房地产论坛的时候,面对整个行业一片

"猪坚强"

汶川地震中,被埋废墟36天的成都彭州市龙门山镇团山村村民万兴明家的大肥猪,在2008年6月17日被成都军区空军某飞行学院战士刨出来时,还坚强地活着。为其取名"猪坚强"。

萧条之声，很多企业资金链面临着断裂的危险局面，向来说话风趣的冯仑为房地产企业指出了三条出路：第一条路就是当"范跑跑"，三十六计走为上；第二条路是做"谭千秋"，宁死不屈；第三条路就是做"猪坚强"，坚持36天，把自己从300斤瘦到100斤，吃草喝露水也要坚持到解放军来。此后，"猪坚强"成了逆市中房地产企业代名词，大家纷纷表示要做寒冬楼市的"猪坚强"，虽说有点不太雅致，但反映的却是现实行情下房地产企业的愿望，在逆市中，活下去才是最重要的，去膘掉肉又有什么关系。

知名企业年度还款表

排名	企业名称	一年内需要偿还的债务（人民币：万元）
1	华润	1848023
2	万科	1496277
3	招商地产	607761
4	金地	579328
5	中海外	520689
6	雅居乐	456236
7	保利	406681
8	上海复地	330878
9	绿城	285594
10	碧桂园	188680

当今世界仍然笼罩在金融危机的阴影之中,
房地产业持续在冰冷"冬季"里艰难前行。
对于国内的房地产企业,如何安全过冬、顺利度过这场危机,
是当前摆在每一个房地产企业面前最刻不容缓的难题。

跨越寒冬案例分析

Case study how to get through the tough times

第三部分
The Third Part 3

案例选取理由

随着发端于美国的次贷危机演变成席卷全球的金融危机，这场始料不及的危机让全球房地产业遭受到了最严重的冲击，无论是在美国、日本、欧洲，还是在我们中国，房地产企业都面临着的一次最为严峻的生死挑战。

脆弱的资金链、盲目的区域扩张、陈旧的运营模式、违规的市场经营……这一系列的问题构成了最先在金融危机中倒下的房地产企业的致命缺陷。前车之鉴，后事之师，我们对危机中破产或倒闭的企业进行剖析，采取对现实案例进行解读的方式，探讨失败案例中房地产企业在金融危机中败走的深层次原因。

实现成功跨越，不仅需要从失败中进行反省，也必须汲取成功的经验。以学习的方式获得超越和领先都是一条必经之路。在此也对曾经成功跨越危机的优秀的房地产企业进行详细的阐述，解读它们成功的秘密，希望能为当前国内房地产企业应对危机，提供更多参考和建议。

作为同一产业链上的不同节点，房地产开发、金融和经纪，它们之间关系密切。因此，选取了房地产金融、开发和中介企业作为解读案例，着眼于从整个房地产产业链的角度进行系统全面的完整呈现。

第六章
CHAPTER 6
跨越寒冬3大国外失败案例

受金融风暴影响最大的房地产业，2008年在世界范围内相继受到生存威胁，土地、资金、大肆扩张、金融泡沫……无一不是结束其发展之途的断壁悬崖。在此一役中，失败的烙印应深深刻入不断发展壮大的房地产企业管理者的脑海中，引以为诫。

"两房"国有化,新自由主义悲壮谢幕

【2008年9月7日,面对风雨飘摇的住房金融市场,美国政府紧急宣布,从即日起接管美国两家住房抵押贷款融资机构——房利美和房地美。此举成为美国"次贷"危机爆发以后最重大的一次政府救市举措。】

房地产企业如何应对金融危机

不一样的美国房地产

中美房地产具有三大差异

有人可能以为中国的房地产业与其他国家的房地产业发展是相差无几的,但这只不过是我们自己一厢情愿的想法。比较高度专业化的美国的房地产业,我们中国的房地产业在内涵、属性和社会功能方面与美国还存在较大差异,中国的房地产业还仅仅是处于初级发展阶段。

差异一:美国以商业地产为中心,中国以住宅为中心

从内涵上看,中美房地产业都是包含房地产开发、经营、管理和服务的产业群体,而且房地产开发业都是房地产业中最为重要的行业。但是,两者之间存在着明显的差异:中国房地产业都是以住宅、销售为核心内容,兼含物业管理和房地产中介服务;美国房地产业是商业房地产(包括出租公寓)的开发、租赁和房地产经纪为核心内容,兼含住宅和住宅用地的开发、销售及物业管理、房地产估价等。

差异二：美国房地产的服务业特征明显，而中国恰恰相反

中美房地产业都属于第三产业，并具有波动性、区域性的特征，都与国民经济其他产业有很强的关联性。但是，在波动方面，无论从短周期还是中周期来看，中国房地产业的波动频率都高于美国房地产业。在产业关联性方面，中国房地产业的后向关联度高，美国房地产业则前向关联度高。中国房地产业主体部分——是以开发、销售为主要经济模式的住宅开发业，本质上属于非服务业，美国房地产业的主体——房地产出租业和房地产经济业属于服务业。因此，从总体上看，中国房地产业的"非服务业"特征明显，美国房地产业则以服务业为基本产业特征。中国房地产业在组织特征方面也有明显差别，总体上看，美国房地产业（特别是住宅开发、房地产经纪和房地产估价）的进入壁垒较低，但商业房地产开发和租赁的资本规模壁垒较高，商用房地产业物业管理的专业化壁垒较高；中国房地产业存在着较强的制度性进入壁垒，其中在房地产开发业方面，主要由土地制度制约，在房地产中介服务业方面，主要受政府对企业专业人员数量限制的制约。在产品差异化程度方面，中国房地产业高度集中于物质产品——住宅产品，美国房地产业则以服务类"产品"为主，广泛涉及种类繁多的各类"物"（即商业房地产）所提供的服务和各种"人"所提供的服务，产品差异化程度要大大高于中国。

差异三：对国民经济发展的推动模式不一样

中美两国房地产，都对本国的社会经济发展发挥着基础产业和先导产业功能，但以开发、销售模式的房地产开发业为主体的中国房地产业，其基础和先导作用主要体现在提供作为生产、生活空间的房地产物质产品；而以房地产服务业为主体的美国房地产业，其基础作用更多地体现在为房地产使用者提供"由房地产的'物'所提供的服务"，因此美国社会中各类房地产使用人，有条件在"租"或"买"之间理性选择。

中美两国房地产业对本国的经济增长都具有经济的贡献作用。但在中国主要是由于房地产业的投资拉动作用，如从产业增加值对 GDP 的贡献来看，中国房地产尚未在全国范围内达到主导产业的标准。由于统计技术层面原因，美国经济统计数据所显示的美国房地产业增加值是被放大了的，如扣除业主自用住房所提供的服务，美国房地产增加值占 GDP 的比重稍高于主导产业标准，贡献程度强于中国同行。

中美房地产业对社会就业都有一定的贡献，但相对于其产值而言，这种贡献并不突出。同时，中美两国房地产业的就业岗位结构有较大差异，美国房地产服务业对就业的贡献非常大，而中国房地产服务业对就业贡献尚不显著。中国房地产业对地方政府的财政收入有重要的影响，主要是通过房地产开发业受让国有土地使用权，而向地方政府支付土地使用权出让金的方式为地方财政增加收入，这一影响具有较强的不可替代性。美国房地产业对地方政府的直接贡献并不明显，主要是通过房地产出租业缴纳财产税的方式，其贡献具有很强的可替代性。

高度金融化：美国房地产的显著特征

比较分析了中美两国房地产业内涵、属性和社会功能之后，接下来我们不得不提的是美国房地产金融。

金融是房地产极其重要的推动力

金融市场是现代经济的核心，其最重要的作用在于通过融资活动将社会闲散资金导向最佳生产性投资场所，从而最大限度地推动实际经济的增长。房地产业作为资金密集型产业，更离不开金融市场的支持。目前我们中国房地产金融还不甚发达，其间接融资渠道（主要是房地产开发项目）比较单一，大都是通过银行贷款。但银行方面，房地产业被列为信贷高风险行业，银行在贷款期限、贷款额度、担保方式和核批时间等方面的规定过于苛刻，房地产开发与房地产金融的运作节拍不合，尤其是加入世界贸易组织后，银行对贷款发放的进一步限制，使得融资难成为房地产企业无法回避的难题。

美国的房地产融资方式极其丰富

与中国不同，美国房地产金融是世界上发展最为完善的，其金融创新可谓异彩纷呈，虽然这次"次贷"危机的产生，在一定程度上和金融创新有关系，但不管如何，房地产金融构成了美国房地产业的一个极为重要的组成部分，正因为美国的房地产金融市场的充分发展和房地产金融的不断创新，才推动了美国房地产迅速发展、演

进。其中，房地产间接金融市场上长期融资渠道的畅通和直接融资市场（特别是权益型REITs）的快速发展，为美国商用、住宅房地产的开发、出租金融提供了充足的资金，这是美国房地产出租业得以发展并在房地产业中占具重要地位的一个重要因素。

中国的房地产直接金融市场主要是股票市场，企业债券或其他形式（如项目投资信托）的直接融资渠道的规模微乎其微。美国房地产直接金融市场主要包括机会基金和房地产投资信托（权益性REITs），他们是在过去二十多年来迅速发展起来的。

什么是权益型 REITs

REITs是"不动产投资信托"的缩写，具有不动产证券化的概念，把庞大而不易变现的不动产，分割成细小单位，再转换为具备流动性有价证券。最常见的不动产证券化投资标的为百货公司、购物中心、饭店、办公大楼。

权益型REITs是指直接投资房地产，藉租金和买卖收入赚取利润，当前全球大部分REITs都属这一类。

美国房地产开发的三种间接融资方式

在美国，房地产开发可以通过多种方式进行间接融资，从融资目的来看，主要有以下几类融资方式：

方式一：土地购置融资

土地购置所需投资除部分使用自有资金外，主要通过以下方式进行融资

土地购置融资方式	融资具体内容
常规抵押贷款	土地投资者和大地产商常常以将要购置的土地做抵押，向金融机构申请土地购置贷款以获取短期融资
建筑贷款	建筑商常以这种方式进行土地购置、土地开发和建造地上物的一揽子融资
定金抵押	土地买卖双方签订分期贷款购地协议后，卖方只需支付定金即可获得土地所有权契据，其余本金连同利息，可按协议规定的数额和期限分期偿还
分期付款卖地合同	这种融资方式通常在开发商很难获得抵押贷款情况下才被采用。这种情况下，买方通常只获得土地占有权，只有付清全部地价款后才能取得土地所有权

续表

土地购置融资方式	融资具体内容
附带优先购地权的长期租赁	当开发商缺乏购地能力时,可与土地供给者签订附有优先购买权的长期租地契约,这类契约一半还规定开发商在行使优先购买权时,可将已支付租金从应付地价中扣除
联合开发	这类卖地协议规定,开发商可采取延期付款方式先取得土地进行开发,然后用该开发项目创造的收益来偿还地价款,或以约定项目收益的一定比例作为土地报酬,从而使卖地者成为开发项目的权益投资者。由于这种土地购置融资方式解决了开发商资本周转上的困难,又使卖地者有可能获得比地价更多的收益,因此得到了广泛的应用

方式二:建筑融资

建筑融资一半属于短期融资。美国的住宅建筑贷款期限通常为 8～12 个月,商业性建筑项目贷款期则为 18～36 个月,或项目完成所需时间为限,贷款一般随项目进展而分期拨给。建筑融资的提供者主要有:

建筑融资方式	建筑融资具体内容
商业银行	在美国,商业银行在参与建筑贷款以及抵押贷款方面历史最悠久。建筑贷款的一半以上是由 14000 多家商业银行发放的
储蓄贷款协会(S&L)	储蓄贷款协会在 19 世纪中叶发展起来,它以略高于其他金融机构的存款利率吸收大量的个人零星储蓄用以发放抵押贷款。目前,储蓄贷款协会是美国最大的住宅抵押贷款机构,它专门促进中等收入者建造和拥有自己的住宅,通过每个月的储蓄计划汇集资金,然后贷款出去用于支持 1~4 户家庭住宅的建设和购买
抵押银行公司	这类公司一般先取得东部金融机构的放款许诺,然后向西部的当地银行借款放贷,在 90~120 天后再将贷款转卖给东部信贷机构,抵押银行公司从中收取 1%~3% 的贷款议定费和以后年份的贷款管理服务费,费率通常在 0.25%~0.5% 之间
人寿保险公司	人寿保险公司主要投资于商业性房地产项目,并常以股权投资作为放款条件,但同时也通过抵押银行贷款及从事二级抵押市场投资业务
房地产投资信托公司	这类公司通常是将个人的投资引向房地产基金组织,通常由银行、保险公司和大投资者发起创办的。个人投资者以购买公司股票或基金收益凭证的方式向公司投资并分享利润

方式三:长期融资

开发商在建造商业中心、公寓住宅等供出租经营的商业房地产项目时,项目竣工后不能很快回收投资,就会需要申请长期性融资来偿还建筑贷款。当开发项目不大时,开发商一般通过地方银行和储蓄机构取得建筑贷款和长期贷款;如果项目较大时,则需向大的商业银行申请建筑贷款,并另向储蓄机构或保险公司申请长期贷款。长期融资的放款机构常将预先做出的长期融资安排列为向开发商提供贷款的附加条件。历史上,人寿保险公司是房地产长期信贷的主要提供者。

在讨论美国房地产业的间接融资市场时，二级抵押市场是必须要特别关注的。二级抵押贷款市场是美国抵押贷款融资的重要来源，它使初级抵押市场放款者可以卖出抵押贷款，以收回资金投入新的放贷业务。整份或部分抵押贷款以及由抵押贷款担保的政权，都可以在二级市场出售，买主是养老基金会、保险公司等大型机构投资者。为了促进二级市场的发展，美国的许多联邦机构直接参加买卖活动。其中政府全国抵押协会，主要为联邦住宅管理局和退伍军人管理局贷款的证券化提供担保。经过担保证券和其较高的收益率使美国的二级抵押市场充满了活力，并为房地产开发的融资拓宽了渠道。美国实行的是自由市场经济，政府对房地产开发的直接投资并不多，主要通过提供贷款和抵押贷款保险来促进开发。如住宅和城市发展部通过"地方街区开发补贴计划"和"租用住宅更新计划"，为城市开发和危旧房改造提供部分政府补贴和政府贷款。

20世纪80年代后期各能源生产州大规模的房地产萧条，导致了储蓄与信贷协会大范围的破产，但储蓄机构的衰落对融资购买住房带来的冲击很小，因为在过去30年中债券和抵押银行获得了急剧增长，二级抵押市场也迅速扩展。通过大型政府背景的机构（房利美和房地美是最主要的二级抵押贷款机构）以及大量私人债券公司、抵押公司可以从大范围的机构投资者中获得资本。保险公司、退休基金、储蓄机构以及全球投资者现在都参与二级抵押市场。这些新的资本来源为一级放贷者以及借贷者提供了充足的基金。

通过对上述中美房地产之间的比较分析和美国房地产金融的简单介绍，我们发现美国的房地产业发展与中国房地产业的发展存在了很大的差异，由此也促使了两国之间房地产业发展也存在不甚相同的路径。中国房地产业的"类制造业"特征，与中国房地产开发的主流模式直接有关，房地产开发的"开发、销售"模式则又是与中国现有的金融体制和房地产金融体系的不发达相适应的。

"两房"的历史变迁

历史造就了"两房"

随着美国"次贷"危机愈演愈烈，在9月传出了"美国政府接管两房"的惊天消息，人们奔走相告，无论是电视、网络还是纸质媒体，"两房"二字俨然成了9月份最热门的字眼，而各个房地产博客写手，对"两房"的讨论也是如火如荼。美国政府接管两房的消息成了世界最关注的新闻，美国人和部分内行人都知道"两房"到底占据着一个什么样的重要地位，只是外行人见了这个消息就开始不断纳闷，"两房"到底是何方神圣，值得美国政府出手接管？而且接管的消息还那么意味深长。于是乎，百度知道栏目中关于"两房"的提问不绝于耳。

"两房"来源于罗斯福新政

"两房"是房利美和房地美的简称,属于由私人投资者控股但受到美国政府支持的特殊金融机构,他们是美国两大住房抵押贷款融资机构,持有或担保美国近7万亿美元的住房抵押贷款,可以说是美国住房抵押贷款二级市场的绝对老大。

房利美是Fannie Mae的音译,它的法定名称是"美国联邦国民抵押协会"(Federal National Mortgage Association),一般也缩写为FNMA。20世纪30年代,美国经济危机,世界性大萧条。当时,罗斯福实施"新政",其中内容之一,便是让居者有其屋,罗斯福政府的目的是希望在经历过极为困难的大衰退时期以后,通过为住房按揭市场注入流动性,使购房更容易。正是基于这一目的,为了支持住房抵押贷款市场发展,并为抵押市场提供足够流动性,1938年,美国联邦政府发起设立了"美国联邦国民抵押协会",这就是现在人们俗称的"房利美"的来由。

在创立后的30年(1938~1968年)间,房利美以政府机构的身份逐渐取得了在美国抵押贷款二级市场的绝对垄断地位。为了平衡联邦预算,美国政府决定将房利美的财务活动从联邦预算中剥离出来。1968年,通过重组,房利美被改制成了一个私人持股的民营公司。从此,房利美不再是政府发行抵押的担保人,而作为政府发行抵押的担保人责职则被移交给新成立于1968年的基利美(Ginnie Mae),它的全称是政府全国抵押协会(Government National Mortgage Association,GNMA),它是一家隶属于美国住宅与城市开发部(HUD)的政府所有的全资子公司,它主要对联邦保险或担保的贷款所支持的MBS(抵押支持证券)提供担保。

与此同时,为了终止房利美的绝对垄断地位,以便在抵押贷款二级市场能够形成竞争的格局,1970年,国会通过立法《联邦住宅贷款抵押公司法》特许设立了另一家私人持股公司,即房地美,旨在开拓美国第二抵押市场,增加家庭

贷款所有权与房屋贷款租金收入。房地美是 Freddie Mac 的音译,它的正式名称为"美国联邦住宅贷款抵押公司"(Federal Home Loan Mortgage Corporation),一般缩写为 FHLMC。

"两房"的业务规模庞大

房利美与房地美专门从事住宅抵押二级市场业务,即通过从银行、其他金融机购买住房抵押贷款,打包上市、证券化支持美国住宅金融市场的稳定性、流动性和提高国民购房的可支付能力等政府公共政策目标。

在政府优惠政策激励和股东们的利益驱动双重作用下,两大公司的业务和资产规模快速扩张,而过去 20 年,美国经济稳步增长(除 1991 年负增长外)、住宅市场繁荣,则为两大公司拓展证券业务提供了难得的机遇。

1990 年全美住房抵押贷款余额 2.9 万亿美元(占 GDP 的 50%),两大公司持有的抵押贷款和抵押贷款证券 7400 亿美元,仅占市场份额的 25%。到 2008 年一季度,全美的住房抵押贷款余额为 12.08 万亿美元(占 GDP 的 80% 左右),两大公司持有的住房抵押贷款余额 1.45 万亿美元,持有的住房抵押贷款证券 3.65 万亿美元,两项合计 5.1 万亿美元,占住房抵押贷款市场份额的 42%。

两大公司已成为美国住宅抵押市场的主导者和全美债券市场上仅次于财政部的最大债券发行商之一。2008 年一季度公众持有的可交易美国国债的规模只有 4.9 万亿美元,显然两大公司持有的债券已超过了可交易国债的规模。这种特殊的法人地位和庞大的市场份额,不能不让人们刮目相看,被认为是"大到不能倒"的企业。

实际上美国银行系统所发放房地产贷款中的大部分,都转卖给了这两家公司。他们把这些长期的房地产按揭打成包,做成 MBS 债券,然后在华尔街出售给美国的金融机构和亚洲的中央银行。在他们所发行的 MBS 债券和他们从银行手中收购的房地产按揭贷款之间存在着一个利差,构成了这两家公司的利润来源,另外,对这些按揭进行担保所收取的费用也是公司进项之一。在没有被政府接管之前,据有关部门的统计,美国有 60% 的银行持有这两家公司的债券资金超过银行资产的 50%。所有从事抵押贷款业务的公司,从花旗到地方性小银行,都要依靠房利美和房地美获得资金。实际上,所有的华尔街金融机构都和他们有生意往来。难怪有人说,房利美和房地美在美国的地位就相当于第二个美联储,为整个美国金融业提供流动性。

"两房"的盈利表现曾经虚假繁荣

房利美和房地美曾因前几年美国房地产热而赚得盆满钵满,风光无限。因为优秀的盈利表现和近乎于"准政府"机构的稳定性地位，房利美曾被《福布斯》杂志评为美国最受雇员喜爱的公司。房利美的稳定性几乎相当于美国联邦政府，不仅旱涝保收，而且福利待遇极为优厚。所有员工都享有退休金（Pension），在当今美国社会商业公司中，退休金几乎绝迹。同时，员工在工作期间可以任意选读各种专业的学位，公司完全报销学费，无论公立大学还是私立大学。

房利美总部设在华盛顿，所属行业为信用服务业（抵押金融），主要产品或经营范围是金融服务。1970年8月31日，房利美在纽约证交所上市，股票代码为FNM。

上市以来，房利美曾进行了两次股份分拆：1989年10月17日，每股分拆为3股；1996年1月16日，每股分拆为4股。现行发行股本为9.8232亿股，流通股本基本相等，总市值约为131.7亿美元，雇员达到5700人。

房利美2003~2007年盈利能力及分红水平统计

日历年度	2007	2006	2005	2004	2003
净利润（亿美元）	-20.5	40.6	63.5	49.7	80.8
每股收益（美元）	-2.63	3.65	6.01	4.94	8.08
净资产收益率（%）	-8.3	11.3	19.5	16.6	27.6
现金红利（美元）	19	11.8	10.4	20.8	16.8
派息率（%）	——	32.4	17.2	42.1	20.8

注：现金红利是指每10股派现金额；派息率=普通股年度红利/年度净利润。

房地美总部设在维吉尼亚，所属行业为信用服务业（抵押金融），主要产品或经营范围是金融服务。1988年12月2日，房地美在纽约证交所上市，股票代码为FRE。

上市以来，房地美曾进行了两次股份分拆：1992年4月9日，每股分拆为3股；1997年1月13日，每股分拆为4股。现行发行股本为6.9198亿股，流通股本基本相同。总市值约为67.1亿美元，雇员达到5281人。

房地美2003~2007年盈利能力及分红水平统计

日历年度	2007	2006	2005	2004	2003
净利润（亿美元）	-30.94	23.27	21.13	26.03	48.09
每股收益（美元）	-5.37	3.00	2.73	3.46	6.67
净资产收益率（%）	-21	9.8	8.1	9.4	17.7
现金红利（美元）	17.5	19.1	15.2	12.0	10.4
派息率（%）	——	63.9	56.9	34.9	15.6

注：现金红利是指每10股派现金额；派息率=普通股年度红利/年度净利润。

自上市以来，房利美与房地美始终坚持"按季分红"的原则，而且分红水平逐年不断提高。特别是自 1999 年以来，房利美每年分红水平都保持在每 10 股派现 10 美元以上，即便是在严重亏损的 2007 年，房利美也保持了每 10 股派现 19 美元的分红水平。2008 年第一季度，房利美严重亏损 21.86 亿美元，但它仍向普通股股东实施了第一季度的分红方案：每 10 股派现 3.5 美元。房地美也是同样如此。

看到两房 2003~2006 年度盈利表现和分红水平，估计没有几个人不羡慕吧，被评为美国最受雇员喜爱的公司可不是随便瞎糊弄出来的。据房利美的前辈描述，很多搞电脑的中国人在"两房"里甚至读下了法学博士，MBA 或金融博士。第一次购房者还可以从公司得到一笔利率优惠的住房贷款，节省下的利息价值数万美元；就是年底的奖金，经常使其他公司看得眼热。所以一般人一旦进了房利美就再也不想离开。该公司 75% 的员工都拥有硕士以上的学位，在美国堪称商业公司中平均学历最高的公司。因此，在竞争激烈的美国社会，能进像两房这样的地方那可是相当于进了保险库。

直到 2006 年下半年，一切都还是那么美好，当时房利美的员工还在憧憬年底圣诞晚会是如何盛大，美味佳肴如何丰盛，各种美酒如何香甜，还请来了世界最有名的乐队演出助兴。然而，谁也没有想到的是，狂欢节中的房利美这艘巨轮已经撞上了冰山。除了 CEO，CFO 等极少数最高级别的人物，和华尔街的幕后大老板们，没有人知道房利美的真实情况到底如何。

再次国有化："两房"真相显露

2008 年 9 月 7 日，面对风雨飘摇的住房金融市场，美国政府紧急宣布，从即日起接管美国两大住房抵押贷款融资机构房利美和房地美。此举也成为"次贷"危机爆发以来美国政府最重大的一次救市举措。整整 70 年，美国房贷市场走过了一个"国有化—私有化—再国有化"的轮回，这个轮回对美国政府来说，完全是不得已而为之。对信奉自由市场的人士来说，又何尝不是一次历史倒车。

两房被接管，美住房金融市场存在问题

负债累累，雷曼搅局

对于房利美和房地美的股东们来说，2008 年 7 月 7 日是一场噩梦。自 7 月 7 日星期一早上开始，华尔街的交易桌上就开始悄悄传话，房利美与房地美可能有麻烦。紧接着，雷曼兄弟也不合时宜的出来搅乱，他们的分析师 Bruce Harting 出具了一份研究两房的报告，称房利美和房地美可能因为新会计准则的改变而不得不融资 750 亿美元。这项会计

准则就是杀伤力十足的 FAS 140 条款,该条款试图阻止企业继续将不良资产隐藏在资产负债表之外的实体中。如果房利美和房地美要将表现欠佳的抵押贷款资产重新转移到资产负债表内,那么他们不得不募集新的资本。报告指出,房利美需要募集 460 亿美元资本,而房地美需要募集 290 亿美元资本。当然,雷曼兄弟虽看到了别人的风险,却还是没有摆脱自己惨遭破产的厄运。

自从去年信贷危机爆发以来,投资者的信心在经受了华尔街银行和券商一次又一次的资产减记、亏损和融资之后备受打击,他们已经开始变得小心而又脆弱,受不起多大的惊吓了。雷曼的这份报告的披露彻底摧毁了市场对房利美与房地美的信心。所有人均意识到,仅凭房利美与房地美自己的力量,是绝对不可能募集到规模如此庞大的资本金的。

股价暴跌,恐慌气氛加剧

几分钟之内,雷曼兄弟的报告就引发了两家公司股价大幅跳水,投资者开始在股票市场上抛售两家公司的股票,冲击波迅速传递至整个金融市场。两天后,前圣路易斯联储主席 William Poole 表示,房利美与房地美也许存在资不抵债的问题,最终可能需要政府出手援救,这消息将两家房贷融资公司的股价推至 17 年来最低点。2008 年 7 月 12 日,穆迪公司下调房地美和房利美的金融实力评级,两大公司的股票价格在纽约股票交易所继续下跌,跌幅又创下了 28 年来的新低。尽管 13 日美国财长保尔森表态政府会力挺两大金融巨头,给予信用支持,此后美联储主席伯南克也声明:两大公司资本充足,完全有能力自救。但是美国经济不景气、房市低迷,金融市场动荡,导致两大公司亏损增加、财务状况恶化却是一个不争的事实。

"两房"危机加剧了投资者的恐慌性气氛,导致其在被接管前股价已经暴跌了约90%,面临垮台的危险。迫于问题的严重性,美国不得不采取"国有化"的举措,宣布接管"两房"。保尔森宣布"国有化"方案分四个部分:接管、注资、对抵押贷款支持证券 (MBS) 市场(也称按揭证券市场)的直接支持、设立短期借贷工具。这次重大救市举措,无疑将对美国房地产市场产生深远影响。约翰·霍普金斯大学经济学教授鲍泰利在接受新闻媒体采访时说,"两房"的问题说明美国的住房金融市场存在问题,"两房"这种模式很可能不会再保留。

"两房"被接管引发诸多争议

《华尔街日报》曾发表社论说,美国政府没有在 18 个月前就解决"两房"问题完全是一场"悲剧",因为最终是美国纳税人为此付出了高昂的代价,社论甚至认为这是美国近几十年"最严重的政治丑闻之一"。但是无论如何，美国政府最终接管房利美和房地美，有助于缓解金融市场的恐慌性气氛。由于房利美和房地美大量债券为海外投资者拥有，因此对于美国政府的接管行为，许多海外投资者也松了口气。

美国财政部长保尔森（左）和联邦住房金融局局长詹姆斯·洛克哈特

对美国政府接管两家公司并非没有非议，部分经济学家认为，"两房"完全是以其重要性"绑架"了美国政府，迫使政府最终拿纳税人的钱为两公司不负责任的市场行为买单，这是一种违背市场经济的行为。美国前劳工部长罗伯特·赖克批评说，美国政府目前的行为是在用纳税人的钱帮高管们解套，创造的是"最糟糕的公费资本主义"。

让"两房"再回到"国有化"的轨道代价高昂，不仅有违市场规律，也会迫使美国政府背上沉重财政包袱，而且不可避免会引发政治争议。从本质上说，这也不符合共和党一贯的做法，自"里根革命"起，共和党就一直信奉经济放任主义。但是，"两房"的庞大规模和对金融体系的重要性，"两房"中任何一家企业垮台，都会对美国和全球金融市场造成巨大动荡，因此，接管两公司是当前保护市场和纳税人的"最佳手段"。

接管房利美和房地美，是美国历史上出台金额最大、最复杂的救市方案之一。美国联邦储备委员会主席伯南克说，此举有利于促进美国住房和金融市场的稳定，而且财政部购买优先股将"在当前信贷市场非同寻常的不稳定时期"为抵押贷款企业提供"至关重要的支持"。《财经》首席经济学家沈明高分析到，政府接管后减少了"两房"破产的风险，对稳定房地产市场和投资者信心是有帮助的，因为"两房"如果破产，就会将美国房地产市场和实体经济拖入低谷。

透视导致"两房"困境的4大根源

↘ 忙碌的纽交所大厅

"两房"作为具有准政府机构性质的企业,其重要地位想必是其他企业所不能望其项背的,但是为什么会陷入如此困境,最后还不得不依托于政府把自己再次收归于囊中?房利美与房地美的"国有化"引起了国内外投资者的高度关注,迫使人们不得不去探究危机产生的根由。为私有公司的产品提供政府保障,存在着巨大的风险。在房利美和房地美这件事上,两家公司都利用了美国政府的隐性支持为其管理层和股东牟利。一边是政府支持,一边是牟利动机,两者相结合正是导致两房陷入资本困局的根源。

根源1:管理层无视风险

不避风险,甚至人为选择高风险,以实现机构和个人高收益,一段时期以来似乎构成一种商业心理和企业实践要素,构建了某些"行业文化"或"企业文化"。高风险所获高收益,却往往由企业高级管理层成员"分红",风险在成功社会化之后,利润也随之完成了其私有化的完美过程,"两房"高管把这种"风险文化"演绎得淋漓尽致。

公司巨额亏损,高管仍旧高薪

据媒体报道,房利美5名最高级主管1998年至2003年合计收入1.99亿美元。即使是在2007年,尽管房利美和房地美双双出现巨额亏损及资产减少,其房利美首席执行官丹尼尔·马德2007年度年薪仍将近98.7万美元;房地美首席执行官理查德·赛伦年薪加奖金46.5万美元,两人可获"补偿"总额分别接近1165万美元和1829万美元。

高管无视风险警告建议

在美国政府接管房利美和房地美三个月后,国会众议员们根据调查结果指责"两房"前首席执行官加剧金融市场动乱,把全国拖入经济衰退。众议院监督和政府改革委员会在检查将近40万份"两房"内部文件后，于9日公布的内部电子邮件和其他文件显示，房利美前首席执行官丹尼尔·马德和房地美前首席执行官理查德·赛隆无视应避免高风险贷款类型的建议。据《华尔街日报》报道，房地美CEO理查德·塞隆曾经收到其首席风险官大卫·安德克尼斯的一份备忘录，警告公司正在为问题贷款提供融资，而这威胁到其财务健康。2004年中，安德克尼斯告诉塞伦，公司正在收购一些"很可能对公司和国家造成巨大的财务损失和声誉风险"的坏账。但这两位CEO无视这些警告。加州民主党议员、该委员会主席说，"他们不负责任的决定如今导致纳税人损失数十亿美元。"

丹尼尔既冒险又贪婪

"两房"之一的房利美CEO丹尼尔·马德 (Daniel Mudd) 本身就是一个冒险家。丹尼尔在2004年底取代了因会计丑闻下台的弗兰克。他在1997年亚洲金融风暴时，正好担任GE（Capital Asia Pacific）的总裁一职，坐镇香港，统领整个亚太地区GE的投资业务。当泰国货币在7月2日一天就暴跌了18%，他旗下的资产损失超过了20亿美元。此时，颇有赌徒精神的丹尼尔非但没有退而自保，反而大肆扩张，仅1998年6月，他就一口气吃进了泰国政府拍卖的烂账28万笔，当时每一美元的债券的票面价值仅剩45美分，他总共吃进了11亿美元，到2002年，这些债券的价格翻了一番。

显然，丹尼尔对风险有着很强的承受能力，而且喜欢冒险。尽管房利美是上市公司，追求利润是天经地义的事情，但公司仍有稳定金融系统的重大职责，毕竟1万6000亿美元的资产并不是房利美的自有资本，但是为了谋求每年两位数的利润增长，以及达标后的巨额个人奖金，丹尼尔显然不会去考虑别人的风险了。

资产结构变样：可调整利率贷款比例大幅上升

2006年以来，美国房地产市场明显降温，加之其他银行和对冲基金的业务竞争，房利美的利润增长明显放缓，丹尼尔把眼光盯上了高度风险的贷款新产品和次级贷款市场。丹尼尔认为传统的15年和30年固定按揭贷款作为房利美的核心业务，已经不能满足高速利润增长要求，他大幅度增加了可调整利率贷款在公司资产中的比例。2003年时，15年和30年固定贷款占总资产的62%；2005年，已经锐减到35%，相反，可调整利率(ARM)贷款的比例大幅上升到48%。同时，丹尼尔还大幅度增加了房利美直接拥有银行按揭贷款的数量，以求最大限度地增加利润。房地美也不甘落后，数字显示，仅2006年上半年，两房就吃进了次级贷款市场创纪录的2728亿美元中的25%的份额；在2005年，两家吃进35%的次级贷款；2004年吃进44%。

投机太盛,无视风险,房利美和房地美这样的金融巨舰在他们领导者的带领下撞向了冰山。

根源2:"两房"可享受特殊权利

虽然房利美与房地美均为私人拥有的上市公司,但是作为联邦法律创建的"政府授权企业"(Government Sponsored Enterprises,GSE),这意味着它们可以享受特殊的权利。这些权利包括它们可以免交各种联邦以及州政府的税收,并且享受来自美国财政部的金额均为22.5亿美元的信贷支持。

美国政府对"两房"庞爱有加

为支持这两大住房金融公司,美国政府为其提供多种特殊优惠政策,具体包括:公司发行的证券可免去联邦证券委员会的审批,是各金融机构可以无限持有的资产,并可作为联邦储备银行贴现贷款和信用贷款的合格担保品;公司在必要时可获得财政部最高22.5亿美元的资金支持;公司经营范围不受州界和地域的限制,不需地方监督部门的认可和批准;公司在依法留足资本金后,经营收入归股东所有等。这些以法律形式明确规定的优惠政策使两大公司拥有了"准"政府机构的特殊法人地位,尽管两大公司发行的债券均为无政府担保的债券,但多被评为3A级,被投资者视为与政府国债类似的无风险债券。

因为有政府的担保,储户不用担心储贷机构的管理质量,他们是否诚实地遵循贷款政策以及对杠杆的运用。虽然美国政府没有刻意地支持房利美和房地美,但大多数投资者相信,一旦有严重的问题发生,政府不会袖手旁观。这意味着,政府的支持能使这两家公司的住房抵押债券获得高的信用等级,并且得以出售给国内或者全球的稳健投资者。因此,房利美和房地美能够比其他的私营机构有更多的保险系数和所谓虚幻的安全感,并处在一种比较大的竞争优势之中。20世纪末本世纪初,凭着政府支持,在货币政策宽松,资产证券化和金融衍生产品创新速度加快的情况下,两房规模迅速膨胀。

监管当局有限制,"两房"绕过了监管

当然,房地美、房利美当然并不是一开始就天马行空,政府曾对两大证券化公司资本充足率、业务范围、经营规模和所购买的贷款种类进行了严格限定。依据1992年国会通过的《联邦住宅企业金融安全和稳健法》,公司的核心资本不能低于最低资本,即资产负债表内资产余额的2.5%,加上表外债务余额,包括担保的抵押支持债券(MBS)的0.45%。衡量资本充足的第二个指标是风险资本要求。按照规定,公司必须有充足的资本,以应对未来10年市场波动的压力检验,以提高它们的抗风险能力。而联邦住房企业监督办公室设定的资本要求是:除核心资本外,公司还要按最低资本的30%提取盈余资本。此外,为保障基础资产的质量,监管当局规定,公司购买的购房贷款主要是合格的常规抵押贷款,即首付比20%、长期固定利率、非政府机构担保的抵押贷款,合格贷款上限通常由住房与城市发展部(HUD)每年根据市场上住房价格指数进行调整,2008年单笔贷款上限在41.7万美元。

从两大公司的执行情况来看,就资本现状而言,2007年"次贷"危机爆发之后,房地美和房利美分别增发89亿和86亿美元优先股补充资本金,政府及国会转视两房为救星,放宽了之前的一些限制,如减低其资本金数额的要求等OFHEO两次下调盈余资本金率

什么是可调整利率贷款(ARM)

可调整利率贷款(ARM)与固定利率的不同之处在于贷款的利率和每月所需支付的偿还额随著利率的波动或多或少。绝大多数ARM类贷款有一个利率固定期限,即在期限内贷款利率不变,随后余下的年限内利率每隔一阶段就发生变化(通常以一年为一阶段)。

在固定利率的期限结束后,ARM的利率会随著某一指数的变化而发生波动。这一特定指数是在您的房屋成交时确定的。贷款公司根据当时的指数值加上margin作为您贷款的新利率,由此来计算出新的每月偿还额。

"两房"的可调整利率贷款是建立在不良资产基础之上的。

至 20% 和 15%。截至 2008 年一季度两大公司的资本金充足，基本达到了法定和 OFHEO 监管机构设定的标准。但公司资本杠杆率还是过高，在市场波动导致资产和负债市值不断发生变化的情况下，公司核心资本与持有抵押贷款和担保的 MBS 总值之比常常不足 2%，这意味着一旦公司遇到任何风险，公司股本不足以弥补亏损，就会将风险损失转嫁给投资者、相关金融机构和纳税人。且公司贷款组合的期限越长、规模越大，受市场波动、变数影响就越大，且结构金融的信用链条长，管理风险的链条长，控制风险的难度就越大。从贷款经理人、银行、信用评级、担保机构到证券发行机构、投资者，任何一个环节出了问题都可招致风险成倍放大，各机构之间关联度越高，风险的波及效应越大。把资本金用到最大幅度，杠杆用到最大比例，自有资本金留得不足，这对于两房来说本来就是一个致命性错误。

房价下跌加速不良贷款危机

从公司的资产质量来看，在 2001 年后，美国经济向好和住宅市场繁荣，非常规抵押贷款快速增长，房利美和房地美公司在此期间购买了一部分信用史料不全、有信用瑕疵独户住房贷款（A-loan、）和只支付利息贷款（inter－est-only），这些贷款都有房产价值比高、借款人信用等级差的特点。但始料不及的是，当住房销售价格涨幅从过去最高时 13.64% 跌至今天的 -0.45%，两大公司在住宅市场繁荣期快速扩张中购买的大量住房贷款的风险也逐渐显现出来。不光是次级贷款购买的房屋价格下跌，优级贷款购买的房价也在下跌时，住房贷款按市值调整后的抵借比(贷款余额/房价比)开始上升，各类贷款的违约率也开始上升，公司持有的私营机构以次贷发行的 MBS 信用等级下降、收益率下降，导致两大公司自 2007 年第三季度起亏损上升，过去的一年两房亏损额度达到了 140 亿美元。

"两房"依靠在资本市场融通资金，购买和持有住房抵押贷款和 MBS，一手买进，一手卖出，看似买卖自如，但其前提条件是金融市场稳定、投资者资金充裕、信心十足、需求旺盛、融资成本和资产收益均在掌控之中。问题是市场和金融活动中的不确定性太多。一个 1.3 万亿美元的"次贷"危机，仅占房贷余额的 10%，如果按拖欠和取消抵押赎回权合计 20% 计算，也不过 3000 亿美元，将美国和全球的金融市场从流动性过剩一下转变为流动性不足，人人自危、捂紧自己的钱口袋，在这种外部冲击下，"两房"的脆弱性很快就暴露了，不仅要面对房价下跌引发资产质量的下降，还要面对融资成本上升，资产的脆弱性导致了公司清偿力不足，负债的脆弱性加剧了公司流动性不足，最终陷入"次贷"的漩涡而无法自拔。

根源3：政府监管乏力进一步加深了"两房"危机

因为次贷危机的爆发，"两房"卷入了不能自拔的漩涡之中，由于其强大的江湖地位，美国政府不得不出手相救，但惹来骂声一片。

监管形同虚设，危机意识来得太晚

不过，房利美和房地美的这种"肆意妄为"显然是建立在美国政府隐性支持的基础之上，而政府又在提供支持的同时缺乏对其金融交易进行指导和监督，显然，这在某种程度上就成了一种对"两房"的纵容，放任自流。在市场繁荣期，两房扩张性发展，放松了贷款标准、监管标准，低估甚至是错误估计潜在的金融风险，导致了在市场发生逆转时资本金不足、抗风险能力弱，而在这方面，政府监管当局显然没有做出更多或者说更加及时的监管。虽然自2006年开始，联邦住房企业监督办公室（OFHEO）试图抑制房地美和房利美的扩张规模，以抑制公司资产业务的盲目扩张招致风险的聚集。然而这样的风险意识来得太晚，2007年"次贷"危机爆发后，两大公司再次卷入"次贷"危机的漩涡之中。

什么是金融类企业的核心资本充足率

核心资本充足率是指核心资本与加权风险资产总额的比率（参考值≥4%）。核心资本又叫一级资本和产权资本，包括普通股，盈余，优先股，未分配利润，储务账户。巴塞尔委员会规定的银行资本充足率，要求资本充足率达到8%，核心资本充足率达到4%。

计算公式：核心资本充足率＝（资本总额/加权风险资产总额）×100%

监管的不足甚至导致了"两房"财务造假行为

更可怕的是，与监管乏力并存的是，"两房"还存在伪造财务报表情形。据报道，"两房"的高管为了拿到天文数据的高薪，涉嫌伪造报表，高估营收。从2004年开始，这两家公司就被指责操纵和有意夸大盈利。2006年12月，房利美宣布将削减63亿美元的利润，

以纠正过去数年间的财会问题。同时，它也向政府缴付了 4 亿美元的罚款。房地美的问题大同小异。它交了 1.25 亿美元的民事罚款，并且承认自 2003 年以来夸大收益大约 50 亿美元。2005 年，房地美还说，由于一个软件的错误，导致另外 2.2 亿美元的财报调整。这展现了一幅不光彩的图景——管理层通过盈利造假来提升公司的财报表现，并且提升了他们自己的报酬。

因此，为了避免类似的危机在未来重演，如果政府为金融交易提供隐性或显性的支持，那么它就应该要实行强化指引和监督，否则企业就有可能滥用这种支持或者权力。美国财政部长保尔森事后也承认，更多的监管是很关键的。他说："政府支持企业的债券被全球的金融机构持有，其持续的能力对维系我们的金融体系和金融市场的信心和稳定非常重要。因此，既然我们目前正在构建一个更强有力的监管架构，就必须采取措施应对当下局面。"

根源4:"两房"模式是一种金融腐败

"两房"的运作模式在美国实际上一直是有争议。两房规模过大、管理不善和具有由政府支持却由私人拥有的不合理体制,令两房既可左右市道,又可以较低成本集资来从事高风险活动,且利润由私人享有,风险及损失则由公众承担。有研究称,低成本集资相当给予过百亿的政府补贴。据说,本来美国联储局、财政部的官员及不少各界人士,均认为两房体制不当、风险甚高,必须加强监管及改组(如拆细卖出)以消除潜在危机,但却因政客反对而久拖不决。

为什么会这样?分析家指出,实际上"两房"似乎已经形成了一个政商勾结的钱权交易体系:两房在议会和政府中培养自己的政治代言人,利用金钱和游说对政治家的决策施加巨大影响,以维护自己的经济利益,并大搞"权钱交易"与"权力寻租"。

"两房""游说"议员支持其维持现状并反对改组,而议员为了所代表的利益集团亦反对改组。政府及议员亦想把两房变为政策性银行,以便推动楼市及住房建设,并帮助更多人完成"居者有其屋"的梦想,从而达到政治目的,争取选民。

此外,"两房"还都是美国政治捐款的大金主,过去10年间达到1500万美元。"两房"甚至还在重量级参议员的选区开设了"伙伴办公室",专门进行"公关"。由于在政府和国会中建立了良好的"人脉",使国会负责监管"两房"的联邦房企监督办公室形同虚设。

这样做导致的后果就是,美国住房及其按揭贷款市场出现了半社会主义化半公营化的运作,形成了长期的泡沫化倾向,而"两房"则培养出高风险及盲目扩张的运作模式,故当"金融"风暴来袭时,即使是昔日超级霸主也只得乖乖就擒。

URBAN CORP敲响日本楼市警钟

【日本房地产私募基金是神秘的,但有一点可以肯定,很大一部分资金来自银行,利用低廉的借贷成本获取高额回报,其中一些基金的财务杠杆率高达75%。】

日本房地产业经历生存之痛

次贷危机爆发以来,以美国为核心区域的房地产市场陷入呆滞,但"衰"者多为金融机构和整体房价。随着全球性信贷紧缩加剧,市场信心的迅速下滑,巨大的震荡波已经扩散到全球,已全面覆盖美国、日本、欧盟三大经济体,冲击的层面亦直抵房地产企业。

房地产成交量持续下跌

在经历了"失去的十年"后,一直沉寂的日本房地产市场终于在2005年看到了复苏迹象,全国土地价格14年来首次上涨。但随着美国次贷风暴所引发的全球信用紧缩冲击全球,日本房地产业遭受重创。2008年开始,持续上涨3年的日本大城市地价开始见顶回落,销售疲软,随后,东京和大阪的商业地产价格出现20%以上的暴跌,且仍不见底。

相关研究显示,日本首都圈的新房销售量2007年就出现大幅度的下滑,而日本房地产经济研究所研究认为,东京地区2008年7月套房销售下降了44.5%,为连续第11个月下降。该研究所2008年初发布的调查报告显示,去年日本首都圈新房销量比前一年减少18.1%,为6.1万套,创下14年来最低水平。尽管日本房地产泡沫之后,政府推出积极的政策,住房贷款的利率只有1%~2%,但国民对于经济形势仍然感到不安,购买意愿变得很消极。加上原材料涨价，高油价等导致经济不稳定的因素存在，也抑制了不动产的购买。而且 2005 年后期，发生了开发商故意忽视对住房耐震设计的考虑 (日本的住房必须有相关的耐地震设计)，欺骗消费者的事件。该事件曝光后，民众开始对住宅产生了不信任感。

领军地产公司领衔倒闭潮

从严审核新贷款的金融机构正在紧缩对房地产业的放款，资金周转出现困难使日本房地产商开始不计成本地抛售手中房产，最终导致房地产价格一降再降，而成交量却持续萎缩，房地产商的处境变得更加困难，整个房地产业因此陷入了恶性循环。雪上加霜的是，过去几年中借款的日本房地产企业，还款期限相继到来，银行不肯续借，纷纷催促还款，加速了企业的倒闭。

2008 年以来，日本已有数百家房地产公司宣告破产，7 月，知名开发商 Zephyr 公司成为其中之最。但很快纪录就被刷新：8 月，日本市值第七大负债 24 亿美元的房企 Urban Corp. 宣告破产，负债 24 亿美元，创下日本 6 年来最大宗上市公司破产案。日本 8 月份申请破产保护的房地产企业数量同比猛增 23.5%，达到 5 年来的最高点。东京商工研究机构 8 日发布的一份报告称，日本 8 月申请破产保护的房地产开发商数量达到 42 家，为 2003 年 8 月以来最高，同比亦增 4.2%。此外，当月破产房地产企业的负债额为 4389.7 亿日元，为 7 月的两倍，占当月破产企业负债总额的约一半。

日本从 7 月 15 日开始，在短短 1 个半月，已经倒闭了 9 家不动产公司。为了不让日本不动产公司倒闭潮继续恶化，政府已经决定出手挽救。国土交通相谷垣祯一就表示，目前对于日本最重要的就是不动产业的资金要流通，他已经请财经阁员特别关注不动产业的情况。

受全球金融危机影响，日本房地产再现低迷

数据显示，2008 年 8 月份，在日本全部十个行业中，有五个行业的倒闭企业数出现增加。其中，由于燃料价格上涨因素无法转嫁到运输价格中，运输业的倒闭企业数同比增加 64.1%，为 64 家，五年多来再次突破 60 家。服务业的倒闭企业数同比增加 20.7%，为 244 家。信息通信业的倒闭企业数同比增加 16.2%，为 43 家。受地价下跌和金融机构放贷审查收紧等因素影响，房地产和建筑业的倒闭企业分别为 42 家和 403 家，同比增加 23.5% 和 13.8%。

这波不动产倒闭潮，可说是 1991 年日本泡沫经济后，最大的房地产危机，而且危机还在扩大当中。日本房地产企业成群倒闭，可归因于钢材等建筑原材料价格的上涨，

以及日本政府去年 7 月修订法规，收紧了建筑许可证的发放，令房地产项目工期延误。这也是今年日本出现开发商破产潮的原因之一。

随着一家家房企的倒闭，银行、建筑等行业都被大幅拖累，进而引发多米诺效应，重创日本经济。房地产的不景气意味着日本战后最长（2002 年初开始）的经济繁荣可能已经结束，衰退迹象明显。于是，日本这轮房地产的春天在次贷危机的阴霾下，如同绽放的樱花，美丽而又短暂。

影响房产发展的2大经济风向标

风向标1：过度宽松的货币政策导致房地产投资泡沫

经济泡沫致使致使日本经济遭受重创。普通购房者成为楼市灾难最大的受害者，成千上万的人在人生最大的一次购买中被套牢，至今还在偿还巨额购房贷款。为刺激经济，1999 年，日央行将银行间的贷款利率，即隔夜拆款利率目标下调至零。2000 年，时任日本央行行长的速水优上调了该目标利率，不过由于经济形势随之恶化，他再度将隔夜拆款利率下调至零。福井俊彦 2003 年接任日本央行行长后，为了彻底摆脱不良贷款问题的长期困扰，继续沿袭了宽松的货币政策。

在宽松货币时代，日本央行一直在向金融系统注入大量现金，以刺激经济活动。其中一部分资金就流向了房地产市场，首先是房地产贷款的增加。2005 年 7～9 月，日本地产公司获得的新增贷款达到约 2.7 万亿日元（约 250 亿美元），较前一年同期大增 44%，创下 1987 年资产泡沫鼎盛期以来的最大增幅。

其次是不公开上市的私募基金规模迅速扩大。据该国房地产业内人士透露，目前一些投资于房地产的不公开上市基金许诺的回报率甚至高达 20%。对很多人而言，这些基金是神秘的，因为他们很少透露自身的底细，但有一点可以肯定，有很大一部分资金来自银行，利用日本低廉的借贷成本来获取高额回报，其中一些基金的财务杠杆率高达 75%。日本最大房地产开发商三井不动产的统计显示，该国 REITs 和投资于房地产的不公开上市基金总值约达 870 亿美元，其中私募基金占到 3/4。可以说，日本房地产楼市复苏的根本动力就是 5 年来不断扩张的基金规模。

此外，部分富裕资金最终在个人投资者手中派上了用场。尽管许多日本投资者因为 20 世纪 80 年代的楼市灾难而心有余悸，不敢再涉足房地产投资，但仍然有许多敢于冒险的人大量申请年利率仅为 1.3% 的贷款，投入房地产中。

2004 年，日本东京房价终于在沉寂十几年后开始上涨，主要大城市的商业地产价格

更是不断飙升。到2007年,东京等大都会地价连续两年上涨,办公大楼租金也都持续上涨了两年11个月。

风向标2:外资从进入到撤离加剧了泡沫破灭

外商投资基金也不断看好日本房地产界,包括摩根斯坦利、高盛在内的多家华尔街投资银行开始向这个低迷了10多年的冷清市场投入了大量美元。到2007年下半年,受到全球经济低迷不振的影响,开始有外资金融机构等撤退、迁移,企业也预期房租即将调降而暂时不租新办公室,一般投资人担心未来房地场市场的变化,而渐将投资到房地产、建筑业的股票转成存款,原打算购屋的消费者也暂不考虑,使得整个房地产业停滞低迷。

2007年7月以来,首都圈的高级公寓签约率开始下降,2008年1月更是降至16年来的最低点。空置率也在提高,6月东京地区平均空置率已经由1月最低点时的2.7%上升到了3.5%左右的水平。对日本不动产复苏起到了重大作用的日本不动产证券化,自2007年8月以来,受次贷危机影响,规模由7兆日元降到了5兆日元。2008年8月19日,东证REITs指数刷新了年初以来的最低值,跌至2004年5月以来的最低水平。市场担忧REITs融资环境日趋恶化，买家依然十分担忧价格走低，因此纷纷退出。

在这种背景下，房地产开发企业成为众矢之的。Zephyr身负900多亿日元巨额债务申请破产保护，成为日本近五年来最大一起上市公司倒闭事件；Urban负债总额高达2558亿日元，成为日本今年最大的一宗上市公司破产案；Asahi Homes的母公司Sebon负债621亿日元申请适用民事再生法；临海日产建设申请适用公司更生法，负债总额达629亿日元；创建Homes负债338亿日元申请适用民事再生法。

解剖Urban破产2大致命因素

日本信贷研究机构帝国征信公司（Teikoku Data Bank Ltd.）提供的材料显示，Urban负债高达2558亿日元（162亿元人民币），远远超出2008年7月宣布破产的Zephyr的900亿日元负债，成为日本6年来最大宗的破产案。Urban的破产惊动了整个日本经济界。因为在去年，该公司还大张旗鼓地进军韩国房地产业，在首尔的黄金地段建造智能化商务大楼。而Urban在广岛大学旧总部开发的"智慧据点"综合教学研究设施，也初具雏形。甚至于到2008年3月为止，Urban还创下连续9期营收增长的好纪录。Urban倒闭的原因也成为各方研讨的重点，资本运营与发展模式是其根源所在。

因素1：日式包销模式

成立初期，Urban Corporation只是一家小型的地产中介公司。之后，公司的发展模式是与土地所有者共同开发住宅楼，土地所有者提供土地，公司以房产抵押的方式从银行获得建设资金，并与土地所有者进行利益分成。这种模式与类似于中国的烂尾楼包销模式，买下旧不动产，藉由翻新创造附加价值，再卖出好价钱。Urban Corporation在买下大阪一栋老旧的大楼后，大胆的在大楼上装设摩天轮，改建后卖出赚好几倍差价。

在挖到"第一桶金"后，这家在东京人和大阪人眼里曾经的"乡下公司"，一举挺进大都市，并盘下东京银座和丸之内CBD的土地及旧楼，开发成高级商务楼，见机转手倒卖，获得巨额利润。Urban采取这种模式，并能取得成功和迅速发展，归根于日本经济开始复苏，市场信心增加，尤其是房地产市场中流入了日本和国外基金的大量资金，房价上涨，销售得以增长；同时由于国际基金的投资，写字楼需求增加，空置率下降，租金上涨。

这种发展模式与传统的购买土地开发相比，市场的敏感性更强，更易受市场环境的影响。事实上，在日本房地产市场发生逆转的情况下，Urban依然维持原有的商业模式，甚至更加激进，不惜大量借贷以购买、开发中心城市的高昂商业物业，以致债台高筑。而当这种发展模式以规模化形式运转的时候，风险的叠加效应也就加剧。事实上，2008 年 5 月发布的 2008 年报显示，截至 3 月底，Urban 2008 年度营业额同比大增 35%，达到 2436 亿日元（154 亿元人民币），纯利润增长 3.6%，达到 311 亿日元（19.7 亿元人民币）。Urban 能获得如此高的利润增长，一度被东京证券交易市场看作是"最优良股"。不幸的是 2008 年日本房地产市场形势逆转，成交量持续下跌，进入低迷。Urban 公司于 2008 年 8 月 13 日，突然宣布破产，轰然倒塌。

因素2：过火的资本运营

Urban 的发展得益于资本运营，其破产也源于资本经营，可谓是"成也萧何，败也萧何。"如何把握资本运营的节奏，做到有利有节就显得非常重要。

取得银行信贷支持步入快车道

Urban 公司真正出现转机，取得实质性发展来自于银行的信贷支持。公司与土地所有者共同开发住宅楼，土地所有者提供土地，公司以房产抵押的方式从银行获得建设资金。银行的信贷支持使得 Urban 公司能以较大规模迅速发展，短短一年的时间，由一家房地产中介公司变身为房地产开发商和房屋管理公司。银行信贷规模毕竟有限，而且有严格的审核条件，不能满足 Urban 公司的快速要求。

之后，Urban 开始诉求资本市场。1996 年，Urban 便获准在大阪证券交易所创业板上市，2000 年转到东京交易所第二部上市。通过资本运作在短期内由穷变富，令 Urban 尝到了资本运作的甜头。

严重依赖海外投资基金快速扩张

2002 年 Urban 公司开始尝试新的融资方式，即承诺高额回报，募集个人投

资和海外投资基金一起开发大型商业地产。Urban 的这种房产开发模式很快引起了海内外投资基金的关注。在投资基金的扶植下，Urban 迅速在东京证券交易所的一部上市（类似于中国的 A 股上市），摇身一变成为日本地产界"穿新衣的皇帝"。有了投资基金的撑腰，Urban 从房产开发扩大到经营高尔夫球场、超高层建筑群综合设施，甚至投资老人福利院和医院的开发、经营。2005～2007 的 3 年中，日本全国的商业用地价格均以每年 10% 的速度劲升，Urban 借此东风，业绩大增。2007 年 Urban 业绩出现爆发性的增长，营业额同比增长 180%，达到 1805 亿日元（115 亿元人民币），净利润同比增长 281%，达 300 亿日元（19 亿元人民币）。Urban 高层似乎被这种业绩增长冲昏了头脑，雄心勃勃修订了未来预期，开始大举进行"全球扩展"，进军韩国和新加坡，并在韩国首尔的黄金地段建造智能化商务大楼。

西班牙地产业狂飙猛进的二十年

【2008年Martinsa-Fadesa由于贷款受阻、融资失败，于7月宣告破产。它是西班牙房地产危机中倒下的规模最大的房地产企业。】

西班牙地产业狂飙猛进的二十年

西班牙房地产业成国家经济发展的一大引擎

1989年，西班牙政府通过《国家土地法》，全国几乎所有土地都可用于开发，各大公司和金融机构纷纷投身于蓬勃发展的房地产业，从此成为西班牙经济发展的一大引擎。

房地产及相关产业服务遍地开花

西班牙全国各地从城市到乡村，从沿海到内陆塔吊林立，新建住房如雨后春笋般拔地而起，售房广告和房屋中介更是遍地开花，比比皆是，各大银行为争夺贷款客户使出浑身解数，各类抵押贷款广告以各种形式对受众进行狂轰乱炸，旧城改造、房屋拆迁也使搬家公司生意兴隆。房地产开发商和各类房屋中介为房地产好时机摩拳擦掌，各大银行也为不断增长的利息和日益壮大的消费客户群喜不自禁。

西班牙是西欧自宅拥有率最高的国家。根据房地产顾问公司Bulwien Gesa AG的统计，相较于欧洲平均的63%以及美国的大约69%，西班牙85%的人口拥有自己的房子。马德里房地产顾问公司Savills PLC的统计数据显示，2006西班牙新建住宅约达81万户，几乎达到英国在2005年4月到2006年4月间新建21.3717万户的四倍。

与此同时，大量的移民涌入城市购房，很多外国人也在西班牙海边购买别墅。由于气候宜人、风景优美，多年来西班牙都是最受欧洲游客青睐的地方。同时房价相对低廉，还有不少欧洲人、尤其是英国人喜欢在西班牙购买房产，作为养老之地。尤其在西班牙加入欧盟之后，这股购房热潮更是一年甚于一年。"绿色和平组织"曾公布的一份报告指出，最近几年间，阳光海岸新建的房屋已经超过150万栋，此外新增了300多座高尔夫球场和110多个码头。

房价被各种力量推动，房价暴涨

新移民、国外购买力和低利率是支撑西班牙房价暴涨的主要力量。近几年西班牙房市每年都有两位数的增长，即使是在房地产表现最差的年份，其房价上涨率也高达7%，西班牙房价被严重高估。仅2005年一年的时间里，安达卢西亚地区的新建房屋计划就达到了17万3千套，这个数字比过去四年新建房屋的总数高出了36%。2006年，房地产热潮达到顶峰，当时，西班牙新建房屋数超过70万间，超过英、法、德三国2006年新建房屋数的总和。而且房价也一直居高不下，到目前为止，西班牙房价仅次于英国，排名欧盟国家第二，但是与其不相称的是，西班牙的薪资水平却一路下行，在15个老资格欧盟国家里排倒数第二，仅略高于葡萄牙。在过去20年里，西班牙房地产价格飙升了114%，房地产市场引领西班牙经济连续增长14年，建筑和房地产业为西班牙创造14%的直接就业机会。这轮"狂飙"启动的时间恰与巴塞罗那奥运会之年吻合，在当时看起来似乎永远都不会有结束的一天。

这一连串的数字，见证了这十几年西班牙房地产市场的飞速发展。这股热潮不仅肥了房地产商和建筑商的腰包，让银行赚了利息，还为西班牙创造了大量就业机会，增加了政府的税收。总之，房地产热带动了相关行业的扩张，为西班牙经济多年持续增长做出了重要贡献，被称为"西班牙经济增长引擎"。

Martinsa-Fadesa的发展历程

住宅开发和资产管理是Martinsa-Fadesa两大主营业务

Martinsa-Fadesa是西班牙房地产业的龙头，也是欧洲最大的地产公司之一。2007年，这家公司拥有108亿欧元资产（1051亿元人民币），包括价值66亿欧元（642亿元人民币）的土地储备。Martinsa-Fadesa集中投资于民用住宅和酒店、购物中心、高尔夫球场等商用项目。除西班牙外，业务触角伸及三大洲，在西班牙、法国、保加利亚、摩洛哥、墨西哥等11个国家拥有地产项目，并在英国，德国和爱尔兰拥有营销网络。

住宅开发是Martinsa-Fadesa传统主营业务

住宅开发建设是 Martinsa-Fadesa 的传统业务，包括一手房和二手房业务。Martinsa-Fadesa 致力于开发位于城市要塞地段的综合住宅发展项目，产品形态往往变化多样，并提供完备的社区配套以供娱乐休闲之用，如高尔夫球场、大型绿地和公园，商业楼宇，体育场馆等。Martinsa-Fadesa 在开发上还注重社区与环境的融合，充分体现对周围环境的尊重，使社区与外部环境融为一体。与此同时，Martinsa-Fadesa 还参与了西班牙政府保障性住房的开发建设。

资产管理是Martinsa-Fadesa另一主营业务

Martinsa-Fadesa 的另一项主营业务是资产管理，其资产管理项目包括酒店、高尔夫球场、购物中心等大型商业物业。Martinsa-Fadesa 的酒店广泛坐落在三大洲，在酒店业务的运营方面，通过引入第三方对酒店进行专业化管理，而其只拥有酒店的所有权，通过采取这样的运营方式，Martinsa-Fadesa 与多家酒店管理品牌签署了合作协议开发连锁酒店，如 Husa、Globalia 等知名酒店品牌。与此同时，Martinsa-Fadesa 积极推动大型高尔夫球场及其相关住宅发展，它是欧洲领先的开发高尔夫球场的地产公司。Martinsa-Fadesa 的另一核心业务是开发大型购物中心，它开发的购物中心覆盖三个大洲，除了西班牙以外，摩洛哥，匈牙利，保加利亚，墨西哥和葡萄牙等国家都有 Martinsa-Fadesa 开发的大型购物中心。 此外，Martinsa-Fadesa 还有很多的办公楼和商业楼宇在马德里，拉科鲁尼亚，帕特纳和利昂等。

Martinsa-Fadesa资本运营之路并购上市再融资

Martinsa-Fadesa 是由西班牙两大房地产商 Martinsa 和 Fadesa 于 2007 年合并而成立的房地产上市公司。

Martinsa-Fadesa 合并公司之一 Fadesa Inmobiliaria 在 20 世纪 70 年代末成立于西班牙的阿拉科鲁尼亚，专注于大型保障性住房项目发展。

1993 年，Fadesa 开始了积极外拓计划，其业务遍布整个西班牙，在西班牙 21 个省份设立了分公司，并有 50 多个销售网点。

1999 年，Fadesa 开始了其国际扩张步伐，最先进入了葡萄牙市场；2000 年，Fadesa 在摩洛哥设立了自己的代表处，它在赛迪亚开发的旅游度假项目面积达到了 30 万平方米。此外，Fadesa 也在一些东欧国家如匈牙利和罗马尼亚等开发了部分项目。

2006 年，Fadesa 与西班牙另一个房地产建筑开发商 Martinsa 合并。Martinsa 以

40.4亿欧元（393亿元人民币）的出价将Fadesa并入旗下，大部分并购资金来自银行借款，公司由此更名为Martinsa-Fadesa。2007年12月，Martinsa-Fadesa在马德里上市，成为西班牙市值最大的房地产企业之一。

最响亮的泡沫破裂声

Martinsa-Fadesa破产成为了西班牙于2004年修改破产法以来最大的房企破产案，证实了人们对西班牙所面临经济问题扩散到房地产业的担忧，著名股市分析师菲利克斯·马丁说："很明显，以此为标志，西班牙房地产市场的黄金时代已经结束了。"Martinsa-Fadesa的破产还引发投资者对其主要债权人保培拉银行股份的抛售，该银行股价下跌5%。继美国"次贷"危机爆发后，全球市场调整加速，Martinsa-Fadesa成了第一块倒下的多米诺骨牌。

房地产企业如何应对金融危机

房地产市场泡沫破灭，严重影响了西班牙经济增长。尽管西班牙财政部长否认Martinsa-Fadesa的破产会在全国产生任何连锁反应，但这个不久前还曾野心勃勃四处扩张的房产巨人突然垮掉，也预示着西班牙房地产市场已接近崩溃，并加重了人们有关西班牙可能面临经济衰退的猜测。国际货币基金组织也将西班牙今年的预测经济增长值从2.4%下调至1.8%，并表示，2009年这一数字更可能降至1.7%。西班牙多家银行机构也纷纷向下修订了对本国经济增长的预期，而在2008年一季度，西班牙GDP增长还维持在2.7%，政府对全年的增长预期为2.3%，而还在市场上苦苦支撑的西班牙房地产商则寄希望于政府能够仿效美国联邦政府一样出手相助。

解密Martinsa-Fadesa破灭原因

Martinsa-Fadesa的快速成长倚赖于西班牙房地产业在过去十几年的狂飙猛进，但是其掀起的阵阵泡沫也最终把Martinsa-Fadesa送上了不归路。然而，我们不能把责任一概都归到房地产泡沫或者金融危机这些外部原因身上，Martinsa-Fadesa在过去几年全球大肆扩张，战线拉得过长，才导致其在金融危机来临时无暇多处顾及，最终乱了方寸。

原因1：地产泡沫破灭导致资金链断裂

历经十多年疯狂扩展，西班牙房地产泡沫越吹越大，并最终破灭。自2007年以来，西班牙房屋销量就开始萎缩，房价也直线下跌，房地产开发商的存货开始剧增。随着美国"次贷"危机演变成席卷全球的金融危机，西班牙通货膨胀加剧，银行提高利率并收紧借贷条件，导致房地产市场停滞，消费者也意识到现在不是买房的好时机，原来疯狂涌入的外国人也开始对西班牙市场望而却步。

黄金海岸没有为Martinsa-Fadesa带来足够的黄金

在西班牙的黄金海岸建造度假房屋一直是Martinsa-Fadesa的重要产品，但在全球经济放缓的打击下，海外富裕人群的购买力急剧减少，因此Martinsa-Fadesa 2007年一季度还能实现盈利4.13亿欧元（40亿元人民币），2008年却同比却亏损8500万欧元（约8.2亿元人民币）。

营销未能挽回房地产颓势

在西班牙房地产市场，为活跃市场摆脱困境，房地产商在营销广告上可谓挖空了心思，想破了脑袋，大家竟相出招推销房屋存货，如"两房只要一房的价"、降价竞卖等，还有的就是赠送度假项目，赠送汽车，赠送支票等，当然前提条件是你要签署买房合同。

然而，不管房地产商的这些促销招式多么有创意，依然未能阻止西班牙房市的灾情，现在在西班牙房地产市场上已经没有多少买家了，即使有人想买，但由于金融危机，银行现金枯竭不再放贷，限制了房地产销售。随着时间的推移，人们看得越来越清楚：房市的跌势远甚于官方宣布的严重程度，整个西班牙经济特别是房地产业的颓势导致销售出现"极端停滞状况"。

销量下跌，销售收入锐减，再加上银行紧缩信贷，Martinsa-Fadesa偿债能力大幅下降，债务成堆，陷入了前所未有的困境，现金流极度紧张，资金链几近崩溃，而其融资受阻，终成了压死骆驼的最后一根稻草。

由此可见，西班牙房地产泡沫经济破灭是导致Martinsa-Fadesa破产的外部原因，当然，这也是导致西班牙众多房产商难以为继的共同原因。Martinsa-Fadesa负责人在总结破产原因时，将主要原因归于"西班牙经济的衰退"，说得更具体点，最终应该归结于房地产泡沫经济的破灭，而全球金融危机的到来起到推波助澜的作用。

原因2：高负债下的大肆扩张

马德里一名基金经理亚历杭德罗·巴雷拉说在评述Martinsa-Fadesa破产时，提到"问题在于债务，许多公司靠银行大量借贷才快速发展起来"。

Martinsa-Fadesa的资产负债率为40%

的确，对于资本密集型的房产商来说，大部分资金来自于银行借贷，银行通过为房产商提供资金获取巨额回报，房产商利用银行提供的资金叱咤疆场，双方互惠互利，各取所需。很多房产商的资产负债率都非常高，Martinsa-Fadesa的资产负债率为40%，而西班牙其他房产商如 Metrovacesa 的资产负债率达到了 55.1%，Reyal Urbis 57%，Renta Corporation 55%，而 Colonial 则达到了 73.3%。

低迷行情使Martinsa-Fadesa所持有的大量资产持续贬值

银行与房产商的这种伙伴关系是建立在市场行情好的基础之上，金融危机下，银行紧缩贷款，房产商现金流就会受到挑战。2007 年，西班牙房地产市场喧嚣盛筵开始散场，Martinsa-Fadesa 的住宅销售额同比减少 36%，而与此同时，它的债务不断上升，达到了 51.53 亿欧元。因为银行每六个月就会进行一次资产评估，而不断萎靡的市场行情导致 Martinsa-Fadesa 所持有的大量资产持续贬值，本就举步维艰的 Martinsa-Fadesa 无疑是雪上加霜。销售不利，资产贬值，融资受阻，而其 45 位债权银行也不再给它更多的时间去融资归还巨额贷款。于是，Martinsa-Fadesa 被四面夹击，里外受阻，不得已以破产方式无奈结束这场突围战。按理说，Martinsa-Fadesa 作为西班牙房地产业的龙头，在 2007 年市值还达到 108 亿欧元资产（1051 亿元人民币），包括价值 66 亿欧元（642 亿元人民币）的土地储备，怎么会说倒就倒呢？

Martinsa-Fadesa拥有适量土地并高估其价值

Martinsa-Fadesa 的英文官方网站介绍说，土地组合管理是其发展战略的一个极其重要的关键因素。在 Martinsa-Fadesa 大量的土地储备中，用于开发各种类型物业的地块都被包括进来了，住宅，商业，大专院校，酒店，甚至还包括国家保障性住宅开发项目地块，这样一种土地组合管理方式可以有效分散市场变动所带来的风险，平衡各地块所面临的收益和风险，而且基于土地长期升值潜力，这种土地经营做法能实现稳定盈利，并在竞争中建立持续竞争力。无论是从理论还是实践上看，这种做法都值得称赞，但问题的关键出在它拥有了土地太多了，并且过于高估这些土地的升值潜力。

Martinsa-Fadesa 拥有的大量土地储备却不仅涵盖西班牙所有地区，并延伸至葡萄牙，摩洛哥，罗马尼亚，匈牙利，波兰，法国，保加利亚，墨西哥，多米尼加共和国，捷克共和国和斯洛伐克等众多国家，并且在这些国家开展了众多项目。在没有宣布破产保护之前，Martinsa-Fadesa 拥有 2867 万平方米的土地储备，其中 41% 不在西班牙境内，而它在西班牙的土地储备又有超过 40% 的土地是还没有完成规划的，这意味在获取建设许可方面会遇到困难，尤其是在政府不断严格开发条例的情况下，或许麻烦会更多。与此同时，它还在多个国家拥有超过 17.3 万套新建或未售出的房屋，存货量也是相当大。

可见，Martinsa-Fadesa 摊子铺得太大了，而这个大摊子又是靠大量外债铺设而成的，金融危机下，各处都告急，本来是被寄予升值厚望的土地和物业成了烫手山芋。

所谓成也萧何，败也萧何，Martinsa-Fadesa全球征战，物业和土地储备遍及世界三个大洲，援引全球最著名工商学院巴塞罗那ESADE商学院教授Juan Ignacio Sanz的话说是，Martinsa-Fadesa的资产贬值意味着自己把自己的资源给毁了。

链接 在土地储备与现金流之间找到平衡点

在2008年6月召开的"2008中国房地产上市公司研究成果发布会暨中国房地产投融资大会"上，代表们脱口而出的不再是土地储备规模的大小，而是如何保持良好的现金流，如何平衡土地储备和资金链等问题。"储地为王"或转向"现金为王"。清华大学房地产研究所所长刘洪玉表示，2007年很多房地产上市公司借壳上市进入资本市场，很多房地产业务不断扩张，资产和负债规模显著增长，"大家都非常关心怎么规避相关的财务风险，也就是确保资金链的问题"。

研究表明，目前，部分房地产企业现金持有量和到期负债都有一定程度的增加，但实际短期风险相对较少。房地产企业现金持有量大幅度增加，到期负债也增加，说明其负债率实际有所下降，即资金状况在持续改善。但同时，部分房地产企业当年到期债务超过了期末现金和现金等价物，这个情况要引起关注。

现金流过分依赖融资是有问题的，企业应该更加重视通过经营活动产生现金流，或者尽可能减少经营活动产生现金流的流出，一个是想办法产生现金流；另外，要减少现金的使用，降低在新增土地储备的投入，提高对现有土地储备的开发力度，加快销售速度。

第七章 CHAPTER 7
跨越寒冬4大国内失败案例

中国作为世界经济的一部分,也逃不脱被这股经济浪潮冲击的恶运。房地产业失败的命运从国际延续至国内,曾经辉煌一时的企业瞬间便坍塌,是企业管理、资金运作、违规的商业经营……我们只有从失利中自省,才能找到前行的动力。

东洲企业洗牌之年难逃困局

【从曾经的明星企业至举家逃往新西兰,浙江东洲企业留下一盘尚待解开的残局。当金融危机的绳索越拉越紧,曾辉煌一时的东洲绊倒在地一蹶不振。】

东洲企业事件始末

东洲显露危机

2008年6月26日,浙江投资大厦15楼,东洲集团杭州总部。东洲集团被陆续前来讨债的人所包围。债权人在集团董事长何炜东的办公室谩骂,何的照片也被愤怒的人群撕碎。这是东洲集团第一次危机大爆发。而此时,获知风声的何炜东早已不见踪影。

债务和官司缠身

2008年7月6日,东洲的七八个债权人在东洲杭州总部开了一个会,每个债权人的欠款从百万元到千万元不等。根据现场看到的欠条和合同,何炜东至少欠下了3亿元的银行贷款和1.6亿元的民间借贷。而此时,众债权人逐渐摸清,资金链断裂,正将何炜东推上绝境。彼时,东洲的困局远不止被逼债,昔日的合作伙伴对簿公堂又使东洲危机雪上加霜。

2008年7月11日,东洲旗下的东洲田园房地产开发有限公司接连成了3起案子的被告。一起案子的原告是位于萧山的浙江中强建工集团有限公司,起诉案源于建设工程施工合同纠纷,涉案金额286万余元。中强建工承建了东洲商务公寓楼工程,2007年5月,东洲商务公寓交付使用。

第二起是浙江紫新田园置业有限公司，起诉案源于项目转让合同纠纷，涉案金额1637万余元。据了解，紫新田园置业，是 2005 年 11 月由田园房产与浙江乾华实业投资有限公司组建而成。乾华实业是建德本土品牌公司，隶属新安江电厂旗下。两者联合，共同构建了建德纯别墅园区紫园。2008 年 4 月 30 日，在紫园西苑工地现场举行了开工典礼仪式，何炜东为开工典礼致辞。

浙江电联典当有限责任公司是第三起案子的原告，涉案金额 517 万余元。据电联典当业务部工作人员介绍，田园房产向银行借贷，由电联典当担保。由于田园房产还贷不及时，担保公司尽了担保义务后向田园房产追偿。

上述案子还悬而未决，新的起诉案正在陆续增多。东洲集团和相关部门已经成立了专门小组，正在进行资产清算，以期归还巨额欠款。

待建项目很多却早已经无力再开发

根据东洲集团一份 2005 年的统计资料，东洲旗下的商业地产包括了建德的黄龙月亮湾大酒店、杭州南山路天度会所、建德市泰和坊商业休闲街和广州市东山区建和柏利商业大道商场，在建的有广州建和商业广场购物中心、南京市涌金广场购物中心、浙江省建德市宾乐园商场等。建成后总商业资产将突破 30 亿元。一旦完成这个 30 亿元的目标，东洲的资产将大增，融资能力也将大为加强，然而东洲却没能跨过这个坎。

面对 3 亿元左右的银行贷款和 1.6 亿元的民间贷款，一个坐拥十数亿元资产的企业缘何如此脆弱？

东洲辉煌的历史

东洲实业集团董事长何炜东生长在新安江边。繁华历尽半世情，何炜东的前半生，无疑是绚烂辉煌的。

东洲实业的起缘

何炜东 1988 年毕业于台州供销学校工业财务会计专业，先后在杭州茶厂、浙江省茶叶进出口公司、浙江省第一出口茶厂工作，历任财务部经理。1994 年，这位沉默寡言、矮小精悍，仅 27 岁的年轻人，辞去公职，毅然下海。创建了杭州田园房产开发总公司建德分公司。从此他的事业一发不可收拾。1995 年开始创建浙江东洲实业有限公司，并陆续建立及拍卖、收购、兼并了多家企业，企业规模迅速扩大；2002 年创立浙江东洲实业集团有限公司并任董事长兼总裁，2003 年，东洲将田园集团下的房地产业务和旗下浙江田园房产合并,改名为浙江东洲集团田园房地产开发有限公司。2006年5月,东洲集团公司搬迁至杭州。

东洲企业光芒四射

经过十余年的发展,东洲集团已发展成以房地产开发为主业,集宾馆酒店、旅游资源开发、投资贸易、咨询、物业管理为一体,多元化、跨地区的企业集团。集团公司下辖浙江东洲集团田园房地产开发有限公司、浙江田园房地产开发有限公司、广州建和房地产开发有限公司、浙江未来东洲旅游资源开发有限公司、杭州黄龙月亮湾大酒店、杭州天度餐饮娱乐有限公司、杭州东洲工贸有限公司、杭州全意物业管理有限公司、杭州半山集镇基础工程有限公司、建德市梅花城市建设开发有限公司、香港东洲国际投资有限公司、北京中经财富投资咨询有限公司等15家企业。

在房地产开发方面,集团以房地产为主业,楼盘开发总量近100万平方米,事发前在建约30万平方米,总投资20亿元。四星级杭州黄龙月亮湾大酒店已经于2005年春节前试营业;田园·月亮湾商住区已完成二三期交房;泰和坊商业街正在热销中;田园·河畔居和田园·康馨苑已完成主体工程建造;乾潭·东方豪园别墅全面交付;28层东洲商务公寓已经全面通过验收,销售形势良好,临江花苑5号等楼盘正式破土动工;杭州市拱墅区半山旧城改造、建德市梅城古城改造及广州建和商业广场等项目的开发也正在快速推进中。

事发之前,东洲已开发楼盘100万平方米,现在建约30万平方米,总投资15亿元。2007年,集团国内贸易额突破1.3亿元。此外,东洲集团还在新疆拥有棉花基地,在菲律宾拥有矿产资源;在杭州还参与成立了杭州江干担保投资有限公司。

与此同时,东洲实业集团荣誉不断,2003年4月浙江东洲实业集团获得"浙江省民营经济示范研究基地"的称号。2003年浙江东洲集团田园房地产开发有限公司被评为"中国(杭州)新锐房产开发商"。2004年11月,浙江东洲实业集团有限公司被授予"2004年度浙江住宅产业领军企业""2004年度中国住宅产业领军企业杰出奖""2005年杭州市AAA信用企业"等荣誉。

此时,何炜东头上顶着无数的光环,成了业界的翘首。2004年6月,何炜东被授予"中国十大杰出CEO奖"。2005年9月6日~20日,作为中国企业家代表随胡锦涛主席访问美国和加拿大。2006年6月,当选为"2005年民营经济风云人物"。2006年11月,何炜东作为杭州市的企业代表出席在越南举行的亚太经合组织(APEC)会议。

东洲摔倒在资金链前

资金链:企业的生命线

很多巍巍企业的一夜倒地,大多都源自资金链断裂。

企业资金链断裂具有四大原因

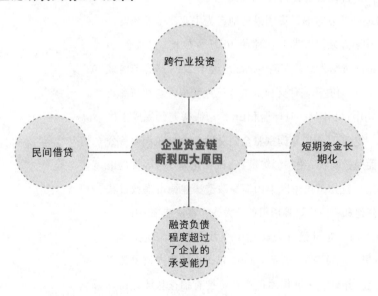

当前,企业资金链断裂有四大原因:

一是因为跨行业投资,很多企业贸然进军不熟悉的领域,把主业的资金挪用到了新的投资领域;

二是因为短期资金长期化。银行的流动资金借贷期限一般在7~8个月,如果企业短贷长用,用于固定资产投资,现金流收不回来,就有可能导致崩盘;

三是融资负债程度超过了企业的承受能力;

四是民间借贷。民间借贷是很多企业的导火线。民间借贷具有刚性，一旦企业出现状况，借贷人会不计手段，采用种种合法的、非法的手段逼迫企业还款。一上诉到法院，银行为了维护自身利益也要跟进。很多原本还可以挺过去的企业，就由于民间借贷危机爆发而陷入困局。

寒冬之际更推崇现金为王

当前金融机构侧重保优质客户和大项目，提高贷款门槛，中小企业融资难的问题凸现。近年来盲目扩张和多元化经营的企业、过度投资于资本市场的企业、负债率偏高和流动性脆弱的企业，资金困难尤为突出。

虽然从基本面看整个国民经济仍向好，但经济增长速度将有所放缓。是否出现经济增长周期的拐点，或是高速增长期的高位调整，还难以判断。但是影响经济高速增长的因素在增大，特别是全球经济减速、发生波动的风险在积累，中国企业的生存面临重大挑战。

寒冬已至，现金为王。企业发展要稳中求进，首要任务是求"稳"。投资要谨慎，目标不能定得太高。要选择好的客户，以防止被合作企业拖垮。而保持和银行的联系，取得银行的支持也很重要。要知道"伟大都是熬出来"的。

东洲帝国为何会债台高筑最终倒塌

短短 12 年的时间，东洲足迹遍布杭州、广州、南京等大中城市，并在新疆拥有棉花基地，在菲律宾拥有矿产资源。业务也从房产开发开始多元化，涉足数个领域，拥有商业资产投资运营、国内国际贸易和资源开发、金融担保投资等业务领域。公司房地产产品开发形态涵盖住宅社区、别墅、城市公寓、度假公寓等住宅系列和高档酒店、商业广场、购物中心商场、商业街、写字楼等商业资产综合类物业。

原因1：东洲帝国盘子铺得越大资金越显紧张

2005 年，东洲实业涉足金融担保投资业务，拟向城市商业银行和城市信用社等金融机构或其他非银行金融机构业务进行战略投资。构成了一个跨行业、跨地域，齐头并进、共同发展的东洲帝国。

然而，随着帝国的盘子越铺越大，资金链紧张的状况逐渐突显出来，当遇到银行紧缩银根时，东洲就支撑不住了。

房产商的资金大部分来自银行，许多不正规的房地产商的资金链是：部分自有资金——民间融资——大量银行流动资金——开发贷款——预售后的按揭贷款。这种高风险的资金链在楼市好的时候没有问题，而且还会带来极高的利润，但是一旦银行银根紧缩或者楼市下跌、预售不利等一旦某一环节出现问题，资金链立马紧张。

事实上，在2006年，何炜东就已经意识到东洲的资金链出现危机，当时东洲在建德的黄龙月亮湾项目一度难以为继，在挪用了另外一个项目的"保证金"之后，项目才得以完工。2007年，何炜东一方面四处借款，另外一方面开始处置旗下的资产，出售东洲在南京项目的股权。

原因2：东洲帝国的滑铁卢项目——建和商业大厦

真正把何炜东拖入万劫不复的深渊的是东洲在广州的项目。这个地块2000年就已拿下，一直拖到2007年才开始动工，迟迟不能开工的主要原因是，这一地块相当复杂，拆迁阻力巨大，期间因拆迁问题还发生过诉讼，东洲败诉。拆迁费用不断增高，使得东洲本来就紧张的资金链更加紧张。

东洲旗下的香港建和国际集团有限公司和广州富银房地产开发有限公司，2000年在广州以合作方式设立广州建和房地产开发有限公司，以开发广州越秀区农林下31号至41号、45号至77号地段。东洲拟将此地段兴建成"建和商业大厦"。农林下的这个地段处在地铁周边，而且媲美王府井。但是这是一块"毛地"，所谓"毛地"指的是城市基础设施不完善、地上有房屋需要拆迁。如果拆迁成本控制得好，会多很多利润，也可能拆迁费用太高吃掉了利润。回顾何炜东的发家史，可以看到他有多次操作"毛地"的经历。但是这次的操作却相当的不顺利。

这个项目从2000年就开始操作，但一直到2007年才开始动工，中间一度还成为了停车场。期间发生了一起拆迁的诉讼。一个叫"叶泗源"的台湾人原本在该地段有一处建筑面积95.35平方米的房产，拆迁时双方约定"在2005年6月30日将房屋交付给叶泗源，逾期回迁，应按每超期一天赔偿100元的标准向乙方承担违约责任，并且从逾期之日起，拆迁人应当增加延期补助费，对自行临时安排过渡住处的，拆迁人必须按原临时安置补助费（14303元／月）的300%付给。一审败诉后，广州建和上诉但终审维持了原判。仅此一项，东洲即要付出远高于预期的成本。上诉时广州建和的一段话道出了项目的困境之一：项目"所处的拆迁地块比较复杂，拆迁阻力很大"，因此未在规定的拆迁期限内完成拆迁工作。

广州《集体土地房屋拆迁补偿标准规定》出台

2007年12月29日，广州市建委、广州市国土房管局联合出台《集体土地房屋拆迁补偿标准规定》。

这是首次由地方政府酝酿制定并付诸实施的关于集体土地拆迁补偿的强制性标准。该《标准》强调了以"货币补偿、产权调换和农民自建"三种方式进行拆迁补偿。同时，《标准》对广州市内130多个片区的补偿标准做了"底线"上的明确。

现有的《标准》的文本中，明确了三种补偿方式。

一是货币补偿。补偿价计算公式为，货币补偿金额=被拆迁集体土地住宅房屋重置成新单价×被拆迁居住房屋建筑面积+宅基地土地使用权区委补偿单价×核定的补偿面积。

二是产权调换。由拆迁人提供安置房屋，与被迁拆人进行产权调换。

三是有条件的农民自建房。

补偿的标准之外，是更为严格的"不予补偿"的条件。

《规定》认为，"未取得建设用地规划许可证进行建设的；未取得建设工程规划许可证或违反建设工程规划许可证的规定进行建设的；临时建设工程的使用期已满，或使用期未满但因城市规划、建设和管理需要，城市规划部门已作出提前拆除决定而未按期拆除的；擅自改变建(构)筑物使用性质的；越权审批和其他违法审批建设的；其他违反法律、法规规定进行建设的"住宅不予拆迁补偿。

除了明确"不予补偿"的条件，还有利益激励。规定还明确，"被拆迁人在规定期限内自行搬迁的，拆迁人可以在与其签订的拆迁补偿安置协议补偿金额的5%以内给予奖励。"

中天蒸发：显中介商生存危机

【2005年的中天置业实施全国战略，业务触角延伸至全国各地。2007年11月13日，深圳中天置业突然爆发财务危机，总裁蒋飞涉嫌卷款逃跑。】

房地产企业如何应对金融危机

中天"变天"重创地产业

从横空出世到一夜崩盘

2003年3月4日，蒋飞等3人共同创立深圳中天置业评估有限公司，成立时公司只有5家门店。

2003～2004年间，蒋飞股本金由38万元飞跃到680万元，成为中天公司第一股东。

2005～2006年，中天快速扩张分店至120家，蒋飞也荣膺"深圳地产十大风云人物"。按照公司发展计划，2007年上海的门店应该预计达到60家，深圳达到200家。

2007年11月13日，案发前中天置业在深圳约有110家门店，上海26家，成都参股12家。初步建立了以深圳为总部，以北京、上海、成都为区域中心，辐射全国的庞大业务网络。

中天的建立和快速发展恰逢深圳的置业高潮，得益于整个经济和房地产业的好年头，再加上蒋飞的苦心经营和聪明，成就了中天的崛起。与其他中介公司采用加盟店的方式不同，中天一直坚持直营方式扩张，直营模式的成本一般比加盟要高。虽然中介公司门店扩张所需的资金非常少，一般都是用自有资金进行发展，但如果无节制地扩张就需要大量成本了。在楼市整体处于上升空间的时候，类似于中天置业的这类中介公司可以靠

"拆东墙补西墙"来维持运营,一旦市场出现波动或轻微的拐点,那么资金链断开的风险就难以避免了。

2007年11月13日,深圳中天置业突然爆发财务危机,总裁蒋飞涉嫌卷款逃跑。外部宏观调控趋紧的环境是中天置业事件的重要诱因,但中天置业的危机不仅仅是交易量惹的祸,危机发生有其更深层次的原因,盲目扩张和挪用客户资金是其崩盘祸根。

深圳二手房交易受到抑制

2007年8月深圳市二手房交易开始正式征收个税,这对于投资比例较高的深圳楼市是较大的打击,从下半年开始,深圳二手房交易量出现了连续的萎缩,加上2007年以来银行5次加息,不断紧缩房贷,特别是对第二套房提高首付款,使得投资门槛提高、投资风险放大,投资需求受到了明显的抑制。

研究机构报告显示,2007年10月深圳一手住宅交易量大幅萎缩,全月仅成交16万平方米,日均成交量不足6000平方米,较9月下降5成,为近3年来罕见低量。而10月深圳共成交二手住宅约2800套,环比减少24.5%,成交面积21.9万平方米,环比减少25%,成交均价为13362元/平方米,环比下跌11.5%。无论是一手房还是二手房,均再现了量价齐跌现象,深圳房地产市场持续低迷。而且,楼市的低迷在短期内难以逆转,浓厚的观望气氛还将持续很长一段时间。

中天置业重创后的连锁反应

"中天事件"的出现,宛如给深圳楼市上空抛了一枚重磅炸弹。中天置业在深圳和上海等地的140余家店铺全线停业。

2007年11月14日中天置业携款潜逃的新闻发布后,上门的客户对中介的信任度已大大降低,他们大多不愿意交定金,这给成交带来了很大的困难。11月18日,深圳全市新房仅成交68套。连续多月飙升的高房价开始有价无市,已经被楼风逼得走投无路的潜在买家进入观望状态。

投资者对深圳房地产走势信心动摇。11月16日,深圳权重地产股全线下跌,盘中一度跌停。11月19日,大盘股指上升,深圳最有名的各大房地产股却表现惨淡——万科A股大跌、金地集团大跌、华侨城大跌、深圳招商地产跌停。"中天置业案"成为近年来中国房地产领域发生的最恶劣事件之一。

除了给低迷的楼市很大打击外,"中天事件"还在引发一场比来自社会的信任危机更加严重和更深层次的信任危机——来自中介公司员工(主要是一线店铺里执业的经纪人)对于自己所在机构的信任危机。不过,部分中介人士对此事件引起的众多问题仍持乐观态度。他们表示,深圳200多家注册上市公司1300家铺面,"会有一次洗牌,这有利于中介行业的规范"。

二手房交易引入第三方资金监管账户

2008年11月27日,就在蒋飞"飞"走的整整两周之后,上海一批知名中介开始行动,试点在四大国有银行开设专用代交代付的资金监管结算账户,此举有望在2009年1月1日落实。不言自明,二手房交易引入第三方资金监管账户,使得房产经纪公司原有的交易流程将面临全面变革。

压倒中天的3张致命牌

第1张致命牌:中介监管存在漏洞

中天置业事件无疑是近年来全国二手房市场发生的涉及金额最多、影响最大的中介卷走资金事件之一,轻而易举地携客户巨额房款潜逃,充分暴露了中天置业在资金监管方面的巨大漏洞。

地方执行监管不力

2007年1月22日，建设部与央行联合发布了《关于加强房地产经纪管理规范交易结算资金账户管理有关问题的通知》，明确客户交易结算资金必须设立不附属任何房地产经纪机构的专用存款账户，运行情况要随时接受监管。这项政策的意图是，即使经纪公司倒闭了，客户账户也不会被司法机构冻结，买卖双方的交易资金仍是安全的。现实中这一规定并没有被执行，尤其是到了地方，往往落地无声。

一方面，规定中的"第三方监管"比较笼统，"第三方监管"账户到底是由政府设立还是由企业设立没有明确规定。如果企业在银行设立账户，只要企业愿意完全可以动用账户资金；而如果由政府设立，到现在也没有相关部门出面设立。上海一些大的品牌经纪公司在银行设立了专用账户，并与银行签订协议规定该账户资金只能划向买、卖双方，不能划向中介公司。但是，这样做的中介公司并不多。

另一方面，政府对中介服务机构的监管不到位，尤其是资金监管方面。中介市场是个新兴市场，这个市场一直以来都没有专门的机构来管理。目前，直接对地产代理机构进行监管的主要是房地产中介协会以及各地建委，而目前主要的监管措施也只有资质审查和资金托管。除此之外，多个方面的监管目前仍然是空白。

公司财务监管漏洞

从中天的操作实务看，门店业务员首先将房款移交给分行经理，然后由分行经理再转交给区域经理。之后，区域经理会把款项直接打到总公司的指定资金专用账户。理论上说，这些钱到了专用账户之后，蒋飞是可以接触到的。同时，蒋飞还成立深圳市中天长盛担保有限公司。用自己的担保公司给客户做二手房交易按揭的担保，因此将保证金甚至是房款转入自己的账户，轻而易举。

无论如何，此次蒋飞可以携客户房款潜逃，充分暴露了中天置业在资金监管方面的巨大漏洞。据北京房地产中介协会的统计，2007年北京有房产经纪公司2700家，其中以二手房交易为主营业务的约有1300家，但符合资金监管备案条件的机构只有50家。而中天置业的资金流向并非个案，是整个行业较为普遍的现象。

第2张致命牌：楼市急转至低迷状态

从1998年到2007年，中国的房地产市场经历了长达十年的飞速发展，繁荣了经济的同时也造就了无数的富豪，但2007年似乎成了中国房地产市场的分水岭。2007年上半年，房地产市场骤然出现了井喷之势，下半年由于受到持续加息、第二套房首付提高，以及后期将要出台的个税、物业税等一系列因素相互作用，房地产市场开始出现逆转。

深圳房地产更是首当其冲。

根据相关统计显示，2007年下半年，深圳房地产一、二手房交易量均下降。2007年1～7月总体呈快速上升局面，交易面积从年初的平均60万平方米上升到7月的134万平方米。8月以后，二手住房销量开始出现大幅回落，10月的交易量跌至年内最低，仅有35.55万平方米；11月、12月，每月交易量均在40万平方米以内的较低水平。新建商品房住宅销售面积持续呈下降趋势，至12月为18.65万平方米，往年市场成交较为活跃的10月份，仅为15.36万平方米，是年度成交量最低的月份。与此同时，北京、上海的二手房交易量均出现明显萎缩。

尽管房价并没有出现大幅下降，但交易量萎缩已是事实。而中介公司是依靠收取代理佣金生存，交易量是中介公司生存的命脉。一旦交易量下滑，资金压力增大，对于没有任何后盾支援的中介都是具有灾难性的。2007年5月之前，深圳房价不断攀高，中天一个分行佣金收入就高达100多万元，但随着深圳楼市的持续调整，截至10月份，中天置业的业务量剧减90%。中天置业老板蒋飞携巨款潜逃与近来业务量锐减有直接的关联。

第3张致命牌：占用客户款项疯狂扩张

成交量萎缩只是中天置业危机的诱因，而其危机发生还有更深层次的原因。挪用客户支付的保障金和房款，用于扩大门店与投资炒房，导致资金链断裂。

房地产中介进入门槛较低，一个地产中介开设一个网点与分支机构，成本非常低，主要是租金成本和人员成本。在房价节节攀升的年代，各大中城市大大小小的地产中介几乎遍地开花。交易火爆的时候，多一个网点，就是多一只会生金蛋的母鸡，这是地产中介超常规扩张的源动力。

在传统的中介经营模式中，不可避免地会在中介内部出现资金的沉淀。甚至有些经营者开办中介的初衷就是为了利用中介的这一特点来融资。中介机构将手中持有购房者巨额房款挪用于门店扩张几乎成为行业内"公开的秘密"。在融资无门的情况下，蒋飞最终选择了动用客户的购房款。同时，2006年蒋飞成立了深圳市中天长盛担保有限公司，用自己的担保公司给客户做二手房交易按揭的担保，将保证金甚至是房款转入自己的账户。这家担保公司成为中天置业更方便占用庞大客户监管资金的工具。中天置业挪用客户支付的保障金和房款，除了用于扩大门店，还被用来投资炒房，从2003年底以来的楼价节节上升，让置身炒楼浪潮里的蒋飞赚了个盆满钵溢。

截至2008年2月，已知的中天置业整体亏空达到1.7亿元，大部分是中天关联的担保公司账户内托管的被挪用的客户资金。

房产中介缺乏系统管理

房地产中介面临的五重灰幕

灰幕一：广告内容虚假成分太多

广告内容与实际服务不符，为了吸引更多的消费者，获取利益，一些房屋中介公司大做广告，发布虚假信息，宣扬自己的房屋价廉物美，但实际上，当消费者看房时，却发现真实情况与广告宣传相差千里。

灰幕二：经营主体混乱

许多不具备资质条件的房地产中介，没有营业执照，无证经营，或者超过经营范围，从事其他业务。某些中介服务机构非法转让、租借相关执业证书，允许他人以自己的名义从事房地产中介业务。

灰幕三：经营人员对消费者进行欺诈

某些从业人员利用自己的信息优势欺骗交易方，在合同条款中设置一些霸王条款或不利于交易方的条款。一些不法中介从业人员钻了交易方对房地产相关知识、政策不甚了解的空子，利用自己的优势地位，使用房地产经纪机构自制的格式合同，在签订合同时签了一些与中介服务不相对应的服务条款，其签约双方的权利义务关系不对等，对交易方做出不合理、不公正的规定，给交易方造成损失。

灰幕四：房产中介制度不健全

关于房地产中介的管理制度不健全，中介服务机构注册登记，从业人员的资格认证到管理制度都比较混乱，除房地产主管部门之外，民政、工商、物价、人事等部门都在审批，认可中介机构。由于制度不健全以及管理缺位等原因，部分中介机构和从业人员，乘机钻法律空子，规避法律，扰乱整个中介的社会信用制度。

灰幕五：从业人员素质参差不齐

房地产中介的从业人员素质参差不齐，无论是专业素质，还是道德修养都有较大的差距。房地产中介从业人员资格认证制度尚未全面建立起来，许多从业人员没有接受过全面的专业的培训，也没有相关经营活动的经历。部分从业者虽然取得了相关的职业资格证书，但在低要求的制度环境下往往目光太过于短浅，过分追求商业利益，希望能够一夜暴富，缺乏职业精神和从业道德，不讲诚信。

中介违规五大手法大曝光

据统计，房产中介已经成为近年来遭遇投诉最多的行业之一，宰客、欺诈等事件时有发生。一些不良中介公司或中介人员设置各种陷阱，制造种种黑幕，坑骗消费者。房产中介遍布大街小巷，难免鱼龙混杂。

手法一："霸王条款" 要挟客户

这种手法一般在合同中设置"霸王条款"，以违约赔偿金要挟客户，限制客户的契约自由和选择权。

案例

一市民委托一家房屋中介公司代为售房，并签订了一份"出售房屋委托书"，接受委托的中介公司只带着购房人去看过一次房。这位市民认为中介公司服务不到位，又将买房之事委托给另一家信得过的中介公司，结果房子很快卖出。前一家中介公司得知消息，拿出当初双方签订的"看房约定书"，将这位市民告上法庭，约定书上称："自看房之日起六个月内，委托人不得与第三方交易，否则需按房屋转让总价的3.5%支付违约金。"

点评

这位市民并非利用中介公司的信息和机会，甩掉中介"跳单交易"，而是不满服务另择人家，属于法律赋予的选择权。中介公司没有很好地履行义务，而用"看房约定书"来阻止客户选择其他途径进行交易，这种合同条款非但免除了中介公司的责任，还侵犯了客户的自由选择权，并加大了客户的责任，属不平等的"霸王条款"，不具备法律效力。对于霸王条款，切忌别买他的账。

手法二："阴阳合同"逃税骗贷

表现形式：为得到中介业务，一些房屋中介公司参与合谋，在房屋买卖合同中虚填房价，签订"阴阳合同"，帮助客户达到少交税或多贷款的目的，损害国家和银行的利益。

案例

一家中介公司为得到一份生意，为买方出了一个主意，允诺在售房合同中将房价填低，达到少交契税的目的，于是，这宗房产中介买卖的实际成交价为 96 万元，而合同虚填房价为 87 万元。岂料，买方在其后也动起了歪脑筋，以合同价为据，指控中介公司多收了他 9 万元购房款，打官司要求返还。

点评

中介公司建议的逃税策略，交易双方确实能获得不少实惠，但逃税策略暗藏隐患。签订两份合同逃税的做法，对于买卖双方都存在风险。对于卖方，如果过户前买方只付部分房款，等过户后坚持以申报的合同价为准，剩下的差价不予给付，此时卖方若想讨回房款，就会发生经济纠纷。对于买方，如果未来买方将房屋再次出售，那么房价会以提交房产交易中心的合同标价为准，其再次出售的价格与真实价格差额加大，其缴纳的个人所得税也会增大。同时，订立虚假合同逃税是一种违法行为，一旦被发现将受到税务部门处罚。

手法三：低吸高抛赚取差价

表现形式：阻断买卖双方见面，隐瞒真实的房价，"低吸高抛"从中赚取差价，侵害客户利益，非法获得高额利润。

案例

徐某委托一家房产中介公司出售一套房子，经中介公司评估，约定出售价格为 26 万元。当日，这家中介公司将这套房子以 35 万元的价格售出，高出委托价格的 9 万元不是给了卖方，而是落入了中介公司的囊中。当徐某在办理房屋产权过户时，得知被中介公司转手交易吃掉了 9 万元，即提起诉讼，要求被告中介公司返还不当得利。

李先生委托一家中介公司购买一套房子，房子挂牌 68 万。在签合同的时候，上家并没有来，中介说由于上家在外地做生意，这套房子已经全权委托他代理，钥匙也在他那里了，一切都没有问题。李先生由于买房心切也觉得房子不错，也就没多想。在签订合同的时候，中介告诉李先生可以把合同上的成交金额写少一点，这样可以少缴契税。李先生觉得也有道理，况且能省钱，于是在合同上把交易金额写为 61.8 万。合同签完，手续办好，就等产证下来。上家就来到李先生的"新居"拜访，得知这套房子上家就是按照 61.8 万元卖的。

点评

把张三的房子说得一钱不值，另一头却在李四面前吹得天花乱坠，是常用的手段。这都是源于信息不对称，也是中介公司如鱼得水的关键。相关条例规定，中介公司在从事房产中介服务中，严禁将中介交易的房屋进行差价倒卖。上述中介公司的行为已违反相关规定。有些市民在出售或求购二手房时，由于自己时间紧张或者怕麻烦，将一切手续都交由中介公司进行代理，这给个别心术不正的中介钻了空子。买房毕竟是一件大事，切莫因为怕麻烦而遭受不必要的损失，最重要的是选择诚信度高的正规中介。

手法四：乱设名目违规收费

表现形式：一部分房产中介公司超出政府定价，或以多种名义从客户那儿收取费用，这类违规收费的行为是造成"房产中介案"高发的一个主要原因。

案例

王先生经朋友介绍，认识了一家小中介公司并委托他们买房。在中介的建议下，王先生决定购买一套总价98万的次新房，并要求办理按揭贷款。去办理按揭贷款时，中介说照规矩帮着办贷款是要收取服务费的，基本上是房价的1%，但是看在朋友的份上只收一半。王先生觉得中介挺讲人情的，便答应了。可第二天，中介打电话告知王先生收入证明开得太低了，让再送2000元到他们公司，给银行的信贷员通通路子。没办法，贷款做了一半总不能换中介吧，只能乖乖地送去。接下来便是无止尽的掏钱过程。王先生给自己缴的费列了个清单：评估费为房价的1‰即980元；担保费按贷款额度（贷款 98×70% = 68.6 万元）的6‰计算；共是4116元；保险费7292元，最后是房价1%的佣金9800元，再加上前面支付的服务费4900元、人情费2000元，王先生在中介处就花了29088元。而当王先生要求其开发票时，中介表示抬头只能开服务费，于是将评估费、担保费、服务费、佣金合计在一起，统开服务费发票19796元。至于保险费和人情费，中介表示不能计算在发票中。一套98万的房子，购买过程中发生的费用竟占到总价的4.48%，而在中介处发生的费用就占到2.97%，这似乎有些荒唐。

点评

一些不规范的中介公司利用购房者对二手房交易流程的不熟悉以及交易双方信息的不对称，想方设法采取打擦边球的手段捞取外快，赚取佣金以外的不法收入，而购房者往往被蒙在鼓里。不同中介收费各不相同，有的服务费低，有的服务费高；而评估费、担保费等等差别更大，从几百元至上万元不等，让人摸不着头脑。但也有个规律，一些知名品牌中介费用是相当明晰的，除了固定佣金1%以外，很少收别的费用，担保费和评估费也只按成本价收取几百元，并且开具发票。税费的收缴，各地规定不尽相同。建议购房者在申请贷款和缴纳保险之前，可先向有关部门咨询各类费用的收取比例，再选择品牌房产中介公司或贷款代办公司办理，以避免上述现象的发生。

手法五：擅自转让 骗走房款

表现形式：房产中介实施的诈骗案屡发，一些骗子混入房产中介行业，他们伪造或骗取客户的身份证、房屋产权证，未经客户同意擅自转让房屋，收取房款后逃之夭夭。

案例

一家中介公司以全权代理售房为名，骗取了吴某身份证、房屋产权证和房门钥匙，接着就将他的房屋在暗地里卖给了冯某，不知就里的冯某在向中介公司交付大部分房款后，装修入住。中介公司的老板在得到房款后关门潜逃，于是，两个受害人吴某和冯某为争夺房权打起了官司。

> **点评**

受害人大都法律意识不强，分辨能力较弱，对购房手续不甚了解。此外一些不负责任的宣传，以及银行对放贷人资质审查不严也是导致悲剧的原因。因此，要强化防范房产中介骗局的意识，不要轻易将有关证件、私章等重要物品交由中介方保管，房款的交接要避免通过中介交易，牢牢把住在处分房屋时的每个环节。

房地产中介历程及5大生存困局

新中国房地产中介业发展4大阶段

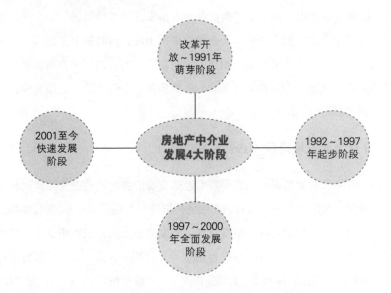

房地产中介业萌芽阶段（从改革开放到1991年）

随着城市土地有偿使用制度、城市住房制度、建筑业管理体制等改革的推进，房地产开发企业逐步成为自主经营、独立核算、自负盈亏的经济实体，在确定投资方向和选择投资项目时，需要有关政策、市政规划、法律法规等信息和咨询服务。但同时政府明确规定，有关房地产的信息、法律和法规等，只能来源于主管部门及其相关业务部门。80年代初期，住房建设实行国家统建和单位自建相结合的体制，员工集资建设单位统一分配，使得单位间及内部职工间有了交换的需求，于是出现了房地产经纪企业最初的雏形——住房交换中心。这些住房交易中心多为政府有关管理部门的附属机构，还未形成严格意义上的独立房地产中介服务行业或组织，其所提供的服务内容是经过有关主管部门审核的、严格控制发布范围和对象的相关房地产的信息、法律和法规。可见，该时期从事房地产中介存在较高的进入壁垒,信息比较闭塞,传递不通畅。

房地产中介业起步阶段(1992~1997年)

1992年邓小平同志"南巡讲话"和中共十四大提出建立社会主义市场经济体制后,房地产市场逐步焕发了生机和活力,房地产经纪人也开始登上社会经济生活的大舞台;随着国家颁布了一系列关于房地产中介活动的法律法规、规章条例,从法律上明确了房地产中介人及中介活动的合法地位,加上房地产业的迅猛发展大大促进了包括经纪活动的房地产中介业的发展。

1993年6月,上海出现了首家企业化经营,采取有偿服务涉足房地产中介活动的机构——上海房屋交换公司,推出了"换房中介有偿服务及差价换房"的措施,这标志着专业从事房地产中介活动的市场化运作企业的正式出现,这时期中介活动主要是项目的销售代理策划上,部分中介公司也开始建立了一定数量的店面,一方面促进代理楼盘的销售,另一方面也从事二手房的居间买卖、租赁服务,不过无论从店面规模,从业人员数量,经营模式都还刚刚起步。

房地产中介业全面发展阶段(1997~2000年)

20世纪90年代初期脱离市场真实需求过热发展的房地产业遭受国家宏观调控重挫后,房地产业第一次跌入谷底,其对国家经济的影响和严重后果在90年代中期逐步显现出来,最为直接的便是空置房的大幅度增加,开发商投入大量成本引进专业营销公司和个人以促进楼盘快速销售的同时,政府也出台了大量相关政策,大力发展房地产交易服务市场,鼓励老百姓卖旧房换新房,实现房地产一、二级市场联动,引导住房"梯级消费"和市场需求结构性调整以达到减少空置商品房的目的。在这样的市场环境下,90年代初期出现的中小型专门从事二手房交易的经纪公司得到了快速的发展,并涌现出了一批实力雄厚规模大、有一定知名度的经纪企业。

同时,香港、台湾等经济发达地区的知名经纪公司带着雄厚资金、先进的管理经验和经营模式扩展大陆市场,首当其冲选择了北京、上海、广州、深圳等经济发达城市,经过几年的辛勤耕耘和激烈的市场淘汰也一步步站稳脚跟。强大外部力量的冲击和内在市场的强烈需要共同作用,引发了房地产经纪业的全面发展,这个时期大部分企业已经采取了连锁直营的经营模式,朝着规模化、规范化、信息化方向发展,并开始着力打造企业品牌,树立诚信经营的意识。

房地产中介业快速发展阶段（2001年至今）

国家实行住房制度改革，彻底停止住房实物分配，实行住房市场化货币化政策，并提出扩大内需，加快住房建设，拉动经济增长的发展战略，房地产业也走出谷底，逐步复苏并迎来了第二次快速发展的历史性时机。政策效力在2000年后逐步显现出来，尤其是经济发达城市，大量人才的涌入，户籍制度的改革以及大规模旧城改造和城市化进程的加速，房地产业再次呈现出蓬勃向上的良好势头，需求不断攀升，房屋成交量不断提高，房价跟着水涨船高，房地产市场俨然一副供不应求热火朝天的状态，于是大量消费者将目光转向了价格相对便宜、地段配套不错的二手房，房地产经纪业也彻底焕发了活力迎来了高速发展的春天。

此时，经纪公司采用了连锁直营、延伸服务项目为特征的经营模式，服务水平和专业素质不断提高，资金实力管理经验品牌影响都有了较大的提升。一些本地的房地产经纪品牌凭借本土优势的成长壮大同样开始向全国扩展，加上特许加盟经营模式的引入，也为全国化扩张提供了方便。同时，香港、台湾地产经纪公司继续强势扩张，如"戴德梁行""21世纪不动产"等跨国地产顾问公司更加速了扩张的步伐，使得经纪服务市场竞争异常激烈。我国的房地产经纪业也不再一味依附于房地产开发业，而已成为了房地产市场上举足轻重的独立行业，其快速发展也极大促进影响了房地产开发业的繁荣昌盛。

房地产中介发展的5大困局

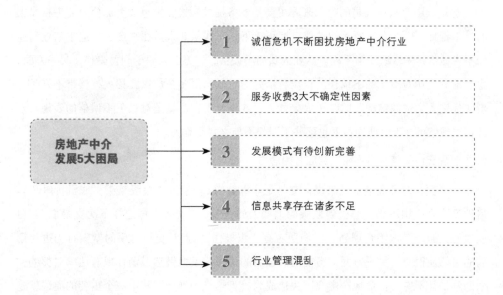

房地产中介发展5大困局
1. 诚信危机不断困扰房地产中介行业
2. 服务收费3大不确定性因素
3. 发展模式有待创新完善
4. 信息共享存在诸多不足
5. 行业管理混乱

困局一：诚信危机不断困扰房地产中介行业

近来地产中介事故不断，危机重重。继中天置业老板蒋飞携数千万巨额购房款逃逸之后，惠州中原老板何文斌又如法炮制玩失踪。树欲静而风不止，当社会各界还没来得及消化这些消息带来的负面影响，号称中国最大规模门店最多的创辉租售，千余家店关门，涉及广州、深圳、佛山、东莞、中山、珠海等地。这使得本已脆弱的房中介行业，面临着更大的危机，尤其是诚信危机。

从经济学角度来剖析房地产中介诚信缺失的现象，它的产生与市场的不确定性、个体的自主选择性及人的有限理性有关，这里的个体包括中介机构、从业人员和消费者。

表现一：房地产中介公司经营理念不诚信

房地产中介作为劳动密集型、低成本运作却有高回报率的朝阳产业，规模化经营成为众多中介公司普遍遵循的规律及孜孜以求的目标。因为扩大规模有利于抢占市场份额、扩大公司影响，以达到提升业绩及铸就品牌的功效，甚至还有些公司想利用扩大规模以达到企业上市的目的。在利益与诚信之间相权衡时，短视的目光、侥幸的心理往往占据上风，开始挪用客户的购房款用于扩张和炒房，结果只能是自掘坟墓。而这种行为直接伤害了众多购房群体的经济利益，另一方面也加剧了民众对中介公司的不信任及情感憎恶，间接损害了行业声誉。

表现二：从业人员缺乏足够的诚信制度约束

房地产中介从业人员的收入来源主要是业务提成，成交量也成为部分企业考核员工的唯一指标。因此在低要求的诚信制度环境下，一些从业人员往往会过分追求商业利益而不讲诚信，采取欺诈等手段。从业人员的不诚信，一方面来源于利益驱使，另一方面，也有部分公司对员工的不信任。市场行情好的时候，很多公司疯狂招人，楼市不好时打着"优化人力资源结构"的幌子大量炒人，或拖欠工资，就是对员工不诚信的表现。当公司出现危机，难免他的员工也落井下石，不与之共渡难关。

表现三：失信行为不能受到应有的惩罚

一方面，对多数消费者来说，交易是非重复的（一般人不会经常买卖或租赁房产）。房地产中介机构不必担心受到欺骗的消费者的报复（消费者不再选择下次交易），它可以放心大胆地谋取不合理利益。消费者有"积极性"，但对交易对手的欺骗行为进行惩罚的可能性很小。另一方面，当前对失信者的法律约束力仍然很弱，现有法律对契约关系的维护并不完善。房地产中介因失信成为投诉热点和难点，其中一个重要的原因就是所受处罚与其所获收益相比太低，即使经纪人的失信行为被媒体披露之后惩罚也较小。

这样，中介从业人员就要选择能给他们带来最大收益的行为，即欺诈。

表现四：消费者对房地产中介不信任

普通消费者的房地产知识储备不够，对房地产的交易流程和中介服务内容也缺乏足够认识。因此，许多人对房地产中介机构不放心甚至不信任，由此产生消费者与经纪公司讨价还价、不付款，或是跳过经纪机构和经纪人员，买卖双方直接交易。总之，造成房地产中介行业市场诚信缺失，有政府作为社会经济管理者疏忽尽职责的因素，也有房地产中介行业自身缺乏诚信意识，忽略自身诚信制度建设的原因。

蒋飞、何文斌的携款逃逸及一些大公司的轰然倒塌，已为行业敲响了警钟：谁背离了诚信，谁就将走向灭亡！现存的中介公司更多的也应该是自省，在这诚信严重缺失、饱受民众怀疑的中介行业，如何唤回市场信任、如何赢回企业尊严恐怕最值得去思索。

困局二：服务收费3大不确定性因素

我国房地产中介服务收费标准最初实行政府定价，根据代理项目的不同，收取不同的费用。后来实行市场化改革，服务收费实行政府指导价，国家以及各地方政府陆续推出有关房地产中介服务收费的规定，房地产中介服务收费有了行规，收费标准在政府指导价的基础上双方协调。

根据国家计委、建设部1995年《关于房地产中介服务收费的通知》规定，房屋买卖代理收费，按成交价格总额的0.5%～2.5%计收。实行独家代理的，收费标准由委托方与房地产经纪机构协商，可适当提高，但最高不超过成交价格的3%。根据规定，房屋租赁服务收费，无论成交的租赁期限长短，均按半月至一月成交租金额标准，由双方协商议定一次性计收。

因素1：服务收费执行标准不一

全国房地产中介机构的收费差异比较大，不仅收费标准不同，而且对应的服务项目也不是特别清晰。即使同为一线城市，表现也不一。在北京中介服务收费按照3%的比例收取。深圳、广州与北京持平，即买卖双方合计收费也是按照3%的比例。根据上海市物价局和房地产资源局联合公布的收费标准，上海中介公司向上下家各收取的费用不得超过1%。按照目前上海中介公司收费水平，一单二手房买卖交易，中介公司向二手房买卖上下家各收取1%的费用，合计收取2%的费用。

此外，一些二、三线城市如福州执行的是3%的收费标准，杭州为2%。沈阳市的相关规定并没有对房地产中介应收取多少服务费进行规定，完全是中介与购房人商定中介服务费，在交易时一般并不会说明服务所分别对应的费用，而是实行"一价制"，并没有列出"明细账"，"一价制"的最高收费比例也为2%。

在实际操作中，出于市场竞争的原因，不仅不同的城市会执行不同的收费标准，即使是同一地区，不同的中介公司至今也会存在差异。

因素2：服务收费标准过于陈旧，不适用新环境发展

国家计委、建设部《关于房地产中介服务收费的通知》是1995年颁布的，而各地收费标准也多是2000年左右发布的。因此，普遍认为这些的标准在房地产中介行业刚刚起步的时候可能是非常合理的，但行业发展到一定的程度，一些旧有的制度很可能会显得非常不合时宜，成为阻碍这个行业发展的桎梏。而收费标准一刀切更是要求调整的焦点。

在一致的调整呼声中，基本上分为两种说法。一种说法是，国外的佣金比例大概在5%~8%之间。美国和日本为6%，香港等地区收费标准为4%~5%，而国内收费标准处于比较低的水平，建议提高收费标准。另一种呼声比较高的建议是"分级制"，即对各房产中介企业实行分等级收费，实行优质优价。通过收费标准的调整，让市场淘汰一批规模小的、不规范的中介公司；而让品牌中介公司做大做强，这样整个房产中介市场就会逐步进入良性发展的轨道。比如将中介服务内容分解成若干项目及其收费标准，供求双方按兑现的项目来计费；或是实行政府指导价，即在制定最高收费标准的范围内，中介企业自行制定标准，但要向消费者明示提供相应的服务内容及其质量。一般大中介公司基本上建议采用前者，但这样势必会造成小中介公司的大量死亡，因为在同等高价格水平上，大中介公司可以以小公司无法达到的高质量服务、高素质人员、高品位门店等优势取胜，小中介公司则会因此而大量倒闭，从而在短时间内造成行业的混乱。而代表整个行业利益的房地产中介协会则倾向于采用后者，允许存在一定的价格区间，允许小公司以低价求生存。

因素3：服务收费提价"路漫漫其修远兮"

尽管调整、提价声一片，提价后各方都能受益的论据也有力，但结果还有"有待进一步研究"。

提高中介收费，首先会涉及到消费者的利益，甚至有人认为这无异于榨消费者钱财饱中介公司腰包。但是，到底有多少消费者愿意承担高昂的中介费用，并且大面积地提高中介服务费用，会不会提高房屋交易成本，从而导致房价的进一步上涨。这些问题都需要去研究，给出答案。

2003年7月江苏省物价局、建设厅规定中介收费标准为1.5%～2%。但考虑到房价涨幅较大，2004年6月，南京物价局将收费标准降为0.4%～1.4%。随着各种宏观调控政策的出台，尤其是各地逐渐推广二手房资金监管后，中介难以"吃差价"，不少小中介被淘汰。而一些中介企业为了求生存，往往采取不正当竞争手段操作经营，而随着二手房市场的冷清，一些著名的外资品牌中介如立好信、金丰易居等纷纷撤离南京。"佣金比例过低已经影响和制约了中介企业行业整体发展"成为中介联合要求调价的理由，于是在2006年年底和今年年初，南京市各大中介两度提出将佣金比例提高至3%或2%，但均无下文。在提价要求被否，2008年9月1日，江苏省物价局、省建设厅发文，要求从9月1日起，商品房销售代理费、二手房中介服务费将放开，市民在买卖二手房时，所付的中介费标准不再由政府定价，而改由中介公司和客户协商决定。

可见，单纯依靠政府出台政策提高中介服务收费路还很长。中介公司必须提高相应的服务质量，如培养更优秀的置业顾问、营造更优美的交易环境、提供更安全周到的交易程序等，消费者才会愿意多付一些费用来享受更好的服务。

困局三：发展模式有待创新完善

2007年下半年以来，房地产中介退市风潮正向全国范围蔓延。深圳，包括创辉、世华、星彦、景河田、顺驰、金地、天健、通泰、美联、满堂红等在内的16家中介收缩数百家门店；北京，门店数量最多的房屋经纪公司中大恒基连续关闭门店50家以上，陆续有天宏东达、信一天、金色时光、帝园退出市场。同样一幕还发生在广州、上海。类似的情况，在2005年房地产宏观调控后也出现过。这其中既有市场因素，也有行业的发展模式问题。

经营模式尚待创新

经营模式是房地产中介企业需要考虑的首要任务。如果从数量上划分，目前房地产中介企业的经营模式主要有单一的门店式经营模式与规模化经营模式。规模化的经营模式有利于降低中介服务成本，又形成规模效益。而房地产中介又是一个低成本高回报率的朝阳产业，因此规模化经营成为众多中介公司普遍遵循的规律及孜孜以求的目标。而扩张需要人力、财力、有效的管理模式和高水平的管理队伍的支持。从近几年中国房地产业中介服务业的发展现状看，市场好的时候，无论是单一门店或夫妻老婆店，还是规模化企业都能很好的盈利。在市场变化到来时，单一门店似乎更容易调整，而规模化企业不得不经历更大的阵痛。选择什么的经营模式才能更好地避免或者减少这种阵痛，保持稳定的收益流，是许多大中型中介企业都在思考的问题。

盈利模式抗风险能力不足

纯粹的房地产中介是为房屋交易双方提供一个资讯平台，并通过撮合交易并提供相应的服务而收取佣金的一种盈利模式，也就是说房地产中介是靠收取服务费生存的。而中介服务又有一定的收费标准，按规定房屋买卖的服务收费标准最高不超过成交价格的3%。在市场繁荣期，这些盈利模式的长期风险被掩盖，而一旦市场陷入交易量下滑，观望气氛浓厚之时，这些模式抗风险能力不足的缺点就暴露无遗。但这是中国房地产中介不得不长期面对的现实，无法逃避。

核心竞争力缺失

尽管数家房屋中介倒闭不断，但很难见到大的并购案发生，这是值得关注的事情。很多中介服务企业缺少服务差异化优势，"没有自己的核心技术和产品线，没有固定资产，没有好的队伍管理机制，房源信息你有的我也有。""你会发现还真的没有什么可买的。"目前，国内很多房地产中介公司对于自身的服务产品还都一头雾水，企业的员工对于"房地产中介是做什么的？我们的产品是什么？"基本上得不到准确的、正确的答案。所以，一家企业如果真正能在产品研发和服务质量上多下功夫，不失为一个很好的竞争手段。

困局四：信息共享存在诸多不足

与房地产出卖产品赚取产品利润不同，虽同为卖房，房产中介利用门店式的定点经营，买卖双方的房源信息和交易需求信息，通过为交易双方促成交易而收取佣金，因此房产中介公司严格意义上讲应该算是信息服务行业。长期以来，信息不对称和不畅通问题已经给整个行业的生存和发展带来了严峻的挑战，也是行业实行可持续发展的困局之一。

目前，房地产中介信息共享中存在的问题主要表现在以下方面：

企业之间信息化共享水平不高

目前，我国房地产中介企业之间的信息共享和佣金共享几乎没有，只有少数房地产经纪企业在各个连锁店之间，或加盟店之间存在内部信息共享系统。其次，信息化总体水平较低。一方面，全国性的房地产信息系统没有建立起来，部分城市政府拥有的房地产交易信息还不能客观公正地共享和利用；另一方面，只有一部分先进的房地产经纪机构有自己的管理信息系统，绝大多数的企业和经纪人，信息化水平非常低，这是中国房地产业发展现阶段的事实。再次，房地产的基础数据获取较难，部分数据还是经过加工后的二手数据，不能有效地满足实际需求。最后，信息垄断。在信息方面主要存在信息量不足、信息重复、信息严重阻塞问题。企业之间，甚至是企业内部都存在着信息垄断的现象。

信息不对称，不能实现信息共享

信息不对称的结果就是整个市场的低效率运行以及信息资源和社会资源（包括消费者的时间成本）的严重浪费。信息不对称为部分企业在行业竞争不规范的环境下为了利益不择手段，不守诺言、失信背信提供了客观的条件。有的经纪人或中介公司牢牢垄断着信息优势，欺骗或引诱消费者，包括虚构房源、隐瞒房屋质量问题、以次充优等，从而从中操作获利。

解决信息不对称，实现信息共享，最好的出路是整合，以联盟的方式打造一个行业信息平台。事实上，中国房地产中介行业面临的信息问题，美国早在 50 年前就曾遇到，其解决方式的核心就是信息"共享"，共同打造房源共享系统，即美国房地产经纪人经常使用的 MLS（Multiple Listing Service）。如果一条信息和一条信息交换，交换双方都持有了两条信息，信息量成倍增长。如果交换的参与者增加，每一参与者的信息量将会呈几何级增长，最终每一参与者的信息量等同。如今，欧美绝大多数房地产中介服务公司早已将自己的房源信息系统和无所不在的互联网"牵手"在了一起。想要租买房屋的消费者只需在中介公司所设的计算机终端上输入所要租买房屋的特征，就可以查出所有符合条件的房产,通过网上播放的实地录像或者照片"考察"房产的外观、环境及房内格局是否符合自己的喜好。

困局五:行业管理混乱

事实上,类似中天事件在房地产中介行业早已是屡见不鲜。2004年,北京首批"放心中介"坚石地产一夜之间人去楼空;2005年,安徽合肥"房产中介航母"的桃园房产中介公司突然关门停业;2006年,天津辉煌一时"汇众房产"一夜之间全线停业,总涉案资金超过1.5亿元。而对于房地产中介机构染指房屋买卖交易资金、非法牟取交易差价等等违法违规行为,早已经是房地产行政主管部门、业内人士以及媒体老生常谈的问题。而且各地政府也纷纷出台过整顿和规范房地产中介市场秩序的通知。2006年9月,建设部就全国范围内展开有关房地产交易秩序专项整治工作,针对房地产中介行业突出典型的违法违规行为提出了具体的整治要求。但为什么在各种新政策相继出台,各类房地产交易秩序整治活动不断深化的大环境下,房地产中介机构侵害消费者利益、违法违规现象仍然频发?诚然,巨大的利益驱动是其最直接的原因,但是现行的行业管理模式似乎也有相应的责任。

随着房地产中介服务业的不断壮大,我国房地产中介行业管理模式也在不断变化,重心也由政府行政监督管理逐渐转向了行业自律管理。目前,我国房地产经纪行业管理模式是行政管理为主,辅之以行业自律的形式。从实际的操作情况看,这种模式还存在许多不足。

行政管理缺乏完善的法律体系

一是缺乏专门的房地产中介行业的法律。1995年颁发的《中华人民共和国城市房地产管理法》,涉及房地产中介服务机构部分仅有三条非常笼统的原则性规定,相应的法律责任只有针对"未取得营业执照擅自从事房地产中介服务业务的情形",而对于房地产中介机构其他违法违规行为和相应的法律责任均没有规定,操作性不强。

二是行政主管部门的规章制度也缺乏针对性和操作性。建设部2001年出台了《城市房地产中介服务管理规定》,有些条例缺乏针对性和操作性,无法适用现在各种频发的违法违规行为。如该法主要的罚则是针对中介资质和营业范围,而对最为常见的侵害消费者利益的违法违规行为的中介机构法律责任没有相应的规定。有的仅只是针对"房地产中介服务人员"的法律责任,而没有针对中介机构的法律责任规定。以中介机构牟取房屋交易差价行为为例,若依照该规章竟然无相应的处罚依据。

行政管理存在多头管理、管罚分立情况，影响行政监管效率

目前我国房地产中介行业管理以工商行政部门和建设行政部门为主，其他价格、财政等相关部门为辅。在实践中，建设行政主管部门最为熟悉房地产中介行业的情况，对不断新生的房地产中介违法违规的变相作法和隐蔽做法能够及时跟进和掌握。遗憾的是，行政处罚机关不是作为行业主管的建设行政部门，而是工商行政部门。这种多头管理、管罚分立的模式，必然导致行政监管效率的降低，延误打击违法违规行为的时机，削弱行政监管的力度。

作为自律管理的行业协会缺乏足够的管理权限与能力

行业协会作为自律组织了解行业、企业的实际状况，因而能够更好的解决微观上的问题，尤其是在对行业内的组织、人员的资质、操作、运营等方面进行监督、监管上，比起政府，具有更大的优势。《行政许可法》的实施也为行业协会组织进行行业管理提供了法律依据。但目前行业协会等自律性组织的管理职能并未得到充分发展，原因也是多方面的。

一是多数自律性组织是自上而下由主管部门设立的，以协助政府管理、传达政府要求为工作核心，与行业内的企业的关系比较松散，这与自律性中介组织自下而上产生，为本行业服务的特点不符，必然造成对企业的服务功能较弱。

二是目前我国建立的房地产自律性中介组织多是行业性的，主要由企业构成，具有一定的片面性。

三是自律性中介组织的服务缺乏专业化和权威性。房地产行业需要多种专业人才，这些人才的选拔、培训、考试、认证及职业道德的约束等。在业内人才的考试及资格认定等方面、在行业标准的制定方面、在提供专业技术服务和指导方面等，我国房地产自律性中介组织几乎很少形成权威的行业标准和规范。

很显然，这种模式带有一种过渡性，如何在新的形势下，创新行政管理与自律管理有机结合的科学模式，并最终真正实现行业自治管理模式，还需要各方不断努力。行业发展模式不成熟，也使得行业持续发展受到挑战。

房地产信息管理系统

房地产信息管理已成为房产公司管理中不可或缺的一部分，在许多国家得到了广泛的研究与应用。总的说来，房地产信息管理系统就是通过集中房地产销售信息，对房产公司的管理进行调控。在现代化的房地产营销理念中，已将房地产营销思想贯穿到了房地产的设计、生产、销售、售后服务等各个环节，或者说房地产再生产过程的各个环节都是围绕着房地产营销来展开的。从交易行为来看，购买者（或消费者）是交易中不可缺少的一方，开发商要实现交换价值，就必须为消费者提供适应其需要的使用价值，因此，房地产营销只有围绕消费者信息展开，才能使营销发挥作用，取得效益。

"玫瑰园"折射中国房企成长之痛

【玫瑰园让来自香港的"地产教父"邓智仁败走麦城,而成就了亿万富豪建筑商梁希森。这一系列事件的背后,透露了企业违规经营的最大病根。】

跨越寒冬案例分析

"烂尾楼"变身豪宅的传奇史

获得多个"第一"的玫瑰园

  北京玫瑰园有着显赫背景和传奇经历,它曾在中国房地产经济发展过程中创下了五个第一:它是第一个北京市赴港招商的房地产项目;也是第一个北京市政府批准建设的面积最大的别墅开发区(49.9333万平方米);到最后它又成为了第一个全国破产的大型合资企业,第一个北京市房地产企业破产案和第一个全国破产案标底最大的企业(经北京市第一中级人民法院确认,玫瑰园欠债高达7.9亿元,至2001年7月)。

  2008年9月,由《世界企业家》杂志、《世界经理人周刊》及世界地产研究院联手共同编制的2008年度(第五届)《中国10大超级豪宅》排行榜揭晓,北京玫瑰园赫然在列。

玫瑰园起死回生的经历引人深思

  曾经的烂尾楼,起死回生后,告别伤痛的过去,经过岁月的积淀,时光流转,终完成了华丽转身。玫瑰园,演绎了一段关于中国房地产与企业家百转千回的传奇故事。

  今天,当我们为闪耀在玫瑰园身上的光环而由衷赞叹的时候,我们还是把目光转

向了它的过去，因为我们希望能找到一段能够透析中国房地产业成长历程的历史，并对它予以诠释，期待着为今天仍处在金融危机下执着与顽强的坚持着的房地产企业一些启示。

或许，这些启示无关于现在肆虐全球的金融危机，也无关于未来危机过后房企面临的新的转型，但是玫瑰园它曾经那一段曲折的发展过程，却如此真实的折射出了中国改革开放以来房地产市场经济的发展与变迁。

了解过去，才能更好的展望未来，尤其是在最困难的时候更应该好好思索自己曾经走过的路，并从中寻找化解难题的灵感。

解读玫瑰园的意义也正在于此。

"玫瑰园"坎坷发展之途

玫瑰园起落突显资金短缺

1992年12月5日，北京昌平县房地产开发总公司与中国飞达房地产有限公司成立了北京飞达玫瑰园别墅有限公司，经北京市政府批准在北京昌平县沙河镇小寨村投资兴建"玫瑰园"别墅区。

"玫瑰园"高调开工却成烂尾楼

"玫瑰园"别墅区规模宏大，占地面积49.9万平方米，规划建设别墅800余套，每套售价300多万元，总投资额4500万美元，其中昌平房地产以土地入股，占55%的股份，飞达房地产以现金入股，占45%的股份，但飞达的资本金并没有到位，甚至首批卖楼回收的资金被迅速挪作他用，而被挪用的大部分资金来自于香港利达行。

1992年，在玫瑰园开工之时，香港利达行为取得玫瑰园850套别墅的销售代理权，便通过投资预购部分别墅。但由于原投资商挪用订金阻碍了工程进展，飞达玫瑰园实际上已是一盘散沙。出于自身利益的考虑，利达行被迫融资接手玫瑰园，从飞达房地产手中买下了它45%的股份。

与此同时，昌平房地产将其所有的45%的股份转让给了珠海友联实业发展公司。因珠海友联实业公司实际并未向玫瑰园投资，利达行与其约定，只要玫瑰园能按时还本付息，就将其45%的股份转让给利达玫瑰园有限公司，为赎回其股份，利达玫瑰园四处拆借资金，向高登公司筹得利率很高的短期资金1820万美元和3422万人民币。

因资金困难而引入希森集团

由于1994至1995年，北京的别墅房地产市场已日趋滑坡，利达玫瑰园陷入资金困境。1996年2月，玫瑰园引进了希森集团有限公司，以带资装修的办法进入利达玫瑰园，经法院确认，它后来成为玫瑰园另一大债权人，债权共计2.38亿元人民币，玫瑰园负债累累。据希森集团回忆，在玫瑰园第一批40套别墅建成后，公司没有得到任何工程施工款，但由于对玫瑰园项目的前景抱有乐观期望，公司于是想靠自身的资金来托活玫瑰园的建设。

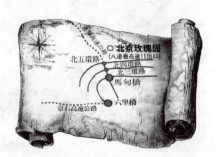

↘ 北京玫瑰园所在位置

1997年希森集团和高登公司联合向法院正式起诉玫瑰园,要求破产保护,北京市第一人民法院受理此案。经北京市第一人民法院审查并委托北京房地产价格评估事务所评估,利达玫瑰园共有105家债权人,债权申报达10亿余元人民币,其中已经确认的有7.9亿元,而玫瑰园现有资产评估值仅为5.9956亿元,资源共享不抵债约2亿元。由于玫瑰园被多次起诉,有10多家法院对玫瑰园别墅实行查封,因此几乎每一寸土地都为查封令所覆盖,玫瑰园建设彻底停顿。而由于玫瑰园已售出的房屋一直不能交房,众多购房客户极为不满(大多数为香港客户,少数为外国人),造成了极坏的社会影响。

1998年7月,北京市第一人民法院因利达玫瑰园有限公司长期无力偿还到期债务,依法裁定宣告北京利达玫瑰园有限公司破产,并对其进行破产清算。

1998年6月8日对利达玫瑰园进行一次性整体拍卖,拍卖底价为3.88亿元。希森集团以3.98亿元竞得"玫瑰园",并让它重焕青春,并最终登上了中国十大超级豪宅的宝座。

玫瑰园几度易主的经历

玫瑰园的曲折历程,不免让人唏嘘,几度沧桑终迎来绽放之时,如果玫瑰园本身是一个有感知有生命的对象的话,相信它也会为自己的曲折经历而生出几分感慨。那么,到底又是谁左右着它,让它历经命运的坎坷,又进入生命的极致境界呢?答案不止一个,因为它几度易主,刘常明、邓智仁、陆仓,到最后的梁希森,每一个当事人都左右过它的成长。

刘常明:种下玫瑰,却不绽放

刘常明是玫瑰园的合资方之一香港飞达公司总经理。刘常明靠坐当"章光101"的代理商起家后,频繁穿梭于京港之间,结缘了不少政府人员。因为与部分政府官员的关系,刘常明在众多竞争者中抢到了昌平县沙河镇地块,酝酿开发玫瑰园。

所谓性格决定命运,这句话用在刘常明身上再合适不过。从刘常明代理"章光101"开始,投机倒把的事情就没有少干,而且是相当的在行,因此这也注定了他并不是那种勤勤恳恳做生意的人。虽然成立了公司也拿到了地,但当时刘常明并没有认真去做别墅,而是抱着"捞一票就走"的心态。因此,刘常明在玫瑰园导演了一场"空手套白狼"的游戏。

邓智仁:梦碎玫瑰园

邓智仁被称为北京地产界的教父,20世纪80年代,他借了1.2万港币办起包括他在内只有3人的利达行。经过几年打拼,1990年,利达行成为香港最大的房地产代理公司。

1992年,在考察完北京市场之后,邓智仁相中了玫瑰园,带着他的利达行从香港来到了北京,邓智仁以香港的营销方式,开创了北京房地产广告的一个时代,并占领了北京房地产外销市场的70%以上。

推销玫瑰园,邓智仁有大局观:先推销北京,再推销玫瑰园。凭借其娴熟的营销技巧和人缘,玫瑰园首战告捷。随着刘常明挪用首批购房款的丑闻被曝光。邓智仁用尽一切办法,通过一连串的股权转让,整体收购了玫瑰园。

因为前期刘常明在玫瑰园身上使的损招,加之又遭遇了国家宏观调控和北京房地产市场寒流,使玫瑰园处在了复杂债务关系中,工程一再耽搁。直到1997年,玫瑰园一期工程186套别墅才建设完毕,部分通过验收取得了产权证,但利达行公司已无后续资金跟进,连让已交纳预付款的首批买房者入住的运营资金都没有。1997年3月,曾经黔驴技穷的利达行宣布破产,并欠下6.5亿元巨债,精疲力竭的邓智仁从这个让他付出沉重代价的"带刺玫瑰"中彻底抽身退出。

陆仓:又一个被玫瑰园"拉下水"的人

1997年3月份,由于看中玫瑰园地块的升值潜力,香港金时有限公司老板陆仓与筋疲力尽的邓智仁达成协议,成为了玫瑰园的又一新主人,当然前提是替邓智仁还清数百万港币欠款和玫瑰园欠下的6.5亿元人民币债务。

随后,陆仓又把梁振山请来,但到任不到4个月的梁振山突然被警方带走,再次把玫瑰园推到了风口浪尖,上百位购房的港人集体向法院提起诉讼,陆仓没有钱对付众多的债主,十多家法院封条贴进了玫瑰园。

梁希森:因祸得福的幸运星

就在刘常明、邓智仁、梁振山、陆仓等走马灯般地进出玫瑰园时,真正在玫瑰园里勤勤恳恳耕耘的就是现任老板梁希森。

梁希森本是玫瑰园的建筑商,因玫瑰园迟迟无法支付其建设费用而成为了玫瑰园最大的债权人,并陆续获得了玫瑰园部分别墅的产权,在1999年玫瑰园宣布破产时成功竞买,并把玫瑰园带入了一个别样的春天。2000年6月10日,玫瑰园再次开盘,梁希森亲自坐镇,开始了玫瑰园艰苦的重建工作。

玫瑰园坎坷根源——违规经营

违规经营是祸根

早在京港合资飞达玫瑰园别墅有限公司成立之初,违规经营就隐藏在了玫瑰园的内部,这为后来玫瑰园跌宕起伏的曲折经历埋下了最初祸根。正如当时北京市第一中级法院谢龙副院长在分析玫瑰园破产案件时提到:"房地产公司被起诉的根本原因很多,但经营上的不规范是共同的。"在整个玫瑰园案中,一开始的功夫就用在了玫瑰园外,玫瑰园的销售款也基本没用在园区建设上,建设主要靠工程垫款。

最初掌门人刘常明玩空手道

玫瑰园别墅区规模宏大,本计划总投资额4500万美元,飞达房地产时以现金入股,占45%的股份,但飞达的资本金在一开始就没有到位。尽管如此,他们还是把玫瑰园轰轰烈烈地开了盘,但从来没有真正地破土动工过。为了吸引买家,刘常明雇用了一位美国规划师拿出了一套十分精致豪华的规划图和别墅设计图,然后频繁地刊登广告,四处招商,忽悠人接盘。

项目问题逐渐暴露

此举吸引了邓智仁,在玫瑰园开工之时,利达行为取得玫瑰园850套别墅的销售代理权,便通过投资预购部分别墅。但是,由利达行支付的首批卖楼回收资金被飞达挪作他用,导致了资金缺乏而阻碍了项目工程进度。邓智仁顺手接管了玫瑰园,并期待能在玫瑰园项目中大施拳脚。

然而,出乎意料的是,刘常明在违规园的违规操作不仅仅是挪用资金,更为严重的是,在玫瑰园项目的立项过程中问题就已经存在,而这一问题直接影响了玫瑰园后续的发展。因此,就在邓智仁因为接手玫瑰园而大喜过望之际,各种问题也随之浮出水面,他发现刘常明提供给他的许多批文竟多处违规:销售许可证是刘常明打通高官关节由北京市特批的,可审批文件则是昌平的地方文本而并未得到北京市政府的复核,也就是说,玫瑰园的合法地位尚有待重新确立,从此,邓智仁掉进了跑批文、走关系的漩涡之中。

销售中的违章操作把玫瑰园拖入更深困境

一边要支付源源不断的工程建设款,一边要缴清巨额的土地出让金,玫瑰园成了一个巨大的"无底洞"。随着邓智仁拆借的短期高息资金陆续到期而销售却不济,玫瑰园债台高筑。抱着"死马当作活马医"的心态,邓仁智请来了梁振山出任总经理。但是,没想到这次的管理层变动又把玫瑰园推向了火坑,因为梁振山也不是一个规范经营的实干者,纯粹只是利用玫瑰园的名声赚自己的钱,私刻公章进行非法融资,还挪用了玫瑰园大笔建设资金,待东窗事发后,玫瑰园再次陷入困境。

待邓智仁退出玫瑰园,陆苍接手后,本来有着非常具有盈利性的商业计划,但是却因为玫瑰园的多次股东转让和债务纠纷,导致玫瑰园潜在价值因法律上的不清不楚而无法变现。

梁希森接手玫瑰园

希森集团作为玫瑰园的施工企业,冒着风险进行了垫资建设。在完成第一批40套别墅施工后,希森集团董事长梁希森却没有拿到施工款,但他看好玫瑰园前景,继续投资玫瑰园。利达玫瑰园宣告破产后,梁希森以最大债权人身份起诉。到那时为止,梁希森已为玫瑰园投入了2.38亿元。1999年7月16日,梁希森以3.98亿元拍得玫瑰园,终于理清了玫瑰园资产的法律关系。由此,梁希森才得以正式接手玫瑰园。

引以为鉴:开发商违规经营是"自掘坟墓"

玫瑰园从立项开始到破产,跑关系、资金不到位、挪用公款、管理层失职、建筑商垫资等存在多处违规经营,这些问题其实不仅仅存在于玫瑰园破产前的经营过程中,也广泛存在于今天的房地产企业中。这一方面缘于我国房地产经营开发中约束机制和管理体制上存在的漏洞,尤其是在20世纪90年代,房地产业各方面还都处于探索期间。房地产市场经济发展过程中的这些深层次的问题没有解决,出问题的企业就一直存在;另一方面也与房地产企业素质,尤其是管理层的企业经营思想有关系,因此,要在一个各方面还不太健全的环境中"出淤泥而不染",需要企业首先应该注重与加强自身内外的修炼。

"玫瑰园"谱写了一部中国地产成长史

"玫瑰园"十年来几度易主,经历了几度沧桑,风风雨雨中,几乎写就了中国十年房地产的发展史,从来没有一个楼盘像玫瑰园一样,经历了中国改革开放以来房地产市场经济的发展变迁,市场的变化给玫瑰园带来了成长的机遇,但也曾经使它饱受煎熬。

"玫瑰园"诞生的背景是邓小平南巡讲话

1992年,北京飞达玫瑰园别墅有限公司组建,玫瑰园立项。

背景:中国房地产开发开始飞速发展。

1992年初,在邓小平南方谈话的推动下,中国房地产市场得以全面发展,与此同时,《中华人民共和国城市房地产管理法》、《城市房地产开发经营管理条例》相继出台。

中国房地产业的开始大规模启动,为许多投资投机者提供了机会,由于彼时的中国房地产业还相当年轻,缺乏成熟的理论引导和制度约束,很多房地产企业的经营重点并不是放在踏踏实实干实业身上,而这种房地产的混乱并不仅仅出现在海南、惠州等房地产泡沫泛滥的城市,在20世纪90年代初的北京房地产市场也处于"最乱时期",谁都想搭上房地产业升温这班车,分到一杯羹,官商勾结,越权批地,然后炒地皮炒楼花,大发横财,捞一把就溜。北京飞达玫瑰园别墅有限公司正是在这种思想背景下而成立的。

利达行介入玫瑰园恰逢国务院宏观调控见效时

1993年,香港利达行有限公司介入,拥有45%的股权,更名为"北京利达玫瑰园别墅有限公司",1994年,玫瑰园复工,但至年底,154栋别墅仍无一栋竣工。

背景:国务院政策见效,房地产泡沫破灭。

随着房地产泡沫愈演愈烈,政府采取了一系列调控措施来稳定市场,整治了非理性市场行为,并动用亿元资金化解房地产泡沫危机,急速膨胀的住房需求随着中国房地产自改革开放以来首次泡沫的破灭而偃旗息鼓。香港利达行是做房地产代理的,其掌门人邓智仁有"地产教父"之称,他希望借内地改革开放的"东风"大举进军北京,玫瑰园成为他极为中意的项目,在首战告捷之后就遭遇到了中央的宏观调控。1994年,中央提出了"宏观调控,治理整顿"的经济方针,并严令停建"楼堂馆所",像玫瑰园这样的外销别墅项目首当其冲遭遇冲击。

玫瑰园停顿时也恰好是房地产行业萧条时

1995年,玫瑰园处于停顿状态。

背景:整个行业一片萧条,高档房滞销。

1994年底到1995年上半年,在经过房地产泡沫的破裂之后,北京房地产市场遭遇"滑铁卢",房地产市场都不容乐观,进入空前的低谷,豪华别墅和高档公寓更是全面滞销。

↘ 2007年北京玫瑰园Ⅳ期开盘 起价1600万元/套

此时，玫瑰园自然也难逃一劫，由于前期开发的项目无人购买，又遭遇市场寒流，已建成好的别墅几乎是无人问津，其销售工作完成陷入停顿。与此同时，利达公司拆借的短期高息资金在玫瑰园遭遇销售寒流之时将要到期，对于邓智仁来说，这无疑是屋漏又逢连夜雨。

希森集团接手玫瑰园恰逢国家取消福利分房时

1999年7月，希森集团看中玫瑰园的发展潜力，通过公开竞买，以3.98亿元人民币的价格，将玫瑰园整体收购成功。

背景：国家取消福利分房，房地产市场回暖。

1997年亚洲金融危机之后，中国出现了严重的失业问题和内需不足，因此从1998年开始，中央实施了以扩大内需为主基调的扩张性调控政策，将房地产作为新的经济增长点和新的消费热点，并配套实施了货币化分房政策——《国务院关于进一步深化城镇住房制度改革加快住房建设的通知》，由此房地产市场迎来了新一轮发展契机。

正是因为看到了中国房地产业的长期发展前景和玫瑰园项目的发展潜力，希森集团才会通过公开竞买，从玫瑰园的建筑商和债权人演变成了玫瑰园的开发商，从而终于结束玫瑰园的曲折坎坷之路，让玫瑰再次绚烂绽放在人们的心头。

"黑马"顺驰成房产开发企业前车之鉴

【顺驰的发展违背了企业发展的基本常识与规则，为了追求盲目的高速扩张，采取了三高策略，以高求快，达到缩短项目运营时间、加快资金流转、尽快扩大销售规模。但当财力无法承受快速扩张的步伐时，顺驰也就走出人们的视线。】

顺驰大跃进模式终覆灭

有人说，地产业本就是个江湖，而孙宏斌和他的顺驰却留给江湖一个枭雄的背影。

2008年，关于房地产的话题依然是惹眼的，但这跟孙宏斌却已经没有了什么关系。不管他曾经将房地产业搅得如何的天翻覆地，如今都不得不呆在被媒体遗忘的角落。

然而讽刺的是，与孙宏斌的黯然不同，"顺驰"二字却依然频频曝光，不过与4年前人们争相报道它的风云故事不同，现在的顺驰已经是一个失败案例代号，当人们要描述房企资金链的问题时，会立马想到"顺驰"，当人们要批判房企急速扩张时，"顺驰"又会赫然出现。有人甚至说，"下一个顺驰"在2008年房地产市场上足以与"拐点论""百日剧变论"等关键词并驾齐驱。

房地产改革是中国改革开放30年规模最大，发展最快，也最有看头的市场，地产英豪的传奇故事是一波接一波。但在各路地产英豪中，速度极富冲击力,模式极具颠峰性，结局极具历史性的只有孙宏斌与他的顺驰。它为什么会离去？在这个寒风呼啸的地产冬季，依然值得房企们进行深度的思索，并从中去吸取点什么。

因此，当我们今天在探讨金融危机下那些轰然倒地的中外房企时，我们依然不能忽略曾经震撼地产江湖并代表"中国房地产大跃进模式"的顺驰。毕竟，对于年轻的中国房地产业来说，那依然是不能忘却的纪念。

顺驰历程六部曲

六部曲之一：烽火上路

顺驰的历史并不长，1994年在天津成立。创始人孙宏斌毕业于清华大学数学系，是一个聪明而又偏执的人。25岁时，孙宏斌就成为联想的销售精英，负责全国IT分销网的建设，但后来却进了监狱四年，据说是因为"经济问题"与柳传志发生冲突，获罪入狱。

据传，1994年3月孙宏斌出狱后，主动请柳传志吃饭认错，但他没有重操IT旧业，而是准备进军房地产。4月，孙宏斌就在天津创建顺驰房地产销售代理公司，8月即获得"先达小区"的独家销售代理。半年后，即1995年初就在柳传志和中科集团董事长周小宁的支持下，成立天津中科联想房地产开发有限公司，成功切入房地产开发业务，7月即开发出第一个项目"香榭里"小区。而开发这个楼盘，顺驰仅仅只用了7个月。

7个月，速度太快了！房地产项目的平均开发周期是两年，但顺驰7个月就完成了第一个项目，不得不让人为之叹服！再往后，速度就成为了顺驰的绝招。虽然那时候的孙宏斌还只是房地产市场一位默默无闻的新来者，没人理会他，但是天津同行却已经最先感受到了这一招的凶狠。

于是，顺驰踏着它的烽火轮急速上路了！

六部曲之二：快速扩张

1998年，孙宏斌看准国家停止福利分房的政策后，开始大干，当年一举拿下面积14万平方米的名都项目，声震津门。2000年8月拿下万科与泰达都不敢碰的梅江地块，并成功开发出蓝水项目，不久又拿下面积170万平方米的"超级大盘"太阳城，确立了其津门老大地位。

从1998年到2002年，顺驰天

↘ 顺驰 香榭里小区

津开发了近30个项目。虽然孙宏斌没有赚到大笔利润,但其开发模式引起了行业的巨大震动。

孙宏斌带来的第一大震动是速度。他彻底打破了房地产平均开发周期18个月的惯例,一举缩短到7个月。

与速度紧密相关的是模式。孙宏斌的房地产开发模式后来被称作"现金—现金"模式或者"戴尔模式",这一模式的核心是利用很低的自有资金启动项目,迅速转入土地开发进程,然后以销售回款支撑后期建设与城建配套等,再用毛利作为新的自有资金启动新项目,如此循环,极速滚动。

清华大学数学系毕业的孙宏斌把模式设计得几尽完美,按照他的模式,只要每一个时间点拿捏得当,每一步战略执行到位,这一模式不仅行得通,而且威力巨大。孙宏斌凭借这一模式,4年就从天津一个普通的代理商变成名震津门的开发商,6年就成为天津房地产开发商老大。而从1998年到2002年,孙宏斌四年开发出30多个项目。

2002年,国土资源部签发11号文件《招标拍卖挂牌出让国有土地使用权规定》,叫停沿用多年的土地协议出让方式,孙宏斌看到该文件为开发商的全国扩张扫清重大障碍后,迅速将这一模式复制到全国。

孙宏斌真正的狂飙由此开始!

六部曲之三:激情狂飙

离开天津的2002年,顺驰规模不过10亿。

走出天津,全国各地疯狂高价拿地

然而,从2003年到2004年初,当中国名声响亮的房地产开发商在各种会议上大谈政策对地产市场的影响时,来自天津的顺驰却悄无声息地出现在中国东北、中原、西南、长三角各地的土地拍卖会上,以极强势的姿态拍得土地近10块,面积300万平方米,总款额估算下来近70亿。顺驰圈地之"孤注一掷"在当时的地产商中也算是绝无仅有的了——比如在北京大兴区黄村,顺驰出价9.05亿拿地600亩;在石家庄,顺驰出价5.97亿拿地300亩,这被业界普遍认为"严重背离了价值规律"。面对顺驰的势在必得,其他竞拍者只能望而却步、心下震动。而顺驰的拿地行动并没有就此止步,仍在继续。

从2003年底起,顺驰又在华北、华东等地掀起了疯狂的"圈地运动",所谓的全国化战略使顺驰在16个城市拥有40几个项目,更惊人的是其土地储备高达700多万平方米。2003年,顺驰销售回款40亿,规模直逼中国最大的地产公司深圳万科。

志向高远，矛头直指万科

2003年7月20日，孙宏斌在北京昌平金池蟒山会议中心为顺驰高层连续开会17小时，做了题为《鸿鹄之志向，蚂蚁之行动》的演讲，在其演讲中，极富鼓动性的句子比比皆是。在一份《顺驰公司2004年战略》(提交日期为2003年11月7日)报告中，顺驰以"鸿鹄之志，勇者为王"自居，称要坚定地成为中国房地产行业的绝对第一。孙宏斌宣称道："对信念的偏执创造奇迹。历史是这样写就的，竞争版图是这样重划的，世界是这样改变的。"孙宏斌喜欢讲微软和网景的故事来阐述他的思想，互联网浏览器最早是网景做的，当后来者微软的市场占有率达到15%的时候，盖茨给所有的员工写了一封信，说："大家再努力一把，当我们做到30%的时候，Game is over！"可是，后来的事实却表明，在后来发起的那场搏击游戏中，顺驰太高估自己了，游戏完结的时候，不是其他企业退出，反而是它自己！

在顺驰将要改写的竞争版图上，万科是他们的首要竞争对手，在2003年召开的中城房网重庆会议上，孙宏斌曾当面向王石下战书，要成为中国房地产的一哥，竞争的焦点首先集中在了土地上。事实上，自全国实行土地拍卖制度以来，万科已经不是第一次在土地竞买时与顺驰遭遇，在苏州金鸡湖东的土地出让时，顺驰拿下了这幅万科觊觎已久的近90公顷的地块。随后两军又在无锡遭遇，王石开始主动跟孙宏斌商量合作之事，也许是因为感到顺驰势不可挡。万科为了苏州那块地已经做了一年多的工作，本来志在必得，规划方案都已经过几轮修改，当顺驰以27.3亿摘走这块土地开发权时(2004年1月6日)，顺驰上海地产公司董事长闵锋说，"听说万科有人哭了"。

岂止万科一家而已，自2003年年初，顺驰向石家庄、济南、上海派出团队，去各地考察市场、"攻城掠地"以来，所到之处，顺驰对举牌竞标同一块土地的地产商都形成了有力的"狙击"，不少比顺驰有实力、有名气的地产商因此败下阵来。顺驰开始成为业界一家有"杀伤力"的公司。

一时间，顺驰名震江湖，不仅媒体争先报道，对于当时中国房地产的大小地产商们来说，顺驰或者孙宏斌都是一个无法回避的焦点问题。

地产江湖险恶，顺驰隐忧显现

当顺驰声称要超过万科做中国地产规模第一以后，王石频频被媒体追问对这家来自津门的赶超者的看法，他指出顺驰扩张太快必有大风险，而某位在香港上市的地产商，也曾对《中国企业家》杂志的记者说："我赞赏这个小伙子的闯劲儿，初生牛犊不怕虎。但是他还不知道商海的复杂和苦难……顺驰这么扩张下去，成功是个小概率事件。"

顺驰的名气在急剧升温，但那仅仅只是知名度，它从业界接受的更多的是质疑、责难、反感,而不是赞赏。顺驰张狂迅猛的行事风格与众不同、令人侧目,并公然宣称他的到来将彻底改变这个圈子的游戏规则、彻底改变人们对这个产业的看法、最终彻底改变中国地产业的格局!这未免太过嚣张,嚣张得忘记了后面的道路到底有多难走!

六部曲之四:折戟IPO之路

天欲其亡,必令其狂。这句话在绝大多数进行疯狂扩张的企业身上得到验证,顺驰也不例外。顺驰对其每年200%的增长预期,是建立在市场环境、项目操作、资金回笼等一切均天遂人愿的假定上,但很显然,它并未遂愿。

顺驰速度引起监管层及银行界的质疑

尽管顺驰对外放言2004年要做到100亿的销售额,未来3~5年做到500亿,成为中国地产的No.1。但相关监管部门却丝毫不敢大意。2004年,由于顺驰大举在全国圈地,且已在各商业银行的贷款高达数十亿元,有关方面要求各商业银行慎重对待顺驰的贷款请求,如建行天津分行就停止了顺驰一笔高达8000多万元的贷款,理由是其发展速度值得怀疑。

与此同时,顺驰谋求上市的计划也泡汤了。随着首创置业、富力地产、上海复地、合生创展等内地房地产企业相继在香港联交所上市,并受到海外投资者大力追捧,一年涨幅达数倍之多。立志要坐中国房地产业的绝对老大的顺驰,对上市自然也是垂涎三尺。

香港主板上市计划失败

顺驰最早提出上市的设想是在2003年年底,2004年2月,顺驰就与汇丰银行签订协议,汇丰受聘担任顺驰集团海外上市保荐人,谋求在香港联交所主板上市,预计募集资金超过10亿港元。这一消息无疑在地产界又炸开了锅,很多媒体均纷纷予以报道,而当时为媒体所津津乐道的还有一件事,就是在当时的在签字仪式及随后的宴会上,孙宏斌都不是场面上的主角,甚至像个局外人:和汇丰签字的人是顺驰的总裁张桂宗而不是他,而在随后的宴会上,他竟从包间中溜了出来,临时到大厅里的饭桌上加了个座儿。

然而不幸的是,自2004年8月26日顺驰完成香港联交所上市聆讯之后,上市就没有了声音。香港证券监管当局对顺驰发展模式高度警惕,其香港上市计划之所以一再推迟,皆与此有关。

在力争海外上市的同时,顺驰也和摩根士丹利谈了一年多私募,孙宏斌当时的判断是,私募框架一旦达成,顺驰中国在16个城市项目运作资金将得到保障,但最终结果也是不欢而散,没有成功。

于是，顺驰在资本市场连连碰壁，试图通过海外上市、海外私募筹集资金，结果是竹篮子打水一场空。

再想狂飙，却失去了动力。

六部曲之五：IPO失败后全面收缩战线

尽快上市以打通融资渠道，成为顺驰规避风险、平稳过渡的关键一招。可惜孙宏斌没有做到。后来陆续成功登陆港股的富力、雅居乐、世茂和绿城等民营房企，发展后劲之强，与顺驰形成了鲜明对比。被寄予厚望的中国香港上市努力，在最后一刻功亏一篑，成为了顺驰命运的转折点。随后，顺驰的走势可谓急转直下，并随之迎来了国家的宏观调控，顺驰只能感叹自己时运不济。当然，它还可以收缩战线，裁员，甚至不断地变换高层。

资金不到位，实施全面收缩

2005年初，顺驰开始了全面的收缩战略，把在大扩张时期完全下放到分公司的决策权上收到区域公司和总部，最重要的土地决策权统一收归总部，并决定不再拿新地。与此同时，顺驰提出2005年"将保持50%的增长率"，虽然超过行业内20%的平均速度，但相对过去3年100%的飞速扩张已明显下降。

2005年年中，国家开始了宏观调控，顺驰布下重兵的上海及长三角地区首当其冲。覆巢之下，焉有完卵？顺驰当地若干项目陆续面临银行贷款放缓，销售回款不足，而政府又严厉催收拖欠的土地出让金等等难题，顺驰遭遇釜底抽薪的窘境。同时，前期粗放式快速开发潜伏的经营管理和楼盘质量等诸多问题，也逐渐浮出水面。更严重的是，这种骨牌效应迅速波及顺驰全国各地公司及诸多项目，顺驰重点投资的华东地区房地产市场步入低迷。随后，顺驰在天津、北京、江苏等地开发的几个项目不同程度出现工程进度缓慢、延期交房等严重的问题。

高层管理人员频繁更换

2005年下半年，顺驰又遭遇接二连三的"换帅风波"，孙宏斌从台前走到幕后，显然负面效应已在高管层引发了连锁反应。伴随管理框架调整，顺驰裁员20%。

外部销售不景气，内部

腐败严重，顺驰原本微薄的利润迅速被吞噬，财务状况恶化后，公司内部的资金管理系统便无用武之处。2005年11月，顺驰开始大裁员，有约1/5的员工离开了顺驰，留下来的员工改为一个季度发一次工资，但即便如此，也不能缓解顺驰的资金紧张局面。

作为顺驰全国化的主力推行者，孙宏斌不得不承认"顺驰目前的困难主要是由全国化发展战略造成的"，他把顺驰的房地产开发从16个城市缩减到10个左右，其中长三角、京津是重点地区。但最耐人寻味的是，即使被列入重点的长三角、京津，顺驰在南京唯一项目滨江奥城项目被转让，无锡两大项目、苏州项目、北京大兴地块等多个项目也成为重组对象，只有天津被列为战略中心。

2003年从天津走向全国，2006年又缩回天津，这似乎意味着顺驰已经走过了一个轮回，从终点又回到起点，其全国化的扩张战略开展不久却又走向了落幕。

最终曲：顺驰彻底易主

2006年3月，一度宣称"退居二线"，只保留顺驰中国大股东身份的孙宏斌突然回归，重新出任公司董事长，并考虑引进战略投资者，以帮助顺驰渡过难关一事。

出让55%股权给路劲基建

在万科并购南都之后刚刚一个月，孙宏斌也决心把自己一手拉扯大的顺驰"嫁"出去。经过两个多月的接触之后，2006年9月5日，顺驰中国与香港路劲基建有限公司在港正式签约，出让55%股权，引资人民币12.8亿元。在这宗交易中，孙宏斌仍保留40%股份，但失去了大股东地位，不过他也借此保全了顺驰——从公司名号到管理团队、所有开发业务和土地储备，再到未来的发展潜力。

过去数年来因为扩张过猛屡受业界质疑的顺驰，在经历了持续不断的宏观调控洗礼后，终于不得不付出惨痛的代价。

然而，事情还没有结束。

路劲基建进一步收购股权至94.7%

2007年，1月23日一大早，当孙宏斌再次踏上从天津飞往香港的航班时，心里不知是何滋味。1月26日上午，港股开市前，路劲基建在临时停牌两天后宣布复牌，并发表公告披露：已与孙宏斌及顺驰方面签订协议，将于年内继续收购顺驰中国其余股权，收购完成后，路劲及其合作伙伴总持股比例达94.7%，孙宏斌则仅保留约5.3%。

顺驰彻底易主，孙宏斌一手"拉扯大"的顺驰从此退出江湖。

至此，关于顺驰或者孙宏斌的故事算是基本上结束了。正如在前面所提到的，2008年，房地产依然是最搅动人心的话题，却已无关于孙宏斌，而顺驰被提及，只因为它的故事依然时刻警醒着今天中国的地产商们。的确，顺驰的失败，让人们不能忘却。

葬送顺驰的3大幕后黑手

黑手1：企业存在过分激情且极富领导者个人色彩

一个企业的文化是一个企业的精神，指引着企业发展的方式与方向。顺驰是一个极其富有激情的企业，但是在这种激情文化下，却衍生了浮漂的气质，急功近利的思想。更要命的是，顺驰的企业文化还打下了太多其领导人的烙印！

极富激情的人创立了一种狂热的企业文化

见过孙宏斌的人都同意孙是个极富激情的人，但是这个转折之后才是观者真正想说的：光有激情是不够的。强大的激情导致顺驰太专注于外表的华丽而忽视了企业内部的重重矛盾，最终走火入魔。孙宏斌凭着一股激情，带领着顺驰走南闯北，一度成为中国房地产业最具震撼力的企业。回顾一下往昔倒下的企业，像巨人、爱多、三株这些轰然倒塌的企业似乎都离成功只有一步之遥，但最后还是走向溃败。究其原因，与其领导人的领导风格不无关系。这些失败的企业灵魂人物都是张扬的个性，喜欢速度多过质量，喜欢创新，当企业上下，从员工到领导，都憧憬着他们即将穿越地球引力飞跃去太空的时候，激情却早已演变成了浮夸。

几年前，孙宏斌在哈佛商学院高级研修班读书时，听一位教授讲，如果随便从企业里抓一个人出来，30秒之内他说不出企业的战略是什么，这个企业就没戏。"我们的核心价值观是使命般的激情，永不满足的挑战精神……共同发展，分享成功。"在顺驰集团，每个人使用的都是标准化的语言，按孙宏斌的说法，"连我们的保安都知道我们的战略是什么。"表面上看，顺驰在对员工战略、文化的灌输上面，做得比中国最好的制造业企业海尔、联想还有过之而无不及。

过度狂热已经转化为一种浮夸

看着顺驰的文化，你感觉自己也会热血沸腾。然而，顺驰文化具有过于浓厚的孙宏斌印迹。一个企业的气质难免要受创始人的影响，但孙宏斌的个性太过突出，激情、偏执，孙宏斌的这些特质在企业中被过度放大后，在没有适当的智慧约束下、在没有适当经验的参照下，孙宏斌的强大激情最终可能流于形式，他的战略也可能被无能的战术所消耗。正如某些观察家所说的，孙宏斌的激情传达几级以后，经过几个月的散热后，到了集团基层，可能就成为空洞的口号和冗长的会议了。这种高层、基层信息传递的存真、失真是管理学上必须要面对的课题。

顺驰的全国化战略时间点选择准确、市场整体方向判断正确，但战术上执行上却有着太多的漏洞，而这种漏洞的产生与形成与顺驰那种激情却浮漂的文化气质不无联系。

青春躁动下的用人制度

顺驰的激情文化突出反映在了用人制度上，它的用人制度在其他公司看来是不能想象的。在谈到公司用人制度的时候，孙宏斌认为："在一个开放的社会中，经验从来不重要，只要你有激情，只要你是开放的，你是空心的，你是无我的，你就是一往无前的，你就可以充满了创造。"因此，在顺驰，高管首选的人员是那些"富有激情的年轻人"，这些年轻人可以"无成见地去感知和行事"，他们手中掌握的资金和资源是其他公司的人无法想象的。因为孙宏斌认为"年轻人有的是激情，缺乏的是经验，但重要的是有锻炼的机会"。

然而，在此文化背景下却衍生出了"信任与放权"。适合顺驰文化的年轻人很快就获得提拔的机会，能够从销售员、工程开发岗位迅速成长为分公司经理，这在顺驰司空见惯。虽说这种别样的用人方式给年轻人更多的机会，但却忽视了对人才综合能力和道德品质的考察。

激情催生出的单边冒进主义

把一手培育了十几年的"孩子"就这样以低廉的价格卖给了他人，泪如雨下也好，心如刀割也罢，作为师父柳传志、王石等外人都是可以理解的，毕竟孙宏斌曾经是那么的雄心勃勃、踌躇满志，而且其扩张计划是那么的大刀阔斧、大张旗鼓，柳传志作为孙宏斌商海道路上的重要人物，曾经告诫过他，希望他小心谨慎，但最终还是于事无补，"真不知道他那样着急要干什么！"看着昔日麾下的悍将一幅急不可待的样子很是纳闷。

孙宏斌可以怪罪房地产的12年单边上涨行情，但如今活跃在中国房地产业的地产英雄大部分也都是孙宏斌的同路人，从富力的李思廉与张力，碧桂园的杨国强，合生创展的朱孟依，雅居乐的陈氏五兄弟，到龙湖的吴亚军，恒大的许家印等，基本上都是1994年前后出发的。他们率领的团队在经过国家的宏观和十多年的探索运营，已经变得越发成熟和坚固，但是孙宏斌的顺驰却黯然退出了江湖。而与他们不同，孙宏斌和他的顺驰太急了，太急于向世人证明它的强大！

"他们不理解，我们进入一个城市是战略性进入，而不是项目进入。"孙宏斌说，他认为只有快速、大面积地拿地，才可能支撑顺驰销售业绩未来三年百分之百、甚至百分之两百以上的增长。于是，顺驰在不到一年的时间里，已在长三角（上海、苏州、南京、无锡）、华北（石家庄、北京）、中西部（武汉）、东北（长春）等地通过各种形式获取了

房地产企业如何应对金融危机

项目。

当火车一旦进入了高速行驶状态，发现方向不对，想要急刹车并非易事，出现出轨、车厢脱节的状况更是再正常不过了，况且孙宏斌带领的这部急速行驶在中国房地产大道上的列车本身就存在着极大的内部问题！

黑手2：顺驰特色的"无为"管理

管理混乱导致项目管理失控、毫无规范性可言，总部过分放权给地区公司，地区公司可以任意做出决策，顺驰的整个内部管理根本没成系统。房地产行业的管理成本一般在2%~3%，但顺驰的管理成本却一直居高不下，为8%~9%。管理混乱是顺驰的一大致命缺陷，也是使其送上不归路的主要原因之一。

放权而无监管

顺驰激情文化下的权力下放本无可厚非，但它却在此过程中又犯了一个致命错误，即放下的权力缺乏甚至没有监管机制。由于放权，项目公司的老总往往权力过人，做决策根本不需要向总部汇报，一个项目到底该不该做、应该怎么做等重大问题不是经过深思熟虑，而是头天晚上拍拍脑袋就决定了；从大额工程合同到小笔的报销款，大部分只需要部门经理或分管副总一个人签字即可，内部成本核算形同虚设，缺少监管；甚至开会的流程，也没有章法，全体员工大会时，几乎每个员工都要发言，慷慨激昂，但是只提出问题，不解决问题。在顺驰有一个普遍的现象是，各地的项目经理通常在交房前离开，因为交房的时候必须重新进行成本核算，很多项目经理都过不了这一关，便一走了之。

企业管理中坚的培养绝非一朝一夕，企业要想长远发展不是仅靠员工的激情就能够实现，况且，顺驰还无法保证它大批速成的"封疆大吏"的能力和人品不出问题。之后事实证明，虽然那批二十七八岁的地方老总中不乏人才，但出问题的也不在少数。房地产开发需要巨量资金，一次头脑发热的举牌竞价，一次拍拍脑袋就做出的项目决策，就可能使整个公司陷入资金困境，充分放权的前提是有科学严格的监管，而不是放任与纵容。最终，一批年轻的经理人黯然下课，而一些创业元老的离去也与此不无关系。

运营管理混乱且无章法

顺驰的日常管理缺乏计划性，没有规章制度来进行约束，例如它在苏州分公司成立第二年才做了一本员工手册，但形同虚设，什么上下班打卡制度，报销额度，都没有具体落到实处。顺驰的"夜总会"（夜里总是开会）是出了名的，开会、加班，对于顺驰的员工来说，这是家常便饭。顺驰人每天和自己的领导、同事开会，和其他部门开会；顺驰的会天天开，顺驰的会周周开；协调会、汇报会、研讨会，涉及面之广、参与人之多、历时之久，非其间之人难以理解。开会本没有错，会多也并没有什么不对。但是，往往名义上开会是为了统一思想，但是实际上是不断调整政策和销售任务，整个公司的政策处于不断的反复、摇摆之中，毫无规范性可言。

再看顺驰的财务管理。顺驰号称"七个锅盖盖十口锅"，号称最周密的现金流管理，号称有专门的 IT 团队管理全国各公司现金的流进流出，但不尽然。在土地出让款压得顺驰透不过气的时候，在公司绷紧资金链的时候，顺驰的资金到底是否真正都流到了该去的地方，谁也不知道，估计孙宏斌自己也不敢肯定吧！拿顺驰的报销制度看，在管理上多有疏漏，据说，顺驰某公司的一部门经理，每月报销餐费就能报出十几万资金，单一用餐发票金额能高达两万元，难道这吃得是满汉全席吗？

财务管理制度的混乱滋生了许多腐败现象的出现，据南京顺驰一位离职员工回忆，需要在一个高速公路上的大型广告牌做广告，通常广告投放成本只要 30 万元，但顺驰却可能需要花 60 万元，当运营部提出质疑时，项目老总会说，这个地段很重要，一定要拿下来。而且每一个新的老总或副总过来，都会换一个广告公司。到后期，顺驰内部拿回扣、乱报销的情况已经是屡见不鲜。

"没有规矩，不成方圆"，规范既不等同于停止整顿，也不意味着放慢发展。实际上，规范与发展是房地产企业管理取向的一对缺一不可的辨证关系，在发展中规范，以成功的规范促进有效发展，这应该成为行业的共识。

披着"地产戴尔"的外衣

戴尔的模式是基于规范科学的供应链管理之上的，但顺驰却恰恰相反，更何况，房地产业本身就具有与制造业不同的性质。

孙宏斌给顺驰取名意在又快又顺，在其成长前五年还算平滑快速前进。但在临死前 3 年，顺驰开始大跃进式扩张，其视为其核心竞争力的商业模式——"现金——现金"模式，也即"地产戴尔"模式，在纸上谈兵时经过精确计算，结论是可以快速复制。但现实中，且不说孙宏斌对真正的戴尔模式存在误读，而想在一个充满不可预见性的不太标准化行业，试图快速地精确复制，只能找死，而且是自寻速死。顺驰的失败不在于其某个项目的失败，也不在于宏观调控的冲击，而在于其模式的失败。正如很多分析家说，即便没有宏观调控，顺驰如果照着它的戴尔模式发展下去，早晚也会死。

误解戴尔模式

不同于万科"系统性创新"的战略模式，也不同于中体"奥龙计划"中推广的"复合地产"，更不同于世茂集团"滨江花园"只限于金字塔顶人群的集聚战略，顺驰的"地产戴尔"模式作风尖锐，它用一种中国前所未有的战略模式在主导中国地产市场的未来走向。然而，不幸的是，顺驰的"地产戴尔"实际上首先是对戴尔模式的误读。

戴尔模式则强调企业在解决供应链的整体协调、配套、规模化复制等方面上要有独到的能力。在其战略内部匹配方面没有问题时，这两种模式都有其成功的可能，而最终决定胜负的将是各自定位的客户群体的变化。

如果将房地产行业进行分类的话，可分为客户导向型战略集团和土地导向型战略集团，前者又可分为规模复制型和项目定制型，以特定的客户群体为目标，在土地购买、产品设计、价格确定以及物业服务等方面都有明确定位和协调一致的要求，土地导向型企业则根据地块的位置进行差异化客户定位。从能力的培养和积累来看，客户导向型战略更容易复制，也更容易规模化，而土地导向型战略在规模复制方面则面临困难。但是，顺驰却偏偏不信邪，在土地导向型战略中霸王硬上弓，走戴尔模式，最终越走越歪，回不了头！

什么是真正的戴尔模式？

直接是根本，直销是表象，罗林斯为"戴尔模式"添下新注脚。直接模式意味着消除中间商及其低效率和高成本，但直接模式根本的目的是构建更紧密的客户关系和创造更高的客户价值——这就是戴尔取得成功的根本原因。戴尔注重从客户角度出发构建企业，并围绕客户需求选择技术并组建团队。

戴尔的原则是：坚持以直销模式为客户提供产品及服务，只有在特殊情况下，如某些企业客户需要系统集成商所提供特别的增值服务或应用软件，公司才会与这些集成商进行合作。

但戴尔模式成功的关键很难用一句话来加以概括。如果把戴尔的模式详细地表达出来并不困难，最困难的部分在于执行。因为每天戴尔要做数千件正确的事情来确认戴尔的执行是正确的，这是最难模仿的。

↘ 戴尔笔记本电脑系列

戴尔模式的某些特质并不是不能应用于房地产业，目前中国房地产业已经出现了异地复制，最典型的是万科城市花园等品牌产品已经在不同城市被复制。而且，从采购的角度看房地产业，由于规模效应降低成本的效果是很明显的，以及建筑体量大，在建筑招标中控制质量降低成本也是容易实现的。因此，戴尔模式在房地产业还是能应用的，但是顺驰在应用时却走错了方向，或者说它为应用这种模式创造的条件是错误的。

顺驰的做法，虽然外表上看与戴尔差不多，本质上却和戴尔有着很大的不同，它是通过尽可能长的占用合作伙伴和供应商的资金来维持本企业资金流的运转。顺驰之所以能在天津成功推行戴尔模式，和其在本地拥有精干的开发队伍、它和津门各界有熟络的关系丰富的资源不无关系。而这些对于离开天津的顺驰都是一个问号。事实上，即使在天津本地，顺驰开发的楼盘中，客户投诉产品质量和预期不符的事件经常爆发，市场的任何不良反应都将直接给顺驰快速运转的财务体系投以阴影。从这个程度上，顺驰一度引以为豪的"地产戴尔"模式，实际上是对戴尔模式的一种误读。

"地产戴尔"模式：孙宏斌理想与现实矛盾的产物

孙宏斌关于戴尔模式的误读导致了顺驰在理想和现实之间存在着极大的矛盾。

规模放量、速度飞快，这是顺驰"地产戴尔"模式中最重要的两个关键因素。在地产界，一个项目从拿地到开工历时一年甚至两年并不鲜见，而顺驰把它缩短到三个月。孙宏斌对其间的"速度"格外强调："比如设计环节，很早我就不允许招标了，那样太慢。研发部门必须知道哪个研究院、哪家公司最适合做这个项目的设计，直接聘用，多花的钱通过快速开工、销售就找回来了。"

通过现金流的快速运转来做大规模，又靠着规模大可以加强对现金流、物流的管理和调控能力，进一步做大。领会到"戴尔模式"的精妙之处很容易，然而仿效起来却难乎其难，所有一度想仿效戴尔的 PC 厂商最后均铩羽而归。

正如很多研究戴尔模式成功的专家指出的，戴尔能够成功，依靠的是自己先进的供应链管理理念和高度的信息化管理水平。戴尔和供应商共享，包括产品质量和库存清单在内的一整套信息。戴尔在统一平台上可以看到供应商的工厂备料及仓库情况，每个信息环节都同时平行，通过一定的流程来和供应商之间进行不断的数据调整，这样就维持了供应链的动态供需平衡。戴尔会定期预测市场需求及评估产量，让供应链中各成员的风险减低。因此，从本质上说，戴尔模式的核心就是，通过高效的供应链，保障戴尔信息流的实时通畅，来保证运作效率，以期加速现金流的运转速度，最终通过和供应商的合作共赢取得成功。

一般情况下，提高销售净利率是提高企业盈利能力的关键所在。要想提高销售净利率：一是要扩大销售收入，二是降低成本费用。而降低各项成本费用开支是企业财务管理的一项重要内容。通过各项成本费用开支的列示，有利于企业进行成本费用的结构分析，从而加强成本控制，以便为寻求降低成本费用的途径提供依据。有人这样概括孙宏斌的"地产戴尔"模式：采用订单式开发、快速的存货资产周转、近乎零库存的管理以及最大限度的利用客户资金。这其中的关键就是要不顾一切尽快开盘销售，把预售做到极限。但是，这个"关键"不一定能够真正做到。

高价拿地是顺驰要保持高速扩张的必要代价，而强大的资金需求要求顺驰缩短项目开发周期，顺驰当然也是想尽一切办法加快项目开发，其逻辑无疑也是"用金钱换时间"，但高成本。于是给顺驰的房地产定价一个两难抉择：如果房价定得低，则自然无法消化成本；如果定得高，自然会延长楼盘销售时间，不利于资金快速回笼。从顺驰的模式来看，要消化高成本，必然尽量定位中高端，虽然高端定位不意味着高毛利，但是低端定位常常意味着低毛利，而中高端客户大多是要"换房"的客户，其需求当然不会像第一次购房的客户那样迫切，购房决策也会很慢。

与此同时，顺驰在应用戴尔模式时，其产品没有实现标准化设计，更没有因为大规模的生产，以降低采购成本和生产成本，相反因为要缩短生产周期，反而在各个环节上增加成本。尽管顺驰不追求一个项目的利润最大化，而是追求规模收益和现金流。但土地高价购买的外溢效应，使其周边的房地产升值，即使其竞争对手获得了更多的利润，但自己因为成本居高不下反而降价空间太小，纵使其有二手房交易网络提供支持，也无法获得销售的快速实现。

从这点看，这与顺驰的"地产戴尔"模式要求快速开盘、快速销售、快速回笼资金的要求就存在严重分歧。

↘ 安迪·格鲁夫

房地产企业如何应对金融危机

黑手3：资金严重缺乏，顺驰抗震系数极低

财务是企业的心脏，资金是企业的血液，财务健康对企业的生存和发展至关重要。万科、复地是上市公司，融资渠道比顺驰通畅得多，他们没有这么大刀阔斧，但顺驰用"地产戴尔"模式做了这件事，而且还一度做的非常漂亮，在2003年玩出了40亿的销售回款带动总额为70亿圈地高超游戏，但是与此同时，也玩出了脆弱的财务体系！

现金流指标是超越负债率的一个为顺驰最为关注的财务指标"用现金流整合所有行动"，"只要企业现金流在顺畅地流动，负债率高并不意味着风险就大"，在这样的经营思想指导下，对现金流的不重视在顺驰看来是零容忍的。那么顺驰如何来实现现金流的高速运转呢？顺驰自有办法！

实行全国化战略后，顺驰的预算由半年做一次变为一周调整一次。"每发生一个变化，不仅仅会影响这个项目、这个公司，还可能会影响你的全局，这就需要及时对预算体系做一个调整，你要把它对未来几个月资金流的影响找出来。集团财务要有在很短时间内利用创新方案弥补资金缺口的能力。"顺驰的财务总监汪浩说，"但这种调剂的前提是，你必须有一定的总量，如果你手下只有几个项目根本没法调剂。我们去年是29个项目，今年是60个，各个城市各个档次都有，这个城市不好其他城市可以调剂，这个项目不好别的项目可以调剂。房地产企业规模越大，它的抗风险能力越强。"无论是孙宏斌还是顺驰的其他高层，对于这种资金运转方式都非常得意，表面上看它的确能够为顺驰在众多项目上得到资金支持，但其潜藏的问题也是显而易见的，只是当时顺驰对于这种方式太过于自信了！

其实顺驰的这种资金运转方式的抗震系数很低，或者说，抗风险能力很低。用尽可能少的自有资金去撬动总资金金额大得多的项目，但在操作过程中，只要出现很小的一个纰漏，灾难的多米诺骨牌效应就会突然间显现。正如亲历过顺驰这种资金运作方式的人所说——如果说大多数地产企业的抗震系数是四到五级，部分优势企业的抗震系数达到七八级的话，顺驰的抗震系数可能只有一级。即便顺驰的财务掌控能力再高超，这个财务体系也经不起开发队伍对某个或某几个项目的判断失误和操作不当，况且顺驰的财务监管体系本就是一团糟。

正因如此，即便没有随后的"国六条"，或者随便有个什么调控措施，都有可能对顺驰产生致命打击。正所谓当局者迷，旁观者清，显然在这一点上，其他地产企业好像比顺驰更加清楚，在顺驰飞速成长为一家全国性公司之时，王石就曾善意地提醒慢点、慢点、再慢点。对此，孙宏斌却始终不以为然："商业的本质就是冒险。企业发展总会遇到困难，就像赌博一样，先输比后输好。如果不是这样的战略和节奏，谁能做到顺驰现在的规模。"孙宏斌和顺驰都相信，只有偏执狂才能生存。

但是"只有偏执狂才能生存"也不一定是完全正确的，也不一定就完全会得到所有人的认同。人可以偏执，企业不可以，人可以无所顾忌的去追求事业或者儿时的梦想，但利润与责任是企业存在的理由。正因如此，孙宏斌关于顺驰发展思路逻辑并没有得到其他优势地产企业的更多的认同。冯仑就表示，他并不把规模看得太重，但致力于夯实万通的资金基础，最大限度的降低企业资产负债率。谈到其他企业热衷于扩张，经历过房地产泡沫破灭洗礼的冯仑说："我可以看着他们死。"冯仑思想家的眼光是对的，果不其然，顺驰最后不得不以退出地产江湖而告终。

第八章
CHAPTER 8

中外顶尖房企成功跨越金融危机7大案例

嘉德置地、香港房地产四大天王、万科、易居（中国），作为在逆市中依然胜利前行的企业，跨越危机表现出他们优秀的一面。锻造抗击危机的能力决非一朝一夕、侥幸取巧，也经历了改变的阵痛及失败后的奋发。

4大秘诀助嘉德置地自如过冬

【提到凯德置地,来福士品牌就是其最佳的代言品,带来了巨大的经济收益,更重要的是它已成为被国内市场所接受的一种新的商业概念和品牌。】

稳扎稳打在困境中崛起

困境中崛起

嘉德置地是亚洲最大的上市地产公司之一,总部设在新加坡,并在新加坡上市。其业务遍布20多个国家,120多个城市,其中房产、服务公寓以及房地产金融服务核心业务跨越亚太、欧洲和海湾合作委员会国家,是东南亚市价最高的房地产公司,拥有和管理着2145亿元的总资产。

嘉德置地形成如今规模的历程并不是一帆风顺的,事实上嘉德的诞生就是源于一场危机。2000年7月,两大新加坡地产公司发展置地和百腾置地宣布合并成立嘉德置地,而这场并购的主要诱因就是东南亚金融危机。

百腾置地原来是新加坡财政部淡马锡控股的独资子公司,主要专注于地产业务;发展置地则是隶属新加坡星展银行的上市地产公司。由于当时新加坡房地产市场趋于饱和,这两家公司都致力于在其他国家寻找新的发展机会。两家公司的远征路线也是一致:最早是英国，然后是澳大利亚、新西兰，最后来到中国。相同的发展模式让这两家新加坡同行竞争激烈，不过1997年爆发的东南亚金融危机改变了一切。

凯德置地三步走扎根中国

1994年凯德置地进入中国，经过14年的发展，在中国已经扎稳了根。现今，凯德在全国范围内已拥有超过72家商场，37,000套住宅，进驻的城市超过40个，而这些数字仍在不停地被刷新。

凯德置地通过"三步走"完成了它在中国市场的布局：1994～2004年，凯德扎根上海作为大本营，深入了解中国房地产市场和本地化操作方式，培养人才，蓄势待发；2004年开始北上南下，逐步形成以上海、北京、广州为中心覆盖长三角、环渤海和珠三角的三点一线、以点带面的格局；2005年和2006年，通过战略合作和零售商业模式深耕中国中西部和二三线城市。

第一步：扎根上海

早在1994年考虑进军中国房地产市场时，凯德置地就毫不犹豫地选择了上海作为其从事在华投资的第一站。作为亚洲最大的上市房地产公司之一——新加坡嘉德置地在华的全资子公司，凯德置地的想法是延续母公司的一贯做法，在中国全力打造一条包括住宅、商用房产、酒店、服务公寓、物业服务和房地产金融等核心业务在内的房地产业业链；而当初进入上海之时，恰逢上海大力发展浦东地区，房地产改革也正在进行，上海作为中国经济增长的龙头地位业已显现，这些都为凯德置地提供了一个良好的契机和优越的投资环境。

截至2004年，凯德置地在中国的投资规模已达160亿人民币，其中有70%多的投资项目在上海。公司在上海成功开发的住宅楼盘有菊园、曼克顿豪庭、江临天下、汇豪天下、莱诗邸和天山河畔花园等；商用项目有百腾大厦、来福士广场和卢湾办公楼项目。这些项目遍及上海的黄浦区、静安区、徐汇区、卢湾区、长宁区以及浦东新区。此外，同属嘉德置地成员的雅诗阁集团在上海经营和管理着三家高级服务公寓；宏腾国际则以上海为基地在全国范围内从事着房地产咨询服务业务；而莱佛士国际酒店集团也正在把旗下的瑞士酒店品牌引入上海。加上极富盛名的来福士广场已成为上海商业地产的标志性品牌。可以说，凯德置地已在上海扎下了根，并通过专注于上海长达十年的经营经验充分了解了中国市场，为进一步扩张其在中国的业务版图做足了准备。于是，凯德置地开始了伸展枝叶的征程，而第一个目标选择了北京。

第二步：北上南下

经过在上海的长期发展，逐渐壮大的凯德进军北上北京同时南下广州拉响了其在中国大布局的冲锋号角。2002年4月，凯德正式启动了北京市场。但在这一年，凯德仅以一个建筑面积27万平方米的中高档住宅区"上元"项目对北京市场进行了一次试水。真正的北伐战役开始于2004年，凯德在短短的16个月里在北京砸下了24亿元人民币，频频出手，作风凶悍。

2005年1月，凯德收购北京华联旗下的安贞华联商厦和望京华联商厦。紧接着在2月又拿到了东城区占地14686平方米的综合性开发用地。3月又购得北京朝阳中心商务区在建的地标性甲级写字楼——中环世贸A、B座，凭借其成熟的商业地产运营能力将其改造成了响当当的凯德大厦。

选择2005年这一时机显然也是经过深思熟虑的。2005年以前北京市场一直发展平稳，但2005年的宏观调控使市场更趋于规范健康，如此背景更适合在北京扩大投资，而北京的住宅、写字楼和商用物业都存在可提升和扩展的空间。

在北京逐渐站稳了脚跟以后，凯德将目标扩展到了毗邻的天津，而天津不能说是这次北伐的意外收获，事实上京津塘经济带的发展早已列入凯德的战略发展规划。继续加大北京市场的投入，使北京成为凯德置地在中国北方业务的核心。

完成北伐的同时，凯德又南下广州。显然凯德也不想放过市场运作相对较成熟、需求旺盛的广阔的珠三角市场。在广州，凯德拥有天河新作住宅项目和白云区的金沙洲住宅项目，并与深国投合作投资了沃尔玛为主力店的商场。天河新作旁边的雅诗阁是全球最顶级的服务公寓，购书中心旁的盛捷服务公寓也是旗下品牌；广东省内项目已达到21个。对于大规模投资广州市场，凯德置地毫不掩饰其背后的冲动。

第三步：深入腹地

除了在大都会开疆拓土，凯德置地还有计划地将触须升到了中国腹地的西南板块和中部地区以及各二线城市。2005年4月，凯德置地首次在宁波市江北区成功购得一地块，开始了凯德的二线城市攻略。

2006年10月，由成都置信与凯德置地合作成立的置信凯德在成都成立，这也标志着凯德置业以合作的方式进入了中国的西南地区。置信凯德的业务范围主要集中在四川地区，其业务计划也召示了凯德在西南地区的雄心：该公司计划2014年前在成都开发5~7个项目，建成约25000套住宅。经过两年的发展，凯德置地在2008年迎来了其部署在西南地区计划的关键一年，因此凯德也加快了在西南的步伐：成都市中心的来福士广场和高端住宅项目凯德·风尚陆续进入到规划、建设阶段。

2006年凯德置地还在中国中部的河南省选择了另一家合作伙伴——河南建业集团，凯德逐鹿中原的计划也就此浮出水面。凯德置地通过出资6.01亿元认购河南建业集团29.75%的股份，而河南建业集团是中部地区实力最强的开发企业，凯德凭借与河南建业集团的合作成功地打入中国中部地区的住宅市场。在成功进入中部市场后，凯德置地初步完成了长三角、环渤海、珠三角、西南部和中部地区"3+2"的核心发展区域。

与此同时，凯德并没有停止他的脚步，凯德置地在广东佛山市拿到两幅地块。这也就意味着凯德置地进军二线城市步伐的加快。

来福士的荣耀

"来福士"品牌发源于新加坡，已有20余年的历史，是嘉德置地集团旗下最具特色的综合商用品牌，更是狮城经济繁荣和文化的象征。

上海来福士广场是凯德置地的总部所在地，也是凯德置地在中国自主开发和管理的首个"来福士"，于2003年11月开业。项目处于上海市中央人民广场，与南京路步行街和外滩近在咫尺，由45000平方米的购物中心和88000平方米的甲级写字楼组成。购物商场直接连通三条地铁线的交汇口，月人流量超过200万，月销售额超过6000万。而其51层的甲级高档写字楼汇集众多跨国企业和国内大型企业，出租率接近100%。

凭借城市绝对交通枢纽的地理位置、商业办公楼双重业态的综合体项目定位、凯德置地专业团队在全球化运营中积累的丰富商业运作经验和租户资源，上海来福士成功引入了诸如Google、APL、ABB在内的著名跨国企业，有效提升了人民广场的经济定位和区域影响力。

尝到了上海来福士巨大成功的甜头后，凯德置地早已瞄准了东西南北方向的几大城市，逐一将来福士系列进行复制。

就在2008年10月27日，首都第一座来福士在新加坡国务资政李光耀的见证下正式揭幕；2008年10月28日，在成都早已广受关注的成都来福士广场宣布全面动工。

秘诀1：运用分散投资策略

他无疑是一个聪明人，他未雨绸缪，并且不把所有的鸡蛋放在一个篮子里。

——塞万提斯，1605

如果生活在今天，塞万提斯可能会是一个优秀的投资者，他所谓的"不把所有的鸡蛋放在一个篮子里"就是分散投资组合的最佳比喻，而这已成为现代投资界的一条真理。在投资时，分散投资组合是一个很重要的原则，是规避风险的有效手段。在公司选择投资业务和领域方面，分散投资策略也同样有效。当事情未来发展的结果超出我们能力所能控制的范围时，最简便易行的方法便是做分散投资。

嘉德置业坚持和实践着这种分散投资的理念。作为亚洲最大的房地产企业之一，嘉德置地与其他的房地产公司不一样。地理上，嘉德置地的业务遍及全球20多个国家，以在中国的凯德为例，其业务也不拘泥于一两个城市，而是将触角均匀地伸向了全国各个方向，平衡布局。此外除了住宅开发之外，集团业务还包括综合性的商业、写字楼、酒店式公寓等。而这种依靠多地区、多业态分散投资风险的策略帮助嘉德置地安全度过十年前的亚洲金融风暴，又在最近的全球金融危机到来之时，从容不迫地开展其全球的房地产业务。下面我们以凯德置业在中国的业务布局为主介绍嘉德置地的分散投资策略的执行方式。

方式1：业务地域的平衡布局

我们从凯德置地在中国的业务分布就可以一窥凯德置地对于平衡布局的重视。扎根于上海的凯德，在熟悉了中国房地产市场后开始了深入均衡的全国布局，目前凯德置地已形成的业务布局被凯德称之为"3+2"战略，即以长三角、环渤海、珠三角为中心，联动西南地区和中部地区。其中长三角以上海为中心，项目在浙江、江苏也有分布，进而辐射到安徽、福建、江西等省市；环渤海地区则以北京为核心，天津为第二重心，进而推进到山东及辽宁；在珠三角的核心为广州，同时又顾及香港、澳门。凯德置业一方面自己独立开发，一方面联合战略合作伙伴开拓市场，通过合作的方式，实现双赢的目标。西南地区和中部地区的发展，就是以联合战略合作伙伴开拓出来的。在成都和郑州，分别联合了当地成都置信和河南建业两大地方强势品牌，实现了均衡的全国布局。

此外，就整个嘉德置地集团而言，平衡还体现在对于不同市场的投入，尽管中国已经成为其业务增长最快的市场，嘉德置地仍将保证对东南亚和澳大利亚市场的投入。

方式2：全业务链的平衡发展

与地域平衡布局同时进行的是住宅、商场、写字楼等各类物业的平衡布局。在2005年之前，凯德在国内的商业地产市场中，仅有上海的来福士广场为人所知。相对住宅开发的赫赫有名，其商业地产开发只是一个配角。但短短3年间，凯德置地便一跃发展成中国内地的商业地产巨头，这主要得益于与深国投和沃尔玛的合作。2004年底，凯德商用以9.3亿元人民币的价格购买了深国投正在建设的以沃尔玛为主力店的6家商场的51%股份。2005年中，又以33.73亿元人民币接手深国投另外15家商场65%的股权。加上与其他公司合作或自行投资开发的8个项目，凯德置地的商业地产项目已经布局25个城市。

目前为止，凯德置地在上海投资开发的高品质住宅有：上海新家坡、新家坡美树馆、菊园、曼克顿豪庭、江临天下、汇豪天下、莱诗邸、天山河畔花园、西郊·林茵湖畔和柏丽华庭，在北京有上元、卓锦·万代、华展国际商务大厦和京棉项目；在广州有金沙洲项目；商业房产方面，凯德置地拥有包括上海来福士广场、北京凯德大厦和厦门汇腾大厦在内的众多物业；综合房产包括广州的天河新作、北京的来福士广场和宁波的江北项目。另外，凯德置地在全国拥有或管理着29家购物中心。可以说，凯德置地以住宅、商业地产开发、写字楼、零售商场的持有和管理，以及房地产金融为核心的房地产业链条已经全面拉开。

秘诀2：无债一身轻——严格控制负债率

资金链紧张似乎已成为2008年国内房地产企业的一种共识，尽管保利、万科等上市公司在一季报和中报中，数据仍然是"好看"的，但诸如"富力破产"的流言四起以及各开发企业陆续用发债等方式广开财路等消息的传出，让我们不得不相信事实并不像报表里表现得那么简单。与此形成鲜明对比的是，亚洲最大的房地产集团之一嘉德置地集团在华全资子公司凯德置地正在悄然调整其策略，表现出了强劲的发展势头。2008年10月底，嘉德置地集团旗下最具特色的综合商用项目品牌"来福士"接连大动作：2008年10月27日，北京首座来福士在新加坡国务资政李光耀的见证下正式揭幕；2008年10月28日，成都来福士广场动工；2008年10

↘ 凯德楼盘

月30日，上海来福士五周年盛典；杭州来福士设计方案通过审批。凯德置地下半年还将继续推出宁波、成都的项目，在北京亦有16个项目同时运作。

难道嘉德置业天生具有对资金链问题的免疫功能？答案似乎是肯定的。嘉德置地安全地度过了十年前的亚洲金融风暴，而在全球金融危机不断蔓延之时，嘉德置地也在按照自己的节奏与策略从容不迫地稳步经营。这种从容源于嘉德置业坚守着的严格苛刻的投资纪律。嘉德置业对于如何在"寒冬期"谋求生存与发展有自己的一套生存之道，即嘉德置地牢牢恪守着的两个基本原则：一个是不会大规模囤积土地，另外一个就是不让公司财务负担过重，负债不能太多。

廖文良说过他是一个"怕失多虑"的人，这也是新加坡人的普遍性格。除了来自性格上的谨慎原因，嘉德置业始终坚持严苛的投资态度的另一个原因，则来自于1997年亚洲金融危机的启发。廖文良先生在总结公司从1997年亚洲金融危机得到的启示时这样说："公司在运营过程中要谨慎处理资产负债表的情况。在进行投资的时候，必须非常谨慎，要掌握负债率和借贷率的平衡。"他指出在1997年亚洲金融危机时，泰国25%的房地产上市公司倒闭，而倒闭的公司大部分是在资产借贷方面出现了问题，有些公司借贷达到资本金的3~4倍。而在1997年亚洲金融危机之后的三四年高速增长的阶段里，有些公司再次进行高额借贷，大规模投资，而在进入经济低迷的时候，他们又碰到了上次危机时候同样的问题，而嘉德置业却因为一份"怕失多虑"保持了一份在行业普通感受寒冷时的从容。

嘉德置地负债率的上限是0.8，就算市场非常好的时候，也不会超过这个上限。

在具体的策略上，嘉德置业始终追求着一种平衡。比如说，嘉德不只专注于开发市场，所以不大规模囤积土地，尤其在住宅用地方面。嘉德置业很多时候都是拿到土地即刻开发，即刻运营，这也就不会造成很重的财务压力。截止2008年6月末，嘉德置地的债务股本比维持在0.43，持有的现金总额为34亿新元（约合170亿人民币）。

秘诀3：低迷播种，高位收割

面对寒冬，企业应该如何应对呢？

一般来说有三种应对模式：一种模式是冬眠，一种模式是取暖，第三个模式是出去觅食：当别人都冬眠，或靠在火炉旁取暖时，你反其道而行之，出去"在雪地上撒点野"。而嘉德似乎更喜欢在"冬天的雪地上撒点野"。因为嘉德坚信着："冬天来了，春天还会远吗？"

稳健的逆市扩张

2008年，楼市调整期，嘉德在中国的全资子公司凯德置地却成了包括王石在内的不少地产大鳄参观学习的企业。凯德在中国广泛而全面地拉开了其业务战线。在北京，凯德目前有16个项目同时运作，包括4500余套住宅和刚刚落成的旗舰商业项目——北京来福士中心，4座购物商场和4家服务公寓，在北京总投资额约为150亿元人民币。

有消息表明，凯德置地正在与天津市政府协商，计划在天津进行保障性住房的开发建设，同时凯德置地也将积极寻找天津其他的商业机会。另外，凯德置地下半年还陆续推出宁波、成都的项目。

而这一切不是凯德置地第一次在冬天里的大活跃。回首2005年中国房地产市场的调整期，凯德置地也表现出了惊人的相似。2005年一开始，凯德置地就在北京连续有几个大手笔，地产界为之震动。

2005年1月，凯德置地以17.46亿人民币收购安贞华联商厦和望京华联商厦。

2005年2月，5.476亿元的价格获得北京东城区占地14686平方米的综合性开发用地。

2005年3月，18.37亿元的价格购得北京CBD地标性甲级写字楼——中环世贸A、B座。

2005年4月，凯德置地进入宁波，以10.7亿元拿到总占地面积为9.8万平方米的地块。

2005年11月，斥资1.03亿元收购香港上市房产公司丽丰位于广州的房产项目50%的股权。同月，凯德置地完成了对深国投旗下21家购物中心65%股权的收购，金额超过50亿元。这一切在受到宏观调控的中国房地产市场足够使凯德置地这一在中国房地产市场一向低调的企业迅速成为人们关注的焦点。而一向张扬的SOHO中国董事长潘石屹对此曾羡慕不已地表示凯德置地在这次宏观调控中国房地产市场进入低谷时，是所有外国资金中表现最积极的一个。

嘉德的"反周期"战略

这正是嘉德的高明之处，经历过1997年亚洲金融危机的嘉德置业将其深谙的"反周期投资"战略在中国市场上近乎完美地表现出来。所谓"反周期投资"战略，就是在经济低迷时期不进行战略收缩反而加大投资的行为。麦肯锡公司研究认为，对于在经济低迷时期仍运行良好的公司而言，反周期投资的做法或许可以为他们未来的高速发展埋下伏笔。

嘉德的战略，就是基于这种反周期投资的思路。嘉德的策略就是要照顾到经济发展的上行周期和下行周期。具体就包括，在下行周期及时为接下来的复苏做好准备，把握低迷周期中的投资机会。而这就是一种反周期的策略方式。

2005年楼市调整期，进入北京市场成本较低，嘉德大胆展开了其北上的战略布局，很快楼市转暖，北京业务为企业带来极佳的投资回报。而北京市场并不是2005年凯德的惟一收获，通过在宁波的项目投资凯德完成了实现"以上海为中心，辐射长三角"的规划；2005年11月底，通过收购香港上市房产公司丽丰，位于广州的房产项目进入广州市场，从而在2005年这一楼市的下行期里嘉德实现了在中国各地的业务扩张和战略布局，为公司2006～2007年的全面丰收埋下了胜利的种子。

至此，我们也就不难理解在这一轮市场调整期里凯德再次出击的理由了。嘉德在过去两年楼市繁荣期内就为下行周期做好了充分的准备，嘉德有足够多的"过冬柴木"。嘉德是怎么知道什么时候会出现下行周期的呢？其实嘉德的策略很简单，那就是嘉德强调的不是预见这样的未来，而是一直坚持这样的核心原则：为不同的周期做准备，谨慎完成每一次投资。

秘诀4：盖房子的同时把产业证券化

嘉德置地始终坚持建立强大的房地产金融业务，并视其如同资产一样重要。

对大多数房地产企业来说，房地产业务的规则似乎很简单也很清楚：用砖瓦泥灰造住宅或商场，然后卖掉或者收租来获取利润。但是嘉德置地老板廖文良似乎不喜欢这样的规则，他有自己的方式，独特的增值模式——盖房子的同时把产业证券化，并建立强大的房地产金融业务。他坚信总有一天，越来越多的房地产企业会采用这个模式。

设有多支房地产投资基金

嘉德置业就是要成为一个超越砖瓦的企业,就是要成为一个独特的房地产企业。因此,嘉德置地始终把资金和资本市场密切联系起来,对嘉德置地而言,发行债券成为取代传统银行借贷的融资手法。与此同时,嘉德广纳贤良,包括引进了来自花旗集团等国际性银行的人才来一起建立嘉德置地这个地产巨子的房地产金融业务。而这一切就是为了建立一个有实力的房地产企业。通过这些超越物业本身的房地产金融工具,嘉德已经创建了超越一般房地产企业的另一个层次上的财富。

用自有资金投资并不是国际主流地产商的运作方式,以嘉德置地在亚洲的运作实力,组建基金进行开发才是迅速扩张的王道。截至 2007 年 12 月 31 日,嘉德置地管理的资产额超过 159 亿新元,共由 13 支私募股票型基金和 4 支房地产信托投资基金所组成,包括:嘉茂信托基金、嘉康信托基金、嘉茂零售中国信托、桂嘉信托、嘉利商产新加坡基金、凯德置地中国住宅房地产基金、凯德置地中国发展基金、嘉德商用产业中国发展基金、嘉德商用产业中国发展基金 II、嘉德商用产业中国孵化基金、嘉日商产基金、ARC-CapitaLand Residences Japan、Mezzo 基金、IP 房地产亚洲基金、马来西亚地区商业发展基金、莱佛士城巴林基金、嘉德置地另类投资基金、嘉德商用产业印度发展基金等,涵盖了亚太地区、欧洲和中东主要门户城市的商场、住宅与写字楼业务。

资产证券化为企业发展提供源动力

如何将与资本市场的亲密联动转换为企业发展的源动力?首先,嘉德置地利用私募基金在中国地产市场进行广泛投资。用私募基金的做法投资房地产项目,不仅能使公司在开发项目上有更多的资金,把规模做大,同时从长期来看也可以降低投资风险。

早在 2003 年,嘉德置地便成立了"凯德置地中国住宅基金",投资者包括企业、金融机构和高收入人士。筹集资金 0.61 亿元,该基金主要投资于上海、北京与广州的中高档住宅市场。这次基金的成立,实际上是对中国房地产市场投资的一次"试水"。因为建立凯德置地中国住宅基金时凯德置地并不缺钱。凯德真正的想法是希望建立一套完整的操作基金的程序。因为中国有外汇管制,基金在中国如何运作面临很多需要解决的技术问题——如基金怎么把本金及利润及时地分配给基金的境外投资者等。而凯德成立这个基金的主要目就是为了建立一套可行的操作体系,并借此机会希望培养一批能够一起做一些项目的投资者。

在此基础上,嘉德置地于 2005 年成立了"凯德中国发展基金"。这一次,他们拥有的不仅只有对中国地产市场环境的熟悉,还有更加丰富的投资经验,因此他们显得更为自信，私募规模达到 4 亿美元。基金成立的 7 天之后，凯德置地即将一部分资金投向考察已久的宁波市场，以 10.7 亿元拿下宁波江北区一块 9.8 万平方米的土地。该基金集中开发人口密集型开发区的住宅、写字楼以及混合型和服务式公寓，主要位于渤海湾地区、长江三角洲、中国中西部和珠江三角洲，由此也展开了嘉德置业在中国市场的广阔布局。

而在 2008 年年中，凯德置地成立了来福士（中国）基金，将中国的四个来福士打包，凯德置地持有基金的 50% 并充当基金管理者角色，另外 50% 由养老基金和长线投资者持有。成立该基金的目的也可以看出嘉德置地对于资本运作的高明之处。嘉德 2008 年在中国布下四座来福士，而来福士这类城市综合体项目由于投入资金巨大、回报周期长，往往会由多个投资者共同持有，或者运营过程中在不同持有者间流转，影响项目的稳定性或阻碍项目建成后的持续升级。而引入长线投资者能够确保持有者和管理者的一贯性，从而保证来福士项目的持久稳定运营。同时，凯德也希望这种创新的金融模式能为中国房地产业和金融业的发展提供一些灵感，为促进市场的长期稳定和繁荣提供良性助力。通过这一私募基金凯德置业也完成了在中国市场几大中心城市的商业地产布局。

除了对类似中国这样的新兴市场的投资，嘉德旗下的私募基金同样在成熟市场大展拳脚。2003 年 9 月和 11 月，嘉德置地分别成立了"嘉德零售新加坡基金"和"嘉德零售日本基金"，分别在这两个成熟市场进行购物中心的收购与投资。嘉德置地对于成熟市场商业物业的私募基金投资，也许是基于两个方面的考虑：其一是对成熟市场的物业发展趋势进行跟踪，为新兴市场确定投资方向奠定基础；其二是为商业物业的打包上市进行前期探索和质量把关。

另外，嘉德置地在房地产信托业务 (REITs) 上也表现出了极强的运作能力。房地产信托（REITs）指房地产法律上或契约上的拥有者将该

房地产委托给信托公司,由信托公司按照委托者的要求进行管理、处分和收益,信托公司在对该信托房地产进行租售或委托专业物业公司进行物业经营,使投资者获取溢价或管理收益。房地产信托投资业在亚洲有非常好的发展前景,嘉德置地认为在未来几年内,亚洲房地产信托投资市场规模将扩大 10~15 倍。遵循着嘉德置业的路径,逐渐适应了中国水土的凯德置地已经接近完成对母公司完整产业链的异国复制,从住宅到写字楼、商用地产、零售物业,从房地产开发到基金管理再到运作发行 REITs。REITs 上市后带来的充沛资金,与深国投以及其背后沃尔玛的铁三角合作,让凯德置地对未来显得信心十足。

不断升级的资金筹集和运作技术为企业的发展提供了充沛的资金和源源不断的动力。同时,通过资本市场的运作将房地产业务的不稳定收入转化为稳定的现金流入,这一盈利模式的转换也使企业的运营保持持久稳定。而这正是嘉德坚定地牵手资本市场的原因,也是嘉德过冬的良药。

新鸿基：分散投资，减少地产风险

【鸿基正是凭借"人弃我取"的逆周期投资策略以及对香港前景的无限信心，多次顺利渡过了地产危机的难关，逐渐超越其他竞争对手，在香港地产界占据了强势地位。】

独特的投资眼光及策略占领地产霸主地位

新鸿基现状及发展由来

新鸿基地产发展有限公司（简称"新鸿基"）是一家于1972年在香港证券交易所上市的地产公司。作为香港最大地产发展商之一，它擅长兴建优质住宅及商业项目供销售及投资，秉承"以心建家"的开发理念，目前拥有约3万名雇员。

新鸿基的核心业务为开发物业供销售和投资，其他相关业务包括酒店、金融服务、保险、物业管理。另外，该集团还投资电信、信息科技、运输、基建及物流等行业，这些业务投资风险低，为新鸿基带来了可观的经济效益，在新鸿基的发展壮大过程中起到重要作用。

目前，新鸿基是香港拥有最多土地储备的公司之一，包括开发中的项目约162万平方米，投资物业约238万平方米。并在新界拥有约223万平方米的农地，大部分正申请更改土地用途，主要用作发展住宅物业。在2007年、2008年财政年度中，新鸿基的总利润为276.02亿港币，成就了其在香港地产业的优势地位。同时，为顺应市场发展趋势，新鸿基还大举进军内地房地产市场，其业务已经拓展到北京、上海、广州、成都等各大城市，所到之处均创造出了一个又一个标志性的物业，突显出地产劲旅的绝对霸气。

新鸿基的创始人郭得胜，原籍广东中山石岐，早年随父经营杂货批发，战后随家移居香港。郭得胜到了香港后，在上环租赁了一个店面，创办"鸿兴合记"杂货店，其后随着经营业务的扩大又更名为"鸿昌百货批发商行"，开始扩大业务，批发日用杂货和工业原料。郭得胜以诚信经营之道，价格合理，赢得了客户的极大信赖，企业日渐壮大。1952年，郭得胜又将商号扩名为"鸿昌进出口公司"，专营洋货批发，后来又取得日本YKK拉链、台湾"良友牌"尼龙丝和日本多个厂家的尼龙产品代理经销权，使经营业务得到逐步拓展，为日后介入房地产业打下了坚实的经济基础。

1958年，香港经济进入快速发展通道，房地产行业如日中天。郭得胜看准这一难得的发展机遇，联合好友冯景禧和李兆基，领衔组建了"永业企业有限公司"，开始试水房地产经营业务，并逐步在香港站稳了脚跟。1963年，郭、冯、李"三剑侠"为了扩大经营，将永业结束，各投资100万元创办新鸿基企业有限公司，郭任董事会主席，冯、李分任副主席，当时员工仅10余人，规模很小。而"新鸿基"的命名，则分别取自冯景禧的新禧公司的"新"，郭得胜的鸿昌合记的"鸿"及李兆基的"基"。

1972年7月14日，新鸿基地产发展有限公司也正式注册成立，并于8月23日上市，市值为港币4亿元。其雇佣员工约30名，主要从事地产发展和投资。郭得胜以其二十多年"老实商人"的良好声誉，在筹资时刻激发了股民们的投资狂热，打乱了郭得胜准备集资1亿元的计划，使他最终获得了10亿港元的巨额资金。随后的几年，依靠其独特的经营方式，郭得胜将新鸿基发展成为香港华资地产五虎将之一。

"人弃我取"的投资策略使其根基稳固

新鸿基在上市之初，市值仅4亿港元，但在后来的发展过程中，新鸿基曾一举超越长江实业，名列香港地产业上市公司首位，成为绝对的地产霸主。新鸿基的成功很大程度上得益于郭得胜高瞻远瞩的目光及其紧扣市场循环盛衰的投资策略。郭得胜是香港地产业有名的"大好友"，他看好香港地产市场的发展前景，因而往往能在地产危机中以低价购入大量土地，发展物业，然后在市道复苏时高价出售，获取厚利。

他这种"人弃我取"的投资策略早在新鸿基企业时代就已经运用自如。1965年，香港发生了银行挤兑风波，英资银行利用这一危机接连吞并了"廖创兴"和"恒生"等华资银行的半数股份，"广东信托"银行也因此而宣布倒闭，触发了资金外流和移民潮，由此带来香港房地产市场陷入一片萧条，交易一落千丈。然而郭得胜却并没有因此而停滞不前，他以稳扎稳打的经营作风，采取减少抵押及银行透支的措施，以削减经营利息支出。同时，他还在低潮时趁低价大举吸纳别人抛售的地块和旧楼，且不盲目开发项目，使新鸿基在 1965～1967 年的经济风潮中，不仅安然度过了难关，而且还建成了 22 座总价值约 7000 万港元的大厦，使新鸿基的基础更加牢固。

在新鸿基成立之后的 1974 年，香港经济因受中东石油危机的冲击而陷入低潮，地产行情再度回落。此时，香港新界地区人口稀少，只占全港人口 13%~21%，地价相当便宜，特别是用作耕地的农地。政府为了降低在新界地区收地成本，大量批出换地权益书。新鸿基看准香港人口膨胀、日后必然向新界新市镇发展的趋势，遂运用前两年股市狂潮中通过上市及发行新股所筹集的资金，购入大量换地权益书及新界土地。而当时新鸿基的竞争对手，包括长江实业、新世界、恒兆基业等，均未将眼光投向人口稀少的新界地区。到了 20 世纪 80 年代，政府积极发展新界地区，新界人口急增，由 1971 年的 66 万增至 1986 年的 190 万。人口的急剧增长带来了对住宅的巨大需求，新鸿基便乘势推出大量住宅单位，所推出的楼盘都获利丰厚。

香港中环广场大厦

积极投资其他行业助推地产发展

与此同时，新鸿基在地产发展的过程中还善于抓住机遇投资其他行业，为地产主业的发展提供极大的帮助，收购九巴就是一个成功的例子。香港九龙巴士有限公司（简称九巴），是香港最大的巴士公司，提供香港专营公共巴士业务。该公司于 1933 年成立，1961 年在香港证券交易所上市。

1980 年 11 月 11 号，新鸿基宣布收购九巴股份，引起收购战。11 月 17 号，新鸿基成功收购九巴，并持有九巴共 39.5% 股份，成为九巴最大的单一股东。九巴自 1933 起长期在政府专营权的保护下经营，市值稳定增长。到了 1995 年，政府引入利润管制计划，九巴只要多购冷气巴士和增加车费，就可以轻松达到赚取准许利润。到 1997 年政府取消对九巴利润管制后，九巴仍可延续公司的专营权 10 年。正是受到专营权和利润管制保障，九巴的市值逐年稳定增长，给新鸿基带来了稳定的现金流量，使新鸿基在地产业务的发展上更加如鱼得水。

自新鸿基成为九巴最大股东之后，九巴资产回报率和股东回报率均远远超过当时的地铁，2004年，资产回报率高于地铁90%，股东回报率高于地铁1倍。从负债上看，九巴的负债与营运资金比例长期低于2倍，利息覆盖率更维持极高水平，最低如1998年10倍，最高2004年接近140倍，反映其财务状况非常稳健，所以九巴一直为新鸿基提供稳定现金流。作为新鸿基分散投资、稳定现金流之旗舰，九巴可谓非常成功。

↘ 创纪之城

新鸿基收购九巴还有更深层次的原因。九巴因业务所需，需政府在市区批出数百廉价地皮作车厂用途。而对于新鸿基来说，这些地皮大部分无需补地价，经城规会批准后，可直接作其他物业发展用途，从而为新鸿基在地产业务的发展上提供了极大的便利。基于这样的便利，九巴在荔枝角街的车厂，后来被发展为"曼克顿山项目"，巧明街车厂被纳入创纪之城。就这样，新鸿基以极低的成本，赚取了高额的利润，仅提到的这两个项目估计利润在62亿元。

通过收购九巴，新鸿基凭借其出色的投资策略，不但为公司在房地产主业的发展上提供了稳定的现金流来源，而且为后来房地产项目的发展提供了极大的便利，达到了一箭双雕的目的。

立足香港，保持企业极高增长率

1990年10月，新鸿基创始人郭得胜因心脏病复发去世。新鸿基的市值已经超过254亿港元，与上市时相比，增长了63.5倍。郭得胜去世后，长子郭炳湘出任集团董事局主席兼行政总裁，老二郭炳江和老三郭炳联则出任副主席兼董事总经理。郭炳湘获英国伦敦大学帝国理工学院土木工程系硕士学位，并为英国土木工程师学会会员，郭炳江获伦敦大学工商管理硕士学位，郭炳联获剑桥大学法律学位，三兄弟都有极好的教育背景。在郭炳湘的带领下，到1992年底，新鸿基市值超越长江实业地产,成为香港市值最大的地产公司,成为子承父业最为成功的典型代表。

一直到1997年,新鸿基都保持极高的增长速度,成为芸芸地产股中一支劲旅。无论以市值或每股盈利计算,新鸿基都保持着绝对的领导地位,在四大地产天王当中,只有长江实业能与之匹敌。在1997年高峰时,新鸿基市值高达222亿元,比长江实业的194亿元更高,高居四大地产天王(长江实业、新鸿基、恒基地产、新世界)之首,新鸿基的股份走势紧贴大市,表现一枝独秀。

↘ 郭氏三兄弟
（从左至右：郭炳联 郭炳湘 郭炳江）

新鸿基的成功很大程度上得益于郭得胜高瞻远瞩的目光及其紧扣市场循环盛衰的投资策略。郭得胜成为香港地产业有名的"大好友",他看好香港地产市场的发展前景,因而往往能在地产危机中以低价购入大量土地,发展物业,然后在市道复苏时高价出售,获取厚利。

另外,"立足香港,在这里发展"也是新鸿基集团20年来成功发展的重要秘诀。郭得胜先生生前曾多次讲过"除了在内地投资之外,新鸿基不会考虑将资金调往海外。我们的方针依然是立足香港,在这里发展。"郭得胜逝世后,郭炳江曾表示"先父一向认为香港地产业最终都是向好的,因此新鸿基未来亦会秉承此经营信念,继续在港大力发展地产。"

多面突围,为自有物业增值

正当香港地产业发展如日中天之时,一场波及东南亚各国的金融风暴正在开始酝酿,并于1997年7月2日正式爆发,首先席卷泰国,泰铢贬值。不久,这场风暴扫过了马来西亚、新加坡、日本和韩国等地,打破了亚洲经济急速发展的景象。

作为国际金融中心的香港也避免不了这场突如其来的灾难，香港恒生指数急剧下跌。新鸿基作为香港地产业的霸主，受这次危机的影响，也不可能独善其身，其领导地位在金融风暴之后已岌岌可危。1998年前新鸿基股份节节领先其他三大地产商如长江实业、恒基、会德丰。但1998年后新鸿基股价反被长江实业迎头赶上。在资产回报率方面，长江实业也渐渐超越新鸿基。新鸿基自身资产回报率也开始下滑，由1988年的40%降至1999年的15%左右。其他各项指标也于1997年后开始减慢。至此，香港地产泡沫爆破，地产商的黄金年代已经过去。

新鸿基历来以优胜的土地储备占据地产发展的先机，但在金融风暴过后新鸿基过多的土地储备反而成为拖累，虽然土地储备成本便宜，但要白付利息给银行，其利息支出由1992年的4110万增至1998年的21800万，账面高达四倍之多。另外，大量的楼宇现货、期货也对新鸿基形成了沉重的财政压力，其不得不以减价及各种手段促销新楼盘，以减低持有量套现资金。新鸿基要想在这次危机中立于不败，仅依靠地产发展已力不从心，唯有另辟战线，多面突围！

联姻电信业

数码通是香港优越的全方位通信服务供应商，公司于1992年成立，1996年10月在香港联合证券交易所上市，以每股17.25元筹集资金14.49亿元。公司于1999年5月与英国电信组成策略性联盟，英国电信投资港币30亿元，持有公司20%股权，成为数码通第二大股东。此时数码通的最大股东为新鸿基，持有其股份约26%。

自数码通上市以后，公司现金储备充足，一般维持在30亿以上，占其总资产50%。如此充足的现金储备，如果纳入其中，就能为新鸿基提供稳定的现金流，因此，新鸿基一直对这只现金牛虎视眈眈，欲伺机收购。

事情的发展正好如愿于新鸿基。在数码通上市后，其股东不断减持套现，其股东之一美国电话电报公司（AT&T）率先分两次尽售数码通股份，另一股东佳讯控股也于1998年3月高位出售所有股权。同时，由于受3G牌照前景不明以及全球电讯股大调整的影响，其股价在一年内节节下挫，由1999年11月的44.5元高位，跌至2000年10月11日的10.4元，累积跌幅达77%。

2002年11月17日，新鸿基选择收取数码通以股代息的股息，其持股量由原来的29.94%升至30.1%，触及全面收购触发点30%，并随即宣布斥资33.69亿元以每股8.25元全面收购数码通5.8亿股股份，其中折让5.17%。这对当时数码通另一股东英国电讯来说无疑损失惨重。英国电信持有数码通20%股份，在1999年最初入股时每股股价为25元，

房地产企业如何应对金融危机

若以 8.25 元收购价收购，每股亏损 16.75 元。为了吸引英国电信迅速接纳收购，以解决数码通股权不明朗因素，新鸿基决定提高收购价至 8.5 元，英国电信只能接纳收购套现离场。最终，英国电信账面亏损达 20 亿元。

2003 年 1 月，数码通正式成为新鸿基地产有限公司之附属公司。数码通在公布 2003 年全年业绩时，声称资金充裕，宣布派发高于预期的每股 3.5 元的特别股息，而全年盈利增长 254% 至 4.08 亿元。除派发 3.5 元特别股息外，数码通也派发 0.27 元末期股息，即合计 3.77 元，较每股盈利 0.7 元高 4.38 倍。因此，作为数码通 51.2% 股权的大股东新鸿基，总共可收取股息高达 11.2 亿元。由此看来，新鸿基增持数码通股份至 51%，策略可见一斑。

数码通公司现金储备充足，在派发约 20 亿元特别股息后，手头资金仍有 18 亿至 19 亿元，因此仍然有充足的资金发展包括 3G 在内的资本投资，作为新鸿基的现金牛，其作用仍未改变。同时，投资数码通也为新鸿基旗下物业做资讯增值，增加了其物业在市场中的竞争力，有利于增加销售，获得更多的利润。而且，资讯增值一度被视为未来物业发展的趋势，将为新鸿基重新确立其在香港地产业的领导地位贡献不可忽视的力量。

培养科技网络加强地产科技业务

在 20 世纪最后几年间，香港兴起了一浪高过一浪的科技网络股热潮，它是随着网络科技的大量普及和应用而产生发展的。通过互联网，各种不同的资讯和服务唾手可得，商业机构可以打破地域和时间的界限，开拓新市场，为客户提供简便和增值的服务，并简化供应链，以提高效率和生产力。

香港创业板股票市场是香港联合交易所于 1999 年第四季度推出的一个新的投票市场，其目的是为有发展潜质的企业提供一个筹集资金的渠道，以协助它们发展及扩张其业务，上市的门槛比主板低很多。在当时，所谓的有发展潜质并在创业板上市的企业大多都是科网股，从事互联网相关业务。

瞄准创业板推出新意网

新鸿基正是看准了这样的时机，在科技网络股炒风最为炽热的时候，创办新意网并于 2000 年 3 月 17 日，成功在香港联交所创业板上市。当时市场反应热烈，新鸿基轻易从市场筹集到 33.8 亿港元的资金，国际配售及公开招股分别得到 55 及 217 倍超额认购。新鸿基成功将旗下资产只有 6 亿多港元的公司，摇身一变成为一家总资产超过 50 多亿港元资产增幅达 8 倍多的公司。公司净资产也由负 400 多万变为正 40.8 亿元。而新意网也在瞬间成为香港创业板中的又一只重磅科技网络股。

新意网集团的主要业务包括资讯科技基础设施、互联网服务及资讯科技投资。目前新鸿基集团拥有其84.35%的股份。但在上市至2005年6月30日,公司营业额只介于1.8亿港元至2.48亿港元之间。在2001至2003财政年度,新意网更净亏损1.7亿～3.4亿元,仅依靠其庞大的现金储备度日。这其中,科技网络热潮破裂是公司经营不佳的主要原因之一。自2000年后,科技网络股热潮退去,科技网络股股市全面下挫。但自2004年以后,新意网开始转亏为盈,2004年获利1亿多港元,2005年为1.5亿港元,2006年高达3.57亿港元,2007年为2.04亿港元,2008年为2.67亿港元,总体呈现不断上升的良好势头。

从目前来看,新意网拥有完善的数据基建组合,服务供应业务亦表现出色,这将有利公司继续取得盈利及不断发展。互联优势将致力提高数据中心的租用率,同时积极发掘业务拓展机会,而其消费加强了服务及与地产相关的科技业务,将进一步全力发挥优势,为新鸿基的发展起到宣传和推动作用。同时,新意网还锐意保持高水平的企业管治,在经营业务的同时,坚守优良管治及履行社会责任,为新鸿基集团带来了良好的社会声誉及发展条件。

打响港口争夺战

新鸿基在多元化投资行动上,另一经典之作是参与亚洲货柜码头(ACT)争夺战。亚洲货柜码头有限公司于1993年成立,创始股东是新创建、新鸿基、置地和环球货柜码头四家,分别持有23%、28.5%、28.5%和20%的股权。

多家巨头争夺环球货柜码头

2004年8月27日,美国的环球货柜码头有限公司放盘出售其在全球的17个码头及配套设施资产,这在香港引起了一场码头争夺战。2004年9月初,6家财团进入环球货柜码头旗下港口的竞标圈,香港的和黄、九仓、招商局、郑裕彤控制的新世界创建、中远太平洋及新加坡政府控股的新加坡港务局集团展开争逐。

2004年11月中远太平洋与澳洲麦格理银行退出CSXWT的竞投,来自新加坡的新加坡港务局集团PSA呼声很高,希望挤入香港。多年来,新加坡和香港一直在为世界最大集装箱贸易港的地位而激烈竞争。新加坡港务局集团PSA为进入香港,制定了两步战略。首先,收购CSXWT资产。PSA向CSXWT保证,会全数收购其所有业务,并且对CSXWT持股20%的亚洲货柜码头有限公司(ACT)也兴趣极浓。其后,PSA走第二步棋,积极主动向亚洲货柜码头有限公司ACT第二大股东香港置地示好,表示求购其手上持有的28.5%股权,出价六亿元,并愿意为置地赎清一切与ACT有关的债务。

如果 PSA 竞投 CSXWT 资产和入股 ACT 同时成功，将在香港占有一席地位，跟和黄的香港国际货柜码头 (HIT)、九仓的现代货箱码头 (MTL) 分庭抗礼，对相对垄断的香港公司来说形成巨大的挑战。因此，香港公司都默契携手阻止 PSA 进入香港业务。在 2004 年 12 月下旬竞标 CSXWT 揭幕前，有关亚洲货柜码头有限公司 (ACT) 的股权争夺成为 PSA 是否成功的关键。

新鸿基突然行使优先购买权

2004 年 11 月 19 日，一直默不作声的新鸿基突然发炮，表示决定行使优先购买权，出手收购置地手上亚洲货柜码头有限公司 (ACT)28.5% 的股权，作价接近 7 亿港元。新鸿基持有亚洲货柜码头有限公司 (ACT)57% 权益，一举击碎新加坡港务局集团 PSA 的黄粱美梦。

当年亚洲货柜码头成立时为稳定股东结构签订合约，若有股东希望出售手上权益，余下股东有优先购买权。这一"毒丸"条款令外来并购者却步，也给股东保卫自己的时间。亚洲货柜码头有限公司 (ACT) 股东剩下三个：新创建、新鸿基和环球货柜码头，各持有 23%、57%、20%。

这一"夺命狠招"令新加坡港务局集团 PSA 几乎陷于死地，因为一旦新鸿基做到亚洲货柜码头有限公司 (ACT) 大股东，根据亚洲货柜码头成立的条款，若有其他股东要准备出售股权，必须得到其余股东批准。这也预示着，作为大股东的新鸿基有权、有办法可以影响 CSXWT 出售亚洲货柜码头 ACT 权益给谁。

新加坡港务局集团 PSA 陷入被动，要退损失更大，要进本钱越来越高，锐意进入香港的 PSA 无奈选择了后者。2004 年 12 月 1 日，新加坡港务集团 (PSA) 透露从新鸿基手上购得 57% 的亚洲货柜码头 ACT 股权，成为码头单一最大股东。付出的成本是 23 亿港元，是新鸿基从置地基建手上收购价 7 亿元的 3 倍多。

这一漂亮的收购阻击战，令对手成本增加数倍。而且在短短 20 天，新鸿基获得了 14 亿投资纯收益，利用股权协议，巧妙敲打外来收购者，就像诱惑已经咬饵的鱼，这是一笔大快人心的利润。

2005 年 3 月 3 日，新鸿基公布半年业绩时，半年纯利暴涨 95%，至 55.49 亿港元，每股盈利 2.31 元，令外界一片哗然。带来爆发式增长的就是新鸿基出售卖出亚洲货柜码头 57% 权益带来的特殊收益，一口气挣了 14 亿。

新鸿基施展各种炼金术分散投资，包括数码通、新意网、货运业，令资金回笼，成功突围。

随着香港经济及楼市的整体复苏，这些投资收益与其地产业务相比，只能是小巫见大巫罢了。地产业务始终是新鸿基的主营业务,在其成长和壮大过程中始终起着主导作用。新鸿基最终也是走向回头路,眷恋地产,巩固地产霸业!

巩固地产核心地位进军内地市场

回归地产

进入新世纪后,香港地产业逐步复苏,新鸿基也进一步坚定了对香港地产的信心,回归地产,再次巩固自己的地产霸业。可以说,新鸿基的发展与香港地产业的发展密不可分,为香港地产业的繁荣奠定了坚实的基础。

在地产扩张上,新鸿基以"立足香港,在香港发展"为信念。在香港开发了一个又一个著名地产项目,香港国际金融中心(IFC)便是其中的代表作之一,这座高420米的香港目前最高建筑,当仁不让地成为香港的城市地标。建造中的香港又一新鸿基地标——490米高的环球贸易广场(ICC),在海港的对岸与国际金融中心相辉映,为香港缔造"维港门廊"的又一风景线。而位于香港山顶,俯视这两座大厦,坐拥璀璨维港美景的亚洲顶级豪宅——倚峦,令一众亚洲级富豪趋之若鹜,更创下当时亚洲最高房价。

进军内地房地产市场

进入新世纪,新鸿基也逐步开始向内地房地产市场进军。2001年1月14日,在上海最寒冷的时节里,新鸿基集团副主席兼董事总经理郭炳江率部抵沪考察。当时,在上海科技城,郭炳江对宛若彩练的这座建筑赞叹不已。在外滩的浦东发展银行大楼,郭炳江一行对始建于1923年的大楼及大楼内的壁画产生了浓厚的兴趣,从中他们深刻地感受到了上海这座城市的文化底蕴和魅力,对上海的高速发展表示感叹。同年底,新鸿基掌门人郭炳湘率郭炳江再度抵沪考察,在这次考察中,郭炳湘正式提出了进军陆家嘴的投资设想,开始向内地房地产市场进军。

布局一线城市

目前,新鸿基已经在上海、北京、杭州、成都等国内一线城市创造了一个又一个广受认可的标志性物业。在上海,正在倾心打造中的上海国际金融中心,完工后将成为陆家嘴金融区内包含写字楼、酒店、商场的最大商业综合体;在杭州,兴建中的悦府住宅单位在淡市下开售,即被抢购一空;在北京,王府井大街上中西合璧的大型商场——Beijing apm把最新的潮流时尚带入古城北京。新鸿基希望创造最美丽的建筑,在每一座所到的城市或地区留下传世佳作,为当地奉献新的亮丽风景线。

物业开发多元化

在多元化地产发展上,新鸿基在开发中涉及所有地产领域,包括高品质住宅、甲级写字楼、五星级酒店、酒店式服务公寓、大型商业中心等多种综合业态,形成了业态分布结构链条完整的优势。新鸿基每一个住宅项目的推出,都为住户带来更高标准的居住体验。在香港,新鸿基的商场也是遍布主要黄金商圈,如中环的 ifc、铜锣湾的 wtc more、东九龙的 apm 以及沙田新城市广场。在酒店业务方面,新鸿基的帝苑酒店、帝都酒店、帝京酒店、帝景酒店及在其旗下物业中的 ifc 四季酒店、九龙站 W-Hotel 与将于 2010 年落成的 ICC 丽思卡尔顿酒店,均为旅客及本地市民提供殷勤及卓越的酒店服务。

↘ 香港国际金融中心

新世界，合并重组及上市为企业注入新活力

【新世界准确把握中国改革开放的发展契机，大胆进军内地市场。投资额连年增长，且增长迅速，公司的投资额是11亿港元，到2008年增加到184亿港元。】

看准时机多元化开拓内地市场

成立于1970年的新世界发展有限公司是建基于香港的大型综合企业集团，于1972年上市，集团以地产业务为基石。

新世界以采取兴建住宅出售和兴建写字楼出租为主要策略，综合纯利稳步上升。1973年，新世界纯利为7200万元，1981年增加到2.46亿元。

20世纪80年代后期及90年代初，新世界开始把目光投向香港地产以外的业务，20世纪末，新世界发展的策略核心是加强国内投资和分散投资策略。

1978年，中国拉开了改革开放的大幕，在邓小平以经济建设为中心的思想指导下，中国成立了深圳经济开发特区，开始引进各方面资金，引进先进的管理经验和技术。为此，出台了很多优惠的政策，于是，追逐利益的资本从香港、

↘ 香港新世界大厦

欧洲、美国等地纷纷地进入到中国市场。这个时期的中国市场可以说是百废待兴，也可以说是机会重重，正是一个造就商业英雄的年代。新世界准确把握了中国改革开放的发展契机，大胆进军内地市场。

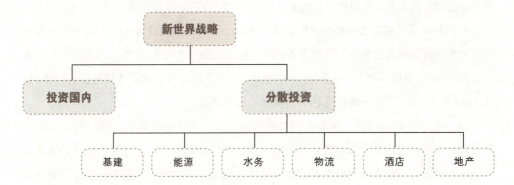

新世界一方面采取投资国内策略，同时采取的另一个重要策略是分散投资策略，其投资分散到不同的领域、不同的地区，形成了一张巨大的网络。涉足产业涵盖基建、能源、水务、物流、酒店、地产等，覆盖地区包括北京、广州、澳门、东莞、南昌、保定、顺德等。其中，道路、桥梁的建设延伸到国内8个不同的地方，达70万千米；在核能发电和水力发电领域也投资巨大，到2000年，发电量达到700兆瓦／年；水务处理厂到2000年发展到10家，每天处理能力60万立方米。

亚洲金融危机深受资金困扰

1997年7月起，一场突如其来的灾难——东南亚金融危机爆发。许多东南亚国家和地区的汇市、股市轮番暴跌，金融系统乃至整个社会经济受到严重创伤。在这次金融危机中，仅汇市、股市下跌给东南亚国家和地区造成的经济损失就达1000亿美元以上。受汇市、股市暴跌影响，这些国家和地区出现了严重的经济危机。危机到来后，香港出口商品和服务的价格相对于东南亚临近地区大增，导致大批公司倒闭，失业率飙升，经济不景气。新世界集团旗下的物业、服务、电讯等业务，受到极大冲击。

快速投资导致资金流不足

20世纪90年代的新世界集团执着于"于新时代展现新面貌"，迅速扩张。1995~2000年，新世界在零的基础上投资拥有10个水务处理厂，每天处理能力60万立方米；1999年成立新世界中国地产有限公司，作为香港新世界发展有限公司在中国的物业旗舰，是海外在中国投资的全国性房地产发展商；20世纪90年代新世界把目光投在中国内地的能源开发上面,高调投资核能发电和水力发电,到 2000 年对能源的投资庞大;对道路和桥梁的投资激增,轨迹遍及国内 8 个不同地区。

此时的新世界发展看似繁花似锦,但是快速投资带来的问题也开始显现,其中资金流不足已经日益明显。集团所涉足的新业务中,能源、交通等公用事业都属于前期投资大、回收期长的项目,短期内没有大量的资金回流。为了维持当时业务扩张的繁华,也为了实现未来的收益的真正繁华,新世界不得不继续大量的投入资金。进出严重不对称导致的结果是:现金流出净额大幅上升。1994~1999 年投资活动现金流出净额增长达 13.3 倍,由 1994 年的 7.07 亿港元飙升到 1999 年的 93.91 亿港元。

就一般经济规律而言,风险大的项目收益也大,回收期长的项目收益稳定。新世界选择的项目都是后期收入流稳定的业务,熬过投资初期的几年,等到项目开始大量回流资金的时候,就是丰收的时节,必然会给企业带来丰厚的利润,股东也会赚得盆满钵满。但是,世界经济形势风云突变,世界经济一体化带来新机遇的同时也携带新的风险。1997 年的东南亚金融危机使香港经济受到重创,和金融业休戚相关的房地产业也难逃此劫,房地产市场一片萧条。相关地产指数均受挫:中原城市指数从 1998 年的 100 点一路狂跌到 2001 年的 40 点,发展计划数目由 1997 年的 596 个跌至 2001 年的 313 个,毛利由 1997 年的 800 亿跌至 2000 年约 300 亿。当时的新世界集团虽然开拓了很多新的业务,但是地产业务依然是其核心业务,是其收入的主要来源,在地产市场受到如此重挫之后,集团的财务受到很大的负面影响。

新世界集团已经很脆弱的资金流难以承受如此猛烈的冲击,企业开始入不敷出。

负债率骤增,阻碍其发展

新世界这个曾经的地产天王在世纪之交开始入不敷出,陷入举步维艰的境地。没有钱,企业就不能继续投资,前期的投资就会成为永远的沉没成本;没有钱,公司就难以运转,庞大的帝国将逐渐坍塌。所以,解决资金问题是新世界发展的当务之急。

新世界从 1972 年起在香港上市,上市为其融资提供了很多方便,但是 1997 年亚洲金融风暴后的香港股市一片萧条,新世界把希望寄托在原股东身上,在 1999 年 1 月进行配股集资,在市场环境不稳定的情况下,成功融资 23 亿港元,但这也仅是杯水车薪,要运转起来庞大的商业帝国,它需要更多的资金支持。为了解决资金不足的问题,新世界发展只好继续大举借债,在 1997~2000 年的 3 年间,新世界集团大幅发债 85 亿港元,向银行借款 397 亿港元。

但是，举债并没让企业进入正常运转的轨道，反而让其进入另一个怪圈。连年大量的举债使得债务像滚雪球一样积累，巨大的债务基数引起的高额利息支出成为新的大山阻隔了新世界的前进。

截止到 2000 年，新世界集团已经负债累累。上市公司的财务状况必然会影响到企业的形象，债台高筑让新世界发展市值大跌，股价大跌，同时地位大跌。曾经的地产巨头，此时已经无法和其他天王相提并论。新世界 2001 年的市值，大概只有长江实业的九分之一，股价更是远远的低于信和、长江实业和新鸿基。

调整策略，走出困境

分散投资及快速扩张将新世界引入财务风险之中

新世界抓住中国改革开放的契机大举进军内地市场的策略顺应了时代呼唤和公司利益，无可指责。同样，公司开拓能源、通讯等新的业务可以为公司的后续发展打下基础，分散风险，也无可挑剔。那么到底哪里出错了呢？

这一个困惑也曾出现在家电连锁行业。2005～2006 年的报纸上经常可以看到类似"平均 2 天开一店，家电连锁扩张军备竞赛愈演愈烈"这样的新闻，家电零售业竞争激烈，各商家为了抢占市场，保住自己的市场份额，纷纷采取快速扩张的模式。竞争使然，也似乎合情合理。但是，开店不是空手套白狼，需要资金的投入：店面费、员工工资、管理人员工资等营运成本是基本的开支。但是，新增加一个店不等于增加一个赚钱的店，新店运营前期投入大于支出的情况比比皆是。很多情况下，是一家赚钱的店在养活几家亏损的店。一旦形势突变，赚钱的店面出现了危机，必然会出现财务危机。

新世界发展的全面投资和家电连锁业的快速扩张都符合企业的远景规划。但是快速的投资和扩张，都让企业面临短期资金周转困难，把巨大的财务风险引入其中。从深层角度来讲，这些企业在制定策略时，没有考虑到现实情况的复杂多变，没有引入周全的策略考虑，特别是融资成本和风险管理。结果在策略的实施中，遇到了现实中资金短缺的严重问题，新世界在这样的脆弱关口，经不起金融危机的打击，迅速的衰弱了。

迫于形势，整改势在必行

可以说，新世界发展有雄厚的根基和成熟的管理层。孰料，一场东南亚的金融危机，让其陷入举步维艰的境地。胜者为王败者为寇。就此倒下去，马上会有后来的力量取代其位置，坚持下去，寻找出路，才有起死回生的机会。

"敢问路在何方，路在脚下。"新世界20世纪的大量投资耗费了企业巨额财力，也是把企业陷入危机的根源之一，但是也让企业在能源、通讯、百货等行业有了一席之位，部分业务已经开始盈利。只是由于集团整体的财务困境，这些下属子公司的实际价值暂时得不到认知。企业的自救之路要立足于集团内部整改，对业务去芜存菁，合理整合，盘活企业的价值。唯此才能快速地扭转乾坤，走出困境。

盘活企业的两大工具

20世纪90年代，新世界旨在分散风险的业务多元化策略不但没有给企业带来稳定的现金流，反而让企业陷入沉重的债务危机不能自拔。这是因为企业在决策的时候缺乏关联性考虑，没有规划业务之间资产、债务、现金流的配合。

新世界要做的功课就是对业务进行分析评估，给业务定位，寻找现金牛。在对企业业务进行把脉的基础上，集团策略层选择了两种工具——合并重组和后门上市。

工具1：通过合并重组获取现金流

2002年10月21日，新世界宣布重组旗下的基建、港口及服务管理业务。重组前，新世界旗下的基建、港口及服务是由两家控股公司分别持有的：新世界基建持有电讯、港口和基建业务；新世界创建则持有服务管理业务。重组完成后，太平洋港口于2003年1月29日正式易名为新创建并于同年的2月份在联交所正式买卖。新创建向投资界重新定位为从事港口、基建及服务管理业务的综合服务企业。新世界持有新创建控制性股权。

业务重组后，效果显著，集团开始展现出旺盛的生机。首先是"创造了新的价值"，现金呈现净流入。重组过程中，新世界基建把除掉电讯以外的业务卖给太平洋港口，获得资金流，他利用这笔收入派发特别股息51亿港元，新世界集团从中获得21亿港元，资金的甘霖滋润了这个债务累累的企业。其次，这次重组，让人们看到了新世界的亮点，提升了公司形象，新世界、新世界基建、新创建股价一路攀升，一扫往日的晦暗。再次，这次重组，在于发挥业务之间的协同效应，服务管理业务为公司提供的稳定的现金流可以给新成立的新创建减轻债务，给其余两项业务提供营运资金。

工具2：通过后门上市给企业注入新活力

时间跨入2004年，新世界对集团业务进行包装上市，成功地炮制了新世界移动后门上市事件。把精锐的力量从冗杂的业务中独立出来，留待后用。2004年农历二月初九，随着新世界和另一家上市公司亚洲物流科技突然停牌，新移动后门上市进入操纵的实质阶段。亚洲物流科技以现金12.5亿港元收购新移动，同时，新世界集团同其签订协议，承诺认购股份和认购票据。之后，亚洲物流科技改名为新世界移动控股，后门上市完成。

新移动是新世界电话控股有限公司之全资附属公司，新世界电话控股有限公司则为新世界系内公司。新移动从事的业务是通讯服务，提供流动电话网络。成立于1997年，从2002年起，公司开始扭亏为盈，且前景良好。但是，新移动淹没在集团诸多业务中，难以发挥优势，独立上市可以更好的反映业务的价值。

独立上市后，股票流通性攀升，移动电话业务的价值得到公平的反映，显示了市场对新移动业务的认可。到 2005 年 9 月底，新移动的市值已经达到 27 亿港元。另外，新移动独立出来以后，摆脱了新世界集团的束缚，更专注于本身的通讯业务，通过努力，增加了现金流，负债减少，收益提高。无疑，新移动的后门上市为集团储备了一支不断升值的，可以随时套现的现金流，为整体的发展注入了新鲜的活力。

高负债率促使新世界业务重组跨上新里程

卸掉债务，降低企业运营风险

2000 ~ 2003 年，新世界的负债水平进入平稳期，相对于 1997 ~ 1999 年的债务疯狂上涨，这一时期的平稳已经体现了公司巨大的决心。2004 年之后，债务的冰山开始松动，2004 年减幅高达 30%，2005 年减幅高达 40%。集团的资本负债率在 2005 年控制到 23%，远远低于最高时期的 68%。

在财务杠杆存在的现代企业，零负债和少负债并非最佳的财务表现。但是，对于在债务的困境中挣扎了多时的新世界而言，债务减少了，就是在慢慢地卸掉身上的定时炸弹。

风险控制，成熟稳健

一个国家的经济总是经过衰退、复苏、扩张、放缓四个阶段。不同的产业受经济影响的程度不同，同一地区的产业在一年之间的淡季、旺季各异，不同地区的经济周期也会有所差异，多元化投资可以起到"抗震"的作用。20 世纪 90 年代，香港新世界集团实施多元化投资策略愿望也应该是"减震、稳收"，但是良好的愿望因为资金问题而搁浅。

在 2001 ~ 2005 年新的策略下，集团吸取经验，创新思维，在原有业务的基础上，实行集团内部重组，点石成金，扭转了公司困境的同时，实现了风险控制的初衷。

就业务增长率波动而言，有关资料显示，若以个别业务增长考虑，其增长率上下波幅可高达 376.4%（-87.4% ~ 289%），所承受风险程度相当大；新世界业务重组后的加权平均增长率整体的上下幅度变为 45.7%，风险明显下降。在 2001 年新发展策略下，业务增长更为稳定，整体风险进一步得到改善。

一荣俱荣，强势增长

业务重组发挥了协同效应，包装上市增加了企业的价值，对集团的发展起到了催化剂和助推剂的作用。新政策效果逐渐显现：资金回流，扭亏为盈，公司市值增长强劲，带动股值上涨。

在东南亚金融危机冲击下，新世界的股价大跌，长期低于账面价值。公司市值受到影响，长期不景气，1990年市值达到152亿港元，但是到了2000年，市值也只有184亿港元，平均年增长率不足2%，远远落后于其他的地产天王。在新的策略下，市值增长率由2003年开始回弹，2004～2005年的增长率高达196%，远远高出同行。

新世界集团每股盈利状况：1997年，2.8港元/股；2000～2001年，约0港元/股；2003年，约-2.0港元/股；2004年，有所回升，但负值依旧；2005年，转亏为盈，且有继续上升的趋势。每股盈利的变化反应了实体经济的真实好转。

到2008年，新世界发展36周岁了，历经风雨，从青涩到成熟，散发出无穷的魅力。到2007年年底，公司资产总值逾1441亿港元，架构庞大，成为关注的焦点。更因为其从无到有，从小到大，从低谷到高潮的发展路线，让企业更加具有研究和学习的价值。

集团以地产业务为基石，经过30多年的发展，经营范围扩展至香港、澳门及中国内地的四大核心业务，包括物业及酒店、基建、服务和百货，并参与多项策略性投资。经过多年的总结和完善，新世界集团拥有一套清晰的核心价值：追求卓越、相互协同、忠诚可靠和积极主动，并以系统和全面的态度推展各项商机及项目。纵使经济环境屡有变化，新世界都化险为夷，走出了困境，并一直致力于对香港和国内经济建设。

随着世界经济一体化的发展，竞争日趋严峻，未来的日子，依然充满了无数的未知，潜藏着风险，2008年起源于美国次贷危机，随后演变为波及世界的金融危机依然没有过去，新世界发展如何在这轮新的危机中保存自己，成效如何，我们拭目以待。

房地产企业的专业化与多元化

房地产业企业的专业化与多元化一直存在较大的争论。从经济学角度看，专业化有利于资源配置和单位效益最大化。近几年也有"美国模式"将取代"香港模式"的观点。前者更强调专业化分工，后者则倾向于不仅开发多种类型的产品，而且还把触角伸向非开发环节。在房地产开发越来越强调专业化的大趋势下，也存在碧桂园、富力等企业"一条龙"式的开发经营模式，规划、施工、装修、销售、物业全都自己做，碧桂园甚至还有自己的水泥厂。

2007年11月公司架构

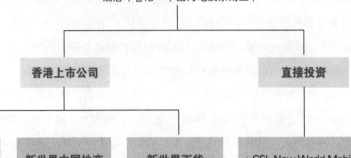

长江实业：平衡风险及注重企业架构成长青法宝

【长江实业作为香港房地产四大天王之一，把握机遇，积极挺进房地产业，通过收购和记黄埔、香港电灯公司，完成集团化规模经营的转型。其立足香港，经历了半个世纪的风雨洗礼，成长为实力雄厚的跨国企业。】

掌门人的传奇

白手起家而至富可敌国

在华人地区，大概无人不晓李嘉诚的大名。这位风云人物的创业史从卖塑料花开始发展到在房地产业界倒转乾坤也可谓街知巷闻。

李嘉诚是香港的传奇，白手起家而至富可敌国，成为了中国人商海扬帆的成功典范，许多人心目中的偶像。李嘉诚不仅仅象征着财富，更是勤奋与努力的代言。他从小背负起家庭的重担，不仅养活了一家人，更通过自己的辛苦努力创业，把一间小小的塑胶厂培养成为香港甚至世界的巨头企业集团。李嘉诚个人的经历即是拼搏与奋斗的历程，无时无刻不在展示出他个人的坚强意志与勇气。正是因为这样，李嘉诚才能成为华人界赫赫有名的大人物，也正是因为具备了这些品质，长江实业这艘巨轮才能在滔滔巨浪中披荆斩棘，奋勇前行。

李嘉诚

坚持发展与奉献的信条

虽富甲一方，但乐善好施。"扶助内地的教育和医疗事业是我最大的心愿，未来我的奉献一定会比过去的十年大大增加。终此一生，我要一路这样做下去。"这是李嘉诚先生对祖国人民立下的精诚承诺。发展和奉献是李嘉诚先生一贯遵循的信条。发展是为了更多的奉献，奉献能促进更大的发展！

李嘉诚曾宣布，未来将把1/3的个人财产捐作公益慈善之用，有关资产会放入其名下的李嘉诚基金会。基于回馈社会的信念及缔造美好世界的祝愿，李嘉诚于1980年成立"李嘉诚基金会"，主要对内地及外地的教育、医疗、文化、公益事业做出有系统的资助。根据基金会公布的数字，二十多年来，基金会已捐出及承诺之款项约77亿元，其中64%用于内地的助教兴学、医疗扶贫、文化体育事业。他又积极推动旗下企业集团捐资及参与社会公益项目。基金会的项目亦为不少人所熟悉，包括为内地偏远地区贫困病人提供"医疗扶贫"行动；推出全国医疗服务计划及捐资筹建和发展长江商学院等。

李嘉诚先生的拳拳赤子心，爱国爱乡之情受到了中国党和政府的高度赞扬，深受中国人民的爱戴和敬佩。1993年10月6日，前国家主席江泽民在北京人民大会堂会见李嘉诚时，称赞他"有胆量有见识"，"是一位真正的爱国者"。

立足香港，触角延伸至内地及海外

最初的财务危机，促使企业转变

1952年，李嘉诚把握时机，用7000美元积蓄创办了自己的塑胶厂，命名为长江塑胶厂。

长江塑胶厂最初只生产塑胶玩具和简单日用品，在获得几次成功以后开始扩大再投资，但却导致公司资金开始周转不灵，工厂亏损愈来愈重。这次小小的风暴几乎把长江塑胶厂这艘刚刚起航的小船打翻在浅滩。

1957年,咬紧牙关走出绝境的长江塑胶厂开始了一系列别具新意的"转轨"行动——生产既便宜又逼真的塑胶花。这在当时的香港还是一个"冷门"。经过坚韧不拔的努力以及各方面的促销和广告活动,塑胶花开始引人注目,为香港市民所普遍接受。当塑料花不景气时,他们转回生产塑料玩具。每年产值达到1500万港元。为此,长江塑胶厂的名字也开始为人们所熟悉。重新开出一条道路的长江塑胶厂,在渡过危机之后,便渐渐地走上了稳定发展的道路。

土地与资本,扎实房地产发展基础

土地储备采用"闪电战"与"连环术"

20世纪50年代末期的香港,经济处于突飞猛进的阶段,由于当时特殊的历史条件和地理环境的影响,弹丸之地的香港一下子成为名副其实的"东方之珠"。对于房地产业的前途,李嘉诚看准它必定会出现寸土寸金的景象。从1958年起,"长江"便积极从事房地产的经营。

1971年6月,李嘉诚成立了长江地产有限公司,走上了集中经营房地产业务的轨道。第二年,李嘉诚把握香港股市处于牛市巅峰期的机会,将长江地产改名为长江实业(集团)有限公司,并于同年10月申请股票上市,11月1日获准正式挂牌。

20世纪70年代后期开始,长江实业运用出其不意争夺地盘的闪电战和集中土地、连片开发的连环术一步一步地扩展长江实业的规模和实力。1977年,通过收购美资永高公司,长江实业拥有了矗立在香港最繁华的中环银行区。长江实业还与青洲·英坭达成协议共同开发土地。在一系列扩张行动中,长江实业以惊人的速度在发展壮大。1977年拥有楼宇面积1020万平方米,1979年增到1450万平方米,超过了当时拥有1300万平方米的香港置地有限公司,成为香港最大的地产界巨子。

上市集资和吞并外资财团,长江实业驰骋资本市场

熟悉的人都知道要进军房地产业,以强大的资金实力作后盾是必不可少的条件。长江实业在香港房地产业内纵横驰骋,资本筹集与运作自然也是所向披靡,为其在地产业发展和集团扩张奠定了坚实的基础。

在公司刚上市没多久,长江实业就通过两次集资筹集资金3.1亿元港币,为接下来所进行的庞大的房地产及土地收购行动,奠定了雄厚的经济基础。

1977年4月,长江实业又动用港币现金2.3亿元收购了美国人控制下的永高公司的股票,全资拥有。这次收购展示了崛起的华资史无前例的力量,大开华资财团吞并外资财团的先河。

资金雄厚的长江实业,并不满足现状,继1977年收购美资永高后,长江实业再一次将锐利的挑战目光投向稳坐在香港金字塔尖上的老牌英资财团,最终把英资青州·英坭公司收入囊中。

1979年长江集团赢得了汇丰银行的信任,从汇丰银行手中购得英资和记黄埔公司22.4%股票,李嘉诚出任和黄执行董事。1984年其拥有股票已增至40%,成为香港历史上第一家能实际控制英资集团的华人集团。

1990年,长江实业市值超越置地公司居香港上市地产公司榜首。

实施内地与海外齐发展的战略

在香港获得了骄傲的成绩,长江实业的宏图大志并没有完全展现,他再一次把目光放到了中国大陆和海外发展,实现"长江"的再一次腾飞。

自从1980年长江实业开始投资内地以来,尤其是1992年成立专门的公司负责内地投资,至今在内地累积投资额已超过600亿港元。长江实业在内地投资的范围也非常广泛,不仅包括最初的港口,后来的房地产行业,随着内地经济的不断发展和开放度不断提高,长江实业在电信、零售、能源、传媒、生物等众多领域,通过不同的形式均占有一席之地。

香港作为中西方经济与文化交汇的地方,身处这样的风水宝地,长江实业自然不会只把眼光放在香港本地和内地,他把鱼线更长远地投向了海外。20世纪80年代中期,长江实业开始大规模海外投资。目前长江实业在海外的投资领域不仅仅是港口业务,还有电信、石油等重要行业,甚至还与国际对手结成联盟,海外投资的分量在长江实业集团中所占的分量也越来越重。

长江实业已经不满足于在浅滩玩耍,它日益庞大的身躯正慢慢向深海进发。立足香港,扩展内地与海外,业务范围越来越广,综合实力越来越强。

化危机为奇迹的4大奥秘

翻开日历,十年之前,1997年东南亚金融危机如海啸般扑面而来,席卷了整个大东亚地区,1997年10月21日的前后几天中,香港股市曾遭到有史以来最严重的打击。作为占港股总市值1/10的超级巨轮,长江实业这艘历史的巨轮能够在股市风暴中坚守航向并在其后几年里屡有惊人建树，不能不让人赞叹长江实业顽强的生命力和奇迹创造力。

李嘉诚在1997年底集团周年晚宴的致词被外界称为长江实业抵御金融风暴的奥秘大揭露。李嘉诚在致词中说："过去几个月来亚洲发生的金融风暴是史无前例的，但长江实业集团根基良好、稳健，业务多元化、国际化，所以与其他一般公司相比，影响较为轻微。"

仔细品味李嘉诚的这几句话，我们似乎可以发现一些端倪。这里总结的是长江实业这半个多世纪以来的经营理念和管理策略，正是这些帮助长江实业在这场金融风暴中躲过了大风大浪，冲破了暴风骤雨的旋涡，安全渡过这场危机。

奥秘1：稳健经营，适时出击

长江实业的经营策略最重要的一点就是"稳"。"长江"这艘历史的巨轮能够于过去多年无数风浪中皆处于不败之地，并且日益壮大，迅速发展，很多人都认为这全赖谨慎稳健、循序渐进的管理哲学。只有保持稳健的财政状况方可以运筹帷幄，把握适当时机于行业中巩固地位，并超越对手。因此，长江实业于早年一直保持稳健的财政状况，企业的负债比率一直远远低于同业。这使得当有良好的投资机会来临时，集团便比其他潜在的竞争对手更有能力去把握这些机会，而这些投资的机会为日后业绩的崛起起到了非常重要的推动甚至决定作用。

以下的一些例子，可以充分展示长江实业稳健的财政状况，在其发展的关键时刻，起到的作用。

现金流充足赢得和黄收购案

1979年10月，和黄正处于财政危机之时，流动资产净值很小，而恰好当时其大股东汇丰银行急需现金。长江实业、新鸿基和太古都有意向购买和黄，这三家是香港当时最具竞争力的购买者，而三家的资本负债率却相差甚远，长江实业的资本负债率只有37%，是当时另外两家资本负债率的60%。由于长江实业远远低于同业的资本负债率，财政状况又比竞争对手稳健。对于急需现金的汇丰银行来说，稳健的财政状况，充裕的现金流才是最重要的条件。在这场竞争中长江实业无疑是最佳选手，因此，大股东汇丰便选择了长江实业作为买家，并奠定了日后长江实业和汇丰银行的友好关系。在这次收购中，长江实业亮出的最致命的一剑就是其稳健的财政状况，正因为这样才从汇丰手里拿到了这块大肥肉。而和黄果然没有让长江实业失望，经过多年的发展，成为了长江实业集团下最有力的子公司，为长江实业贡献了长远的利润增长率和平稳的增长波动率。

以远低于对手的负债率赢得港灯

无独有偶，以稳健著称的长江实业在1985年又遇到了天上掉下来的"馅饼"。不过，掉下来的"馅饼"只有充分准备的人才能接得住。这次机遇的降临是因为持有港灯的置地由于扩张过度而出现财政危机，想要出售其名下34.6%港灯的股权。在诸多的竞争对手中，和黄又是最抢眼的一位。相比竞争对手超过100%的资本负债率，和黄的资本负债率只有40%。当时和黄凭借雄厚的实力以及稳健的财务状况令对手难以望其项背，和黄又一次成为这场竞赛当中的佼佼者，结果是和黄以较市价低13%的条件轻易地成功收购港灯，为集团扩张推开了一片崭新的世界。于是，和黄因为稳定的财务状况不仅轻易战胜了竞争对手，也因为这样的优势在买卖关系中更强势，通过价格谈判也把自己收购的风险降到了最小。

充足现金流独霸澳洲

和收购和黄、港灯一样，1999~2000年期间，长江基建伙同港灯收购了南澳洲省的 ETSA Utilities Powercor Australia Limited 及 Citipower。这次收购同样凭借长江基建和港灯远低于竞争对手的资产负债率和稳健的财务状况，使其成功收购澳洲电力发展业务，长江基建及港灯因此成为澳洲最大的配电商，为当地共160万客户提供服务。

总结以上三次收购行动，与竞争对手相比，长江实业最大的优势就在于较低的资产负债比率和本身稳固的财政状况。基于这样的先天优势，长江实业积极物色投资时机，在收购过程中就可以轻易击败对手，赢得卖家的信任，一击即中。集团充分利用稳健的财务基础进行多元化业务，并借着收购合并其他公司的业务为集团业绩提供增长的动力，这个策略也是整个集团风险管理的手法之一。

奥秘2：海纳百川，有容乃大

"不要把鸡蛋放在一个篮子里"，是地球人都知道的投资中规避风险的法则。长江实业的风险管理策略是，利用他们最擅长及最熟悉的地产业务建立一个平台，然后在平台上放上回报期不同、盈利波幅率不同的业务，并通过各个行业的不同回报期来达到盈利稳定的效果。

长江实业集团里涉及的行业非常广泛，每个行业都有不同的回报期和盈利特点。例如，零售业和酒店业，回报期短，盈利波动性大，好处是在景气旺盛时能获取丰厚的利润。如果集团经营的业务大部分是短回报期的话，盈利将会非常波动，风险也变得相当高。相反，基建和电力等行业，回报期长，盈利相对稳健，不论经济好与坏，收入都相当稳定。但是如果集团所经营的大部分是长回报期的业务，资金回流变得非常慢，因而容易产生周转不灵的风险。长江实业的管理策略就是把不同回报期和对资金需求不同的行业精心整合在一起,最终达到平衡集团资金回报期和资金流量的目的。

长江实业集团在过去的20多年里,经过多次收购活动,由单一业务走向多元化。1972年长江实业集团以地产起家,以香港为中心;1979年收购和黄后,开始发展零售和港口业务;20世纪80年代和90年代,陆续加入电信、电力、能源和基建业务;直至21世纪,还加入了生物科技和传媒等业务。长江实业通过不断将业务多元化,使得集团的回报平稳上升,风险同时大大降低。

添加新的平衡器——和记黄埔

由于地产业务与宏观经济息息相关,因此业务性质决定其盈利波幅较大,如果单靠长江实业本身的地产发展业务,所带来的回报并不稳定,具体财务指标显示为息税前净利增长率波幅非常大。在1982~2004年期间,长江实业这一指标的波动幅度最大值和最小值分别为365%和-78%。而和黄属于综合性企业,本身不同业务之间便有风险分散的作用,因此业务稳定性较高。撇除1999~2000年出售Orange Plc的盈利,1982~2004年期间,和黄的息税前净利增长率最高与最低分别为156%和-56%。由这两组数据的比较可以看出,和黄的业务盈利稳定性确实高于长江实业。

当综合计算长江实业和长江实业所占和黄的利润之后,息税前净利增长率的波动幅度大大降低,最高与最低分别是156%和39%。这充分说明了和黄稳定的盈利增长率对整个长江实业集团的回报起了一个很明显的平衡作用,令整个集团长远的盈利增长变得稳定,集团和投资者的风险也大大地降低。

不仅仅是和黄的稳定增长率平衡了集团的长远盈利,增长率也体现了多元化投资管理战略,在长江实业系中最能体现李嘉诚的风险管理理念的正是和黄。

和黄涉及的业务非常广泛,大致可以分为六个板块:零售及制造、能源、基建、物业及酒店、港口及电信。如果撇除1999~2000年出售Orange Plc的收益,这六大版块中制造业及投资业务最不稳定,其次,电信业务的波动幅度也非常大。相反,基建项目可以说是波动最小的业务。

风险管理就在通过对这几大业务的精心布局和安排管理,和黄旗下各个业务的周期互相抵消,事实上起了一个平衡作用,使收入和盈利保持稳定增长,风险得以分散。

港灯加盟使和黄增长率更平稳

跟前面和黄的例子一样,港灯加入和黄以后,和黄的息税前净利增长率因此而变得平稳。港灯不但收入非常稳定,盈利也相当可观。收购翌年,港灯即为和黄带来了近7亿港元税前收入。其后多年,港灯平均每年为和黄带来10%~20%的税前收入。

从 1985 年港灯归入和黄以后，直至 1997 年长江实业集团重组架构，将港灯归入长江基建旗下为止，如果把港灯的盈利贡献计入和黄整体，与排除港灯以后的和黄相比，和黄总体息税前净利的波动幅度大幅收缩。由此可见，港灯对和黄贡献非常大，也是长江实业集团非常重要的子公司。

转战内地，经营五大业务

李嘉诚曾说过，香港是长和系的基地，而内地是重要的投资地方。

1992 年 5 月，成立合资深圳长和实业有限公司，开始大举向中国内地投资。

早在 1992 年，和黄就介入经营盐田港一、二期码头，成为和黄布局内地港口的第一枚棋子。当时李嘉诚意识到，香港工业薄弱，厂房集中在内地，内地成为货源腹地，码头比香港更有潜力。就港口网络建设方面，李嘉诚把内地港口业务视为未来投资的重中之重，珠江三角洲是和黄内地港口业务的根据地，和黄通过扩建厦门海沧港，入股宁波北仑港等，明显把战线北移，形成中国沿海的港口网络。

在零售业务上，1984 年，屈臣氏集团在内地开设第一家店，成为第一家打入内地市场的外资零售商。目前，屈臣氏集团旗下的两大零售品牌屈臣氏、百佳都在内地大肆圈地扩张。

在地产投资上，自 1992 年进入内地市场以来，和记黄埔一直表现得低调稳健。反而是在 2004 年、2005 年内地宏观调控之际，和记黄埔加快了在内地的布局，频繁出大手笔拿地。到 2004 年底，长江实业在内地土地储备约 300 万平方米，其在内地地产投资提速态势明显，其开发模式侧重于大盘开发。

在通信业方面，电信盈科宣布与中国电信共组合营公司，合营公司的总投资额约 2 亿元人民币，合营公司初期会集中拓展内地金融业的信息技术解决方案，但不排除日后会进军其他行业。

在传媒业方面，tom.com旗下目前在大中国区拥有多项传媒业务，包括杂志、电台、网站、广告业等，继成功收购亚视股份后，李嘉诚的传媒王国更加庞大。

在生物科技方面，李嘉诚在成立长江生命科技的时候就曾经表示，生化科技会是集团未来重点发展的新环节。长江生命科技从长江事业中拆分出来上香港创业板，立即在香港股市掀起了生化股的狂潮，据悉长江实业已投入长科的金额达4.2亿港元，长科已注册专利的项目达40个。该项目投入资金将达近10亿港元，而未来几年将增至数十亿甚至100亿港元，稍后还将以此为平台在内地大行收购、投资之举。

目前，李嘉诚旗下的长江实业、和黄等集团在内地坐拥强大的资金，早已多路出击，包括地产、港口、电信、零售、能源等领域，通过收购、合资等形式占领众多产业的制高点。

从不同类别的子公司，到子公司里涉及的相差甚远的行业，长江实业这一个大篮子里放入了种类丰富的蔬菜水果。这些不同的行业都具有不同的经济增长和发展特征，而综合在一个大集团里，集团的增长率就可以因为不同行业的配比而均衡，资金流动也因均衡而稳定，财务状况十分稳定，根基十分牢固，抗风险能力随之增强。

奥秘3：平衡发展，纵横国际

在国际化方面，长江实业与在金融危机中倒下的一些亚洲公司相比，最大的特点在于海外业务量巨大。长和系在1997年前不断拓展新业务，通过自身稳健的财政状况和多元化经营策略使息税前净利增长率逐步趋于稳定，远远小于其竞争对手增长率的波动幅度，这便是长和系在风险管理上的出色表现的有力证明。

为了进一步加强风险管理，长和系通过国际化各项投资项目来保持盈利稳定。由于业务集中在一个区域，盈利便容易受到个别环境影响而波动，所承受的风险也相对提高。长江实业集团是要利用不同地区存在不同经济周期这个特质，使其业务存在于不同市场发展阶段和行业竞争程度，以达到平衡整体业务发展。

通过长和系把业务全球化的例子，我们可以了解国际化与其风险管理之间所产生的相辅相成的效果。

涉足石油

1986年12月，在加拿大帝国商业银行的撮合下，李嘉诚透过家族公司以及和黄，斥资32亿港元收购赫斯基石油公司52%股权。此外，李嘉诚拥有9%股权的加拿大帝国商业银行也购入赫斯基5%股权。当时的赫斯基只不过是一家资本支出与负债过高的中型石油公司，当年的石油价格曾跌到每桶11美元。但李嘉诚当时就预言，"世界石油价格短期内不会有太大升幅，长远来说可以看好。"李嘉诚收购赫斯基能源后，展开一系列急速扩张，趁低价购入更多的石油储存，以及多钻取石油以减低负债。1988年6月，李嘉诚斥资3.75亿加元，全面收购加拿大另一家石油公司Canterra Energy Ltd.，使赫斯基能源的资产值从原来的20亿加元扩大一倍。1991年10月，赫斯基能源的另一名大股东Nova集团以低价将所持的43%股权出售，李嘉诚家族斥资17.2亿港元取得了赫斯基能源的绝对控制权。经过多年开源节流和技术改造，李嘉诚把赫斯基由一家亏损企业变成了利润驱动器。同时，李嘉诚不断增购赫斯基石油股权。事实证明，李嘉诚买下这头奶牛是他一生中最伟大的投资。按照最新公布的业绩报告，受惠于油价持续飙升，赫斯基能源在2008年上半年，为和黄贡献了85.4亿港元的盈利，占和黄固有业务盈利的比例上升至28%。

走遍港口

和黄的港口业务在1979年只涉足于英国和香港市场，直至20世纪90年代初期，才开始积极发展其他地区。

和黄是在1992年开始发展中国港口业务。现在和黄在中国已拥有10个货柜码头，全都集中在国内的主要口岸。更重要的是和黄在主要的三个港口所占的吞吐量相当高：占上海吞吐量的41.22%，占深圳的45.98%，也占宁波的41.54%，而在全国的吞吐量中则占25.84%。由于国内经济发展迅速，和黄一方面不断增加国内货柜码头数目，同时也积极争取扩大各个港口中的权益。

和黄的港口业务真正走向国际化，应算是从1995年投资巴哈马市场开始，往后数年不断扩展至全世界。具体年份及扩展国家如下表所示：

年份	扩展国家
1995 年	缅甸
1996 年	荷兰、比利时、德国、印尼
2000 年	马来西亚
2001 年	阿根廷、巴基斯坦、坦桑尼亚、沙地
2002 年	韩国
2003 年	墨西哥
2004 年	波兰、泰国
2005 年	埃及

现在，除了中国香港及中国大陆外，和黄在世界各地多达 15 个国家拥有货柜码头权益。其中 5 个货柜码头更于 2004 年名列世界十大吞吐量港口。而且和黄在这五大货柜码头中所占吞吐量的百分率相当高。如果集中观察这五大货柜码头，其吞吐量在 2000 年至 2004 年期间出现了较明显的波动。但是，和黄业务的国际化这次充分显示出了其优势，即使个别港口吞吐量增长率较为波动，和黄的综合增长率却相对稳定。在 2000~2004 年期间，大部分时间保持双位数字的增幅。除了吞吐量增长率平稳上升，港口业务也为和黄带来了丰富的利润。一言敝之，港口业务的国际化不仅稳定，港口业务的平稳增长更为和黄利润的增长立下了汗马功劳。

港澳通电

和黄第一次涉足电力业务是 1995 年后收购港灯，真正的开始电力业务国际化则是在 2000 年港灯收购澳洲 ETSA Utilities 和 Powercor Australia 开始，其后港灯也于 2002 年收购澳洲的 CitiPower。

目前，长建及港灯在澳大利亚已拥有三个电网，同时长建本身在澳大利亚还有多项投资，包括成为澳大利亚最大的天然气供应商 Enestra 最大股东；该集团又获选为竞投新南威尔斯省悉尼一项 2000 米长的 Cross City 隧道工程的优先入标者。此外，和黄旗下和记电讯也在当地投资电信业务。至此，李嘉诚控制的长江集团已晋身为澳大利亚最大的海外投资者之一，总投资额约 400 亿港元，业务除了电力分销外，还包括电信、基建项目等。

电力业务的国际化同样为和黄带来了稳定的增长率。在 2001～2004 年期间电力业务个别地区盈利增长也出现了相当大的波动，甚至出现了负增长。但是，只要把港灯、ETSA Utilities、Powercor Australia 和 CitiPower 的息税前净利加起来，其每年的增长率波动幅度就大大减小了，并且一直保持正增长。

实现港口国际化联盟

和黄在发展国际业务的同时,也注重与主要竞争对手探索合作空间,以取得双赢局面。和黄于 2005 年 6 月宣布分别出售 HIT20% 与 COSCO-HIT10% 的实际权益,借此与新加坡港务局组成策略联盟。集团收取现金代价 9.25 亿美元,得到出售投资溢利港币 55 亿元。

和黄此举的背后动机十分明显,在 2004 年十大港口排名中新加坡港口位列榜眼,仅次于状元香港本地港口。事实上,近几年来,香港货柜码头的吞吐量已经出现放缓现象。和黄敏锐地觉察到了这一点,于是就逐步看淡本地的港口业务。与此同时,由于新加坡港务局本身也拥有本地货柜码头其他泊位的权益,所以买入后,可与和黄结成联盟,令葵涌货柜码头的减价压力进一步降低。这次和黄的行动可谓一剑双雕:不仅仅实现了国际化联盟,强化了国外大港口的业务关联,而且通过联盟加强了本地港口的话语权分量。

步入国际化与多元化

长江实业业务多元化始于 20 世纪 80 年代,是建基于财政稳健之上,而其业务的国际化则是建立在业务多元化之上,发展时间上也较业务多元化迟,始于 20 世纪 90 年代初。多元化和国际化交错的业务扩展模式使长江实业长期保持增长,盈利相当可观之余,增幅也非常平稳。长江实业涉足的行业非常广泛,平衡各个行业在盈利贡献上的优劣势后,长江实业所面对的风险反而变得非常低。与此同时,长江实业因国际化的关系也面对着地域性的不稳定,不过同样地利用各个地域来互补不足,结果,风险也大大地降低了。因此,多元化业务与国际化业务相辅相成,国际化业务建立在多元化业务之上,二者把风险分散,大大增强了长江实业集团的总体竞争力。

房地产企业如何应对金融危机

奥秘4:化繁为简,分散风险

随着李嘉诚王国的业务范畴不断扩张,李嘉诚发觉不能单靠业务多元化和国际化来分散风险,还需要不断审视集团架构,是否有机会通过重组,把风险再加以降低。

重组前,长江实业集团公司以及下属公司分三级排列。一级是长江实业(集团)有限公司,二级是和记黄埔有限公司和长江基建集团有限公司,长江实业(集团)有限公司同时持有这两家的股份,同时和黄也持有基建的部分股份。三级是港灯,和黄持有其部分股份。重组过后,集团的组织构架被大大简化了,呈直线型四级排列,从上到下依次是:长江实业(集团)有限公司、和记黄埔有限公司、长江基建集团有限公司、香港电灯集团有限公司。我们发现,重组过后,不仅仅是集团架构明显简化,更重要的是便于贯彻其风险管理策略。

众所周知,长江实业主要从事物业发展,业务主要在香港;长江基建则从事基础建设,

业务大都在内地。这两者业务性质相似，经营地域也唇齿相依，这等于是把鸡蛋放在同一个篮子里，风险得不到分散。因此，李嘉诚把长建归于和黄旗下，长江实业便不需直接负起长建的波动，而长江实业直接控股的只剩下盈利波动较小的和黄，达到风险分散的效果。

由于基建盈利波动大，投资庞大，资金压力比较大，而港灯盈利十分平稳，现金注入较多，另外，这两者业务相关性较低，于是，李嘉诚便利用港灯来平衡长建的盈利，从而分散风险。

事实证明，李嘉诚的重组非常成功。长建风险得到分散，而长江实业只直接控制回报稳定的和黄。港灯收归长建控股后，除达到风险分散的作用外，也为长建提供稳定及丰厚的派息，作为基建项目大额投资的资金。重组过后，长江实业的累计超额收益率不但处于正值，并且平稳上升。

恒基兆业——成功秘诀在于4大策略灵活运用

【恒基兆业的李兆基经营要诀为"先疾后徐,先声夺人"。凭借过人的资本运营能力使其资产净值劲升60%的骄人业绩,比巴菲特的投资业绩还高。】

资本为根,显示强劲资本运营能力

只身闯香港

地产三剑侠

恒基兆业地产有限公司(简称恒地,其前身为永泰置业有限公司)(港交所:0097)是一家在香港交易所上市的综合企业公司,由主席李兆基于1975年在香港创立。该公司1981年在香港上市,至今已发展成为香港最大地产发展商之一。连同旗下的上市附属公司,即恒基兆业发展有限公司,以及上市联营公司,分别为香港中华煤气有限公司、香港小轮(集团)有限公司及美丽华酒店企业有限公司。其核心

↘ 李兆基

业务为投资控股、物业发展、物业投资以及多项相关业务，包括项目管理、建筑、物业管理及财务业务。

恒基兆业集团公司构架图

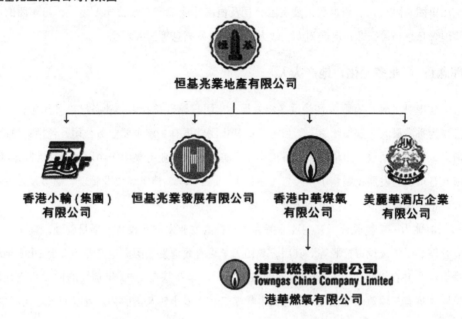

董事会主席李兆基，1928年1月29日出生于广东省顺德，自幼在家乡私塾受教育。1949年，李兆基随身只带着1000元，只身来到香港。最初，他曾在文咸东街荣昌金号等几家金铺找换买卖外汇及黄金，其后又经营过五金生意。1956年，李兆基开始经营地产，他与郭得胜、冯景禧等8位股东组成永业公司，购入沙田酒店经营。1963年，李兆基与郭得胜、冯景禧三人组成新鸿基企业公司，被誉为地产"三剑侠"。由于李兆基的年龄最小，被称为"地产小侠"。到1972年，新鸿基将股票上市，"三剑侠"也分道扬镳。

亚洲股神

李兆基具备较强的资本运营能力，其在2004年12月15日以500亿元成立私人投资公司兆基财经企业，并以美国股神巴菲特为榜样，希望每年有10%～20%的回报。兆基财经是李兆基的私人投资旗舰，主要从事股票投资，以中资股居多。截至2006年9月，其总资产超过800亿元，两年来劲升60%，回报率胜过巴菲特。李兆基也因股票投资中的眼光独具而被誉为亚洲股神。2008年，号称亚洲股神的李兆基，被评为全球房地产第三富豪，净资产190亿美元。

三大理念成就天王地位

恒基兆业从成立到发展为香港地产开发商"四大天王"（包括新鸿基地产有限公司、长江集团有限公司、新世界发展有限公司及恒基兆业地产有限公司）之一，与集团的运营理念息息相关，即：地产为大、做大做强、派发高息等三大理念。

理念1：产业多元化，地产为大

恒基兆业地产有限公司经过多年发展，集团规模日益壮大，业务已趋多元化，今天已成为香港最大企业集团之一。目前，恒基集团辖下有7家主要业务公司，包括：恒地、恒发、恒中、恒数、中华煤气、香港小轮及美丽华，其业务集中于中国香港和大陆地区，涉及各项物业发展（销售）与投资（出租）、项目管理、建筑、物业管理、财务及投资控股、销售煤气与信息科技投资领域。

恒地为一家控股公司，主要业务为参与香港物业发展及投资、项目管理、建筑、物业管理、财务及投资控股等。其后，集团为了更有效地发展国内地产业务，于1996年成为恒中，并在港上市。在物业投资业务方面，由李兆基在1972年创立的恒发负责，恒发同时拥有三项策略性投资——包括中华煤气、香港小轮及美丽华。互联网兴起大潮中，集团于2000年成立了恒数，集中经营信息科技业务。同时，借助其附属公司及盛世联营公司，集团亦参与公用事业、酒店、保安及零售业务。目前在国内亦活跃于物业发展、物业投资、能源供应及基建等业务。

虽然恒基集团所涉足的业务领域已成多元化趋势，但其地产资产值在总资产值的比重始终在50%以上，可见地产业务一直是恒基集团的核心业务。而集团主席李兆基也曾多次在公开场合表示对香港地产发展的坚持，发展香港地产为集团的基本信念是不容置疑的。

理念2：四面出击，做大做强

恒基集团的快速发展主要体现在公司成立到1997年亚洲金融危机之前这一阶段，主要通过大量购置地价土地以增加土地储备，以及为集团旗下公司进行并购重组等手段来壮大集团势力，实现做大做强。

大量购置土地增加土地储备

由于香港历来人多地少，一旦土地公开招投标时，成交地价往往偏高，于是恒基决定采取另类的方法购置土地来降低成本。恒基决定以现金购入农民手中的乙种换地权益书，然后等待政府宣布换地，这样便可获得低价土地了。另外，恒基还积极寻找香港和海外的地产经济搜寻旧楼，而后将旧楼收购，进行改建。通过这两种方式获得的土地，远比政府公开拍卖的土地价格要低。

收购重组达到做大做强

收购重组也是恒基集团做大做强理念的体现。20世纪80年代，恒地的上市以及永泰与恒地的资产重组，是恒基集团最具代表性的收购重组案例。而其在20世纪90年代成功收购美丽华更是令世人刮目相看，也为自己增添了不少的土地储备。

1975年，李兆基在市场关于传怡和香港电灯要恶意收购中华煤气的危机传闻下（当时董事局控制中华煤气的股权只有10%到20%之间），通过先买入约3%的中华煤气股份，继而通过证券商何延锡的帮助，分别通过股票市场经纪，收购了更多的中华煤气股份。李兆基于1983年成为中华煤气的董事主席。当时的中华煤气名下的物业包括多个煤气厂房：如马头角厂、大浦煤气厂、屯门天然气厂等，且马头角的南厂当时已获城市规划委员会（城规会）批准改为商业用途，且法律上并未限制土地使用用途。这些厂房为恒基后来进行房地产项目开发提供了大量的低价土地。

另外，在20世纪70年代中期，李兆基还看好油麻地小轮码头上的土地发展权以及中环统一码头的重建计划，且在其1991年就任香港小轮主席后完成了这两项收购，加大了集团的土地储备量。

而到了20世纪80年代，恒基实现做大做强的理念主要靠业务重组的手段。这一阶段对李兆基个人及恒基集团都是最重要的阶段。恒基集团重组前只拥有一家上市公司——永泰，同时李兆基还以个人身份持有中华煤气及油麻地小轮的股份，以及李兆基通过其私人公司恒基兆业有限公司（恒兆）全资拥有专门发展地产的公司恒地。而到20世纪80年代末期集团重组完毕后，集团已控制了多家上市公司，其中有市值100亿港元专注于地产开发（物业销售）的恒地；市值达39亿港元专注于投资物业（物业租赁）的恒发；以及市值达93亿港元的中华煤气及市值9亿港元的香港小轮。

恒基资产重组之恒地上市

恒基集团资产重组具有代表性的案例是恒地上市以及永泰注资恒地。恒地上市之前，李兆基先后将其持有 29.8% 的中华煤气股份和 21.6% 油麻小轮股份一并注入到恒兆全资拥有的恒地，为恒地上市集资。结果，恒地以超额认购 10.6 倍的情况下于 1981 年 7 月在香港成功上市，上市当日便创下成交股数最多及成交金额第二高的记录。恒地的成功上市，为集团筹集到了充裕的地产开发资金，且业务运作更加灵活。

上市前后资产净值的变化表

	资产净值（亿港元）	股数（亿）	每股资产净值（港元）
上市前	49.05	10.69	4.59
发行新股	10.00	2.50	4.00
发行费用	(0.50)	/	/
上市后	48.55	13.19	4.44

同时，恒基开始对旗下两大上市公司永泰和恒地之间进行合并，以壮大恒地的地产开发实力。1985 年 11 月，恒地宣布以每股 4.75 港元向李兆基及恒兆购入他们所持有的共 7 成的股份，以实现恒基集团多年来希望与永泰进行合并的愿望，即通过与永泰合并以充实恒地的地产业务。并且，恒地所持有的地盘数量增加约 30 个，土地储备的数量也有大幅提升。

理念3：派发高息，提升股价

投资者最关注的当然是公司的股票回报，而分红派息则是上市公司分给股东回报的常见形式，恒基兆业也正是通过这种手段不断吸引投资者。但自 1981 年 7 月上市起至 1992 年期间，恒地每股派息一直都比长江实业和新鸿基为低，每股股息不超过 0.5 港元。

发现派息比率低的缺陷——无法体现股份资产值

事实上，几年前李兆基已经留意到恒地的股份与资产值不成比例，这个现象不但对管理经营者有欠公平，对股东的权益也有损害。虽然恒地在经营地产成绩方面相当不俗，也并不比其他同等规模的地产公司逊色。但是，其股份价格却并不能充分而准确地反映出股份的资产值。李兆基开始不断地思考如何可以使恒地的股票更值钱，在经过了仔细的市场研究、资料搜集、经验推敲，他认定了集团的最大潜力仍然未能发挥。于是，他跟投资基金经理紧密商议，探讨原因，得到的启发是多数投资者对派息回报十分重视，而投资基金因要向信托投资者交代，也一样十分着重派息的回报。

在深思熟虑之后，李兆基决定委托仲量行对恒地进行资产股指重估，这一年也是恒基兆业战绩不俗的一年。因为在这一年，恒地成功地收购了美丽华公司。1993年闻名香港地产界的"美丽华收购战"原由长江实业和中信泰富发起，其估价由最初的每股7.2港元，长江及中信泰富的公开报价为15.5港元，但最终恒发以每股17港元成功控制美丽华。但三个多月后，美丽华的股价已大大超过恒基的收购价（约20港元每股）。

大大提升派息率

仲量行的重估结果是恒地的资产净值为680亿港元，平均每股净值为42港元，而当时恒地在股票交易所的市价大约是每股24港元，即估价比市价高出很多。同时，恒地也宣布该年的业绩纯利润增长64%，税后全年纯利高达40亿港元，全年派息1.1港元，加送1港元红利，合计2.1港元。

这一宣布，引起整个香港地产界哗然，恒地的股份立即从宣布派息前的每股24港元，攀升到每股28.7港元，升幅达20%。这表明一个原则，即估价变化紧紧追随着股息作同样的变化，也印证了传统投资者的说法——高股息有助于提高股价。也正是从1993年开始，李兆基开始对后市持相当乐观的态度，认为应当让股东开始分享成功果实。恒地将派息比率大幅调高至84%，其后7年都维持在平均约55%的水平，高于新鸿基（平均约44%）、长江实业（平均约21%）以及新世界，一直居于"四大天王"之首。这对李兆基来说，是名利双收的，也是其快速发展的开始。

1990~2000年恒地和新鸿基业绩表现对比

	恒地	新鸿基
主营业务利润/营业额比率	57%	52%
股本回报率	16.8%	10.3%
资产回报率	10.6%	7.8%
派息比率	52%	49%
市盈率	10.3	12.9

发债融资为股东实现更大利益

在这个基础上,恒基集团继续发扬光大,更应扩大运用资金,不是向银行借贷,而是采取自行集资的措施,这也为股东带来了更大的利益。在 1993 年,恒地和恒发共集资多达 90 亿港元,其中恒地通过可转换为恒基(中国)的可兑换债券、银团贷款和欧洲美元债券三种方式,分别集资 35.7 亿、13.8 亿和 23.8 亿港元,而恒发则以先旧后新配股集资达 20 亿港元。资金充裕了,恒基便可以涉足开发大型地产项目,从而保持公司持续的盈利增长。

恒基兆业这一阶段的快速发展,也正值香港房地产市场的巅峰期。房价连连攀升,投资利润丰厚,为地产商创造了一个高速发展的良好机遇和基础。恒基集团在这一阶段的业务营运边际利润率由 1990 年的 60% 大幅提升至 1995 年的 78%,远大于香港其他大型地产商。

4 大举动使恒基稳中求胜

1997 年上半年之前,香港楼市投机炒卖现象严重,房价已大大超出消费者所能承受的水平,房价收入比极不合理,地产泡沫正逐渐形成。而 1997 年亚洲金融风暴爆发,严重影响到香港地产业,市场非常低迷,恒地的销售速度和市值也都受到了负面影响。但由于恒地较为关注地产业务发展,对市场的前景仍旧看好,以减慢销售速度来应对市场的颓势,而不愿降价促销引燃惨烈的减价战火。与此同时,恒基从未放弃其"做大做强"的理念,在市场低沉及外围因素的不利情形下,依靠善价而沽、业务改组、私有化和维持稳定收入的策略,力求稳中取胜。

"善价而沽"保证了恒基所持有物业的增值保值性;"业务改组"延续了恒基地产为大的理念;"私有化"壮大了集团的地产开发实力;而"维持稳定收入"策略则让恒基成功实现了收入和利润的可持续性。这四种策略的巧妙运用,让恒基在地产行情低沉的形势下,依旧保持了资产的稳固性和营运能力的健康。不仅向我们展示了李兆基本人超强的经商能力,也让我们学习了"恒基兆业"这个地产界"百年老店"得以持续发展的成功秘诀。

举动 1:善价而沽,不动声色

"善价而沽"是指找到合适的价格才出售(物品)。恒基采用这一策略主要体现在 1997 年亚洲金融风暴的影响,香港楼市一片低迷,房价急剧下降之时。恒基没有采取地产商在楼市低迷的情况下疯狂抛售所持物业来稳定现金流,而是对未来的房地产市场前景做出了理性的判断。事实表明,恒基的决策是正确的,在经历了 1997 年的低谷后,香港房市持续回暖,恒基所持有的物业销售额大大提高,甚至出现溢价。

从 1997 年亚洲金融危机爆发到 2003 年"非典"疫情出现,香港地区的房价一直呈下跌趋势。在此期间恒地所拥有的待售物业要多于香港其他大地产商,且比重最大。

2002年10月各地产商的待售单位表

	待售单位数目	百分比(%)
恒地	2564	18.3
新鸿基	1143	8.2
新世界	709	5.1
信和	688	4.9
长江实业	604	4.3
恒隆	364	2.6
其他	7908	56.6
总数	13980	100.0

恒地之所以有这么多的待售物业未售,是因为其待售单位中大多数是豪宅,位于半山、何文田及大埔。李兆基预计市场最终将会好转,故宁可延迟销售及减慢项目的开发进度,而不愿降价销售,影响物业的销售利润。而事实证明李兆基的判断是正确的。从 2003 年以后,香港房价开始逐步走出低谷,呈上升趋势。

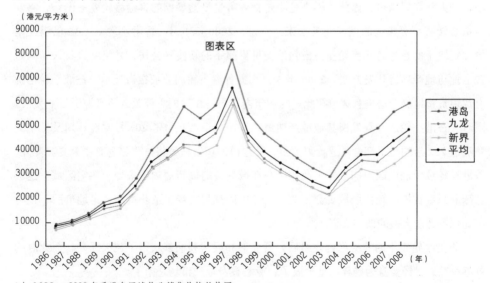

↘ 1986～2008 年香港各区域物业销售价格趋势图

从上图可以看出,香港 2005 年的平均房价较 2003 年几乎翻了一番。即便考虑到通货膨胀的影响因素,恒基所持有物业的增值还是显而易见的。当然,恒基采用"善价而沽"的前提无非有两个:一是对市场的预期发展有正确的判断力;二是集团旗下的业务是多元的,即不急于出售所持有的物业,其他业务的收入也能够维持集团的正常营运。再考虑到高端物业本身所具备的稀缺性,恒基"善价而沽"策略的成功,在今天看来是顺理成章的事情了。

举动2:改组变身,调配资源

"业务改组"是恒基对其所拥有的业务进行内部调整,强化集团内高回报业务,减小集团内低回报业务,是一种"优势集中"的策略。

随着香港房地产行情的逐步回暖,恒基的地产业务回报率增长明显。相反,其旗下的客运渡轮等业务日渐萧条,投资回报率较低。于是,恒基集团在 2000 年决定将旗下香港小轮的主要业务客运轮渡业务转出售给新世界集团,而香港小轮也开始转向地产业务。这样不仅坚定了恒基"地产为大"的经营理念,也提高了香港小轮的营业额和经营利润,进而提升了整个集团的净利润。

恒基集团业务改组的实质是为了有效地整合集团资源、赚取更高的收益。因此集团决定出售非地产方面的低回报业务,转而把资源调配到高回报的地产业务上来。

其业务改组的主要对象是香港小轮。因为随着社会的发展,交通也日益发达,搭乘小轮的人数大幅减少,因此香港小轮决定把业务量日益萎缩的客运渡轮业务出售,将业务重心转移到更赚钱的地产业务上来。于是,2000 年 1 月,香港小轮以 1.55 亿港元的价位将旗下的香港客运渡轮业务出售给新世界旗下的新渡轮公司,并将所得收入转向购置土地与地产项目开发方面。2000 年 3 月,据香港小轮的业绩报告显示,香港小轮已拥有数幅贵重地皮,这也意味着在此后的数年内,香港小轮的主要收入将来源于物业发展。同时,香港小轮还计划发展其他地产项目:其中包括大角咀道 201 号发展计划及位于大角咀道 222 号的员工宿舍重建计划项目,而之前的员工宿舍将被改建为商住大厦。此外,香港小轮位于油塘区内的建发工商业中心在城规会的最新规划中未处于住宅区域。这就意味着只要香港小轮按照城规会相关条例作出的规划,经申请获批和补足地价后,便可在此位置建造大型的商住大厦。

香港小轮旗下的业务经过改组后,营业额和经营利润都获得了较大提升。而此时的香港小轮,已经变身为纯粹的地产股了,专心投身地产市场之中了。

↘ 油麻地小轮

举动3：锲而不舍，推进私有化进程

"私有化"是资本市场一类特殊的并购操作，与其他并购操作的最大区别就是它的目标是将被收购上市公司下市，由公众公司变为私人公司。通俗来说，就是控股股东把小股东手里的股份全部买回来，扩大已有份额，最终让这家公司终止上市。恒基集团对旗下公司私有化，主要是为了整合内部资源，提升集团资金营运能力，最终成功实现壮大恒地地产开发实力的目的。在历经了私有化恒发的失败后，恒基不但没有气馁，反而一鼓作气成功私有化旗下的恒中和恒数。最终壮大了恒地的开发实力，其开发实力稳居香港前三甲。

两度决定将恒发私有化

1997年亚洲金融风暴后，恒发的利润增长迅速，由10.3亿港元增至19.8亿港元，其恒发的投资业务收入也非常可观。对恒基集团来说，一旦成功实现恒发的私有化，恒发的大量股息将会归集团自身所有，这将有利于强化恒地的地产业务，并为集团提供稳定的租赁业务收入。于是，恒基集团在2002年末决定将恒发私有化。

在宣布私有化建议前，李兆基与恒地分别拥有恒发1.43%及73.48%的股份。恒地原计划以每股7.35港元将恒发私有化，后来考虑了不同股东的建议后又将收购价调为每股7.6港元。集团也为这次私有化恒发做足了准备：恒地及煤气管理层，蓄意发放煤气市盈率偏高和不再派发红股等不利消息，意图拉低煤气价值，希望私有化计划顺利通过，并将投票日定在法定节假日的圣诞新年放假期间，为小股东的投票制造困难，最后，恒地还聘请所谓的"独立"财务顾问百德能来证实恒发私有化作价折让幅度是公平合理的。无奈2003年1月，股东公开投票中投反对票的小股东略高于规定的上限比例，最终私有化恒发的议案遭到了否决。

虽然这次私有化恒发的举措最终没能成功实施，但从收购者的角度看，恒地的累计超额收益率在私有化消息公布后急剧上升；而当私有化价格被提升后，累计超额收益率却急剧下跌，这足以表明恒基集团私有化恒发的建议对恒地及整个集团是有益的。同时，在恒发私有化失败不到一年的时间里，恒发的股价便超出了当初的私有化建议价（每股7.6港元）。可见，若当日私有化建议成功，对恒地肯定是有利的。

恒地三年后卷土重来，于2005年11月再次提出私有化恒发。不同的是，是由前次的现金方案，改成以股换股方案，私有化恒发，建议每持有2.6股恒基发展股份可换取1股恒地股份，后来虽然再调高至每2.5股可换取1股恒地股份，但最后也因小股东反对而告吹。随后，恒地通过收购恒发除煤气以外的资产，成功半私有化恒发。李兆基强调，现时投资者持有恒发或煤气已无大分别，因恒发承诺会将煤气所派的利息全数派发予恒发股东，故现时无计划再私有化恒发。

顺利私有化恒中和恒数

在第二次提出私有化恒发之前，即在2005年5月和8月，恒地分别提出私有化旗下子公司恒中和恒数的建议，并均成功获得通过。私有化恒中，是因为其自上市以后，经营表现并不大理想。其利润和手头现金都不充足，难以独立支持恒基在内地的发展。为了继续在内地发展地产业务，取得更大的业绩突破，必须用集团内部其他公司的资源来解救恒中，私有化恒中就理所当然了。再来看恒数的私有化，恒数的主要业务包括互联服务、电讯服务、商品销售服务、数据中心服务、智能大厦服务及信息科技投资。恒基当初创建恒数，也不过是赶互联网狂热的大潮，但自从2000年互联网泡沫破裂后，恒数几乎连年亏损，而且尽量削减投资活动，尤其是避免涉及大量资金投资。而通过私有化恒数，集团便可把资源由低回报的非地产业务调配到主要地产业务上来。

举动4：现金收割，稳定收入

"稳定收入"的策略，一般适用于业务多元化的企业。顾名思义，指公司在不同阶段对其拥有的业务进行战略性调整。在某一行业行情较好时，采取增加该行业相关业务量的措施；反之，在某一行业行情不好时，就缩小该行业相关业务。最终实现企业的收入和利润稳定化。收入和利润稳定化，是考量一个企业能否可持续发展的重要标准。

在房地产市场低迷时，恒地的销售物业营运边际利润率快速下滑，而且波动幅度较大。庆幸的是，其租金收入及附属公司（中华煤气等）的业务收入仍保持着较为稳定的营运边际利润率，这样就抵消了销售物业对公司整体营运边际利润率的负面影响，且有助于集团实现总体利润。

正所谓"现金为王",地产商开发地产项目的各个环节都与资金存在依赖关系。一旦市场低迷,销售回款困难,开发商只得通过其他途径寻求资金来源以维持自身的发展。恒地逐步增加其投资业务的比重,以稳定的租金收入保障了其现金流的可持续性。

香港中华燃气

而相比国内地产商,公司业务相对单一,对外来资金的依赖性要更强一些。在国内,房地产的资金来源从传统来说,主要依赖于信贷和抵押贷款、商品房和写字楼预售——通过预售提前回笼资金,投入房地产后期开发。这两种方式实际上是前几年一些房地产公司主要的资金来源渠道。现在国家进一步规范房地产的开发和销售条件,贷款制度更加严格,金融部门发放贷款的审核也更加严格,这两条路对于资质不够的中小企业来说基本上堵死了。那么剩下的就是基金和上市。基金也不可能,国内法律环境不健全;上市又受到证监会严格审批和限制,国家在进行调控,当然会控制上市的规模和速度。所以,业绩和规模都不够的企业就不可能成功上市。现有正常情况下,中小房地产企业的资金不足问题解决不了。但是,现在很多海外基金已经瞄准中国房地产市场,正准备大规模收购国内的项目。所以,这些面临资金紧张的企业可以将自己卖出去。

恒基"稳定收入"策略,为国内的地产开发商树立了"合理融资"榜样。恒基的成功经验表明,地产开发的资金来源,仅仅依靠外部资金的注入是很难取得持续性发展的。地产商只有提升企业的内部融资能力,才能在楼市低迷之下健康地生存下去。

私有化子公司大有益处

恒基之所以锲而不舍地进行内部公司的私有化,对其情有独钟,主要是私有化对整个集团的长远发展有着重要的意义。其私有化计划的主要目的有以下几点:

1. 有利于简化公司构架,整合营运成本,求取经济效益;
2. 可以调配资源到重点项目,比如国内地产;
3. 如能以低于市价去收购旗下子公司,可为恒地带来市值增值;
4. 集团自身可获得股息,不必派发给小股东,增加了集团的营运能力。

最终,虽然恒基在私有化恒发时没能取得成功,但最终为后来私有化恒中和恒数积累了经验,而且逐步改变策略"半私有化"了恒发,实现了其私有化计划的主要目的。

万科：中国房地产行业的领跑者

【2007年万科共销售住宅4.8万套，位居世界首位。它是中国大陆首批公开上市的企业之一。它通过加法与减法策略，把自己推上了房地产专业化的发展之路。】

专注地产，走专业化道路

加法与减法，多元和专业的最终选择

1990年万科决定向连锁零售、电影制片及激光影碟等新的领域投资，初步形成了商贸、工业、房地产和文化传播的四大经营框架。1991年6月，万科进入上海，开始了跨地域发展房地产业务。到1991年底，已包括进出口、零售、房地产、投资、影视、广告、饮料、印刷、机加工、电器工程等13大类。"加法"使万科走上了多元化之路。

1992年前后是万科多元化发展的鼎盛时期，发展中的万科很快意识到多元化可以做到东方不亮西方亮，但是多元化也直接导致了资金、人力等各种资源无法集中，每一个行业没有稳定的根基，要承担的风险比较大。于是万科在王石的带领下开始做"减法"来给自己"瘦身"，实行诺基亚战略，走专业化道路。

为了更好应对市场的变化，万科提出了以房地产为主业，从而改变了过去的"摊子平铺、主业不突出"的局面，从1992年开始全线收缩，卖掉了所有盈利但与房地产业毫无关联的产业。与别人卖企业不同的是，万科的几家企业都是在盈利状态下被卖掉的，目的是为了逐渐实现企业的专业化经营。如扬声器厂、"怡宝蒸馏水"等。

什么是诺基亚战略

所谓诺基亚战略其实是指专业化战略。手机巨头诺基亚公司在进入移动电话行业之前，已经有133年的历史。基于对数字产品前景的看好，诺基亚砍掉了计算机、电缆、电视等生产部门全力发展数码式移动电话。在移动电话领域诺基亚不断推陈出新，在短短几年内占领了中国市场30%的份额，诺基亚的成功是专业化战略成功的最好例子。

跨越 房地产企业如何应对金融危机

1994年万科提出以中档民居为主，减少在房地产上的开发品种，当年万科开始分期转让在全国30多家企业持有的股份。万科企业的专业化调整带来的威力逐步显现。万科房地产业务利润的比例在公司利润总额的比重不断加大，由1992年的44.76%上升到1994年的68.58%，1995年进一步增加到75%以上。万科1995年的年报显示，每股盈利达0.606元；扣除非经常性损益后，净利润同比增长了104%。而万科在没有集中房地产开发品种之前，房地产业务只能以平均30%~40%的速度递增。

万科真正完成收缩是在2001年完成了转让万佳之后。通过卖万佳百货使万科获得了5亿元急需资金，为万科的核心业务——房地产开发提供了强有力的支持。至此，万科彻底退出了与房地产无关的行业，历经多年的专业化战略调整全部完成，开始进入专业化的快速发展轨道。

住宅产业化让专业化道路走得更远

当整个房地产行业为适应种种政策限制时万科提出要走产业化、标准化路线。万科于1999年建立了中国第一个民办的建筑技术研究中心，并于2002年建成了万科建筑研究中心大楼，要学习国外领先地产企业"工厂化作业"的房屋生产方式。追求企业工厂化发展，带领中国房地产行业走住宅产业化道路，用产业化方式降低建造和客户购买成本，率先在中国带领中国房地产行业住宅走产业化道路。

住宅的产业化道路，万科是从住宅的标准化开始的。2002年，万科"情景花园洋房"获得国家知识产权局的专利授权，成为中国住宅业第一个专利产品和第一项发明专利。自2003年万科在业内率先启动住宅产业化研究以来，万科在住宅标准化生产方面一直处在国内外前列。2003年万科集团还发布了万科"双标"文件，即《住宅使用标准》和《住宅性能标准》。这是万科一系列内控标准的开始。2004年，万科集团在标准化工作的基础上，启动工厂工作，成立了工厂化中心，开始万科工厂化住宅的研究工作，所有的工作必须在四个阶段循序渐进：认知、掌握、创造、应用。在2004年原建设部组织的全国考评验收中，北京万科星园、长春万科城市花园、武汉万科四季花园等被建设部授予"全国物业管理示范小区"。2006年，万科制定了中长期工业化住宅计划，从三条路线完成工业化住宅的商品化：一条是RC的工业化；第二条是PC工法的开发；第三条是内装的工业化。

一环扣一环的防御术化解危机

25%的利润原则打响品牌第一炮

1992年初，邓小平南巡讲话后，全国各地加快改革开放步伐，加大开发建设力度，房地产产业迅猛发展：开发企业层出不穷、土地大量占用、开发投资量猛增、开工竣工面积急剧上升、房地产价格不断创造新高，炒作房地产之风盛行。1993年上半年，中央针对经济发展中的"泡沫"现象，适时做出了加强并通过宏观调控促进经济健康发展的决定，紧缩银根，压缩基建规模，房地产热得到了控制，但房地产市场中的"泡沫"依然存在。

面对着严峻的房地产行情，万科一面"减肥"卖掉与房地产不相关的业务，为企业增加营运资金，万科还大幅度收缩战线，开发城市从13个锐减到5个，正是这期间的调整，让万科学会了风险控制，学会了集中资金与人力走专业化发展的道路。另一方面是万科在1993~1997年整个宏观调控中给自己有了很正确的市场定位，当房地产业充斥着"利润低于40%不做"这样的心态时，万科却"大逆房道"提出"高于25%的利润不做"的口号。它有效规避了高风险的项目，在随后到来的宏观调控中,万科没有遭到太大的损失。在一个暴富并且梦想进一步暴富的时代，王石能够如此冷静，定力不简单，也正是这种不急功近利，让万科打响了营造名牌的最重要的一炮。

这些苦练出来的本事与理念，成就了万科的龙头地位，从中所学到的经验更为万科应对1998年、2008年两次金融危机对房地产业的挑战，提供了方法论基础和沉着应战的底气。

使万科险中取胜的三招

1997~1998年的亚洲金融危机,为了降低金融危机对万科房地产的影响,更为了实现万科的专业化道路,1997~2002年万科主要做了以下调整措施来应对金融危机对其发展的影响:

第一招:为加快专业化经营的道路,万科抛弃与地产无关业务

特别是1997年万科以协议的形式转让扬声器厂,当时其生产的电话喇叭占国内份额的40%,生产的电话和电视机配件,市场占有率也遥遥领先于竞争对手,并拥有TCL、康佳这样的大客户。1998年,位居广东水饮料市场第一名的"怡宝蒸馏水",是国内的最大的蒸馏水生产厂,但是为了适应整个集团以及迫于金融危机的影响,万科把它转让出去。

万科真正完成收缩是在2001年转让万佳,万科转出所持万佳72%股份,增加净利润1.715亿元。至此,万科彻底退出了与房地产无关的行业,历经多年的专业化战略调整全部完成,开始进入专业化的快速发展轨道。

第二招:为吸引顾客购买积压楼盘,采取改造调整策略适应需求

1997年是万科地产转型时期,当时万科一些分公司出现楼盘积压问题,为了抽回积压资金万科通过充满热情的广告造势、美轮美奂样板楼以及小区园林的改头换面提高了楼盘的交易额,这在万科发展史上被称为"孔雀开屏"行动,除了通过媒体宣传来扩大楼盘影响力外,在这次行动中还重点展现了万科的服务意识和服务档次。到1998年万科专业化水平有所提高后,它改弦更张以"灵巧制导"取代"孔雀开屏",对问题项目采取实质性的改造和调整来适应市场需求。

第三招:开辟新天地,引进新模式

1998年,正是万科专业化战略基本定位,房地产开发进入了大发展阶段。这时,万科受其"老师"新鸿基地产"新地会"启发,开始组建一个庞大的会员组织——万客会,即是让客户管理和沟通实现平台化,像蓄水池一样积累和培育客户。万客会的绝招是积分制,买万科的房子积分,推荐朋友买万科的房子推荐者也积分,给《万客会》杂志投稿积分,甚至给万客会提意见也积分,然后用积分换取物业管理费。万科为"万客会"不惜血本,凡有万科开发楼盘的地方都成立"万客会",单是《万客会》杂志的用纸都比大名鼎鼎的《万科周刊》多了好几倍,质量也属上乘。

高瞻远瞩，万科四只手抢占过冬先机

2008年，房地产开发商经历了前所未有的困难，经济风暴的袭击更让开发商雪上加霜。市场顺风顺水，平庸一些无妨；若要逆水行舟，非高手不可。2008年，房地产市场一直在低迷中徘徊，平庸者即使使出浑身解数，到头来依然是随波逐流；而个中高手能独辟蹊径，冲破困局，使楼盘销量逆市飘红。无论产品创新、服务创新，还是价格突围，他们必有各自的"独门武功"，2008年的楼市书写了一本"黄金教科书"。

↘ 长春万科城市花园

第一只手：超前造势，为降价铺路

2007年是房价上涨幅度最惊人的一年。央行进行了多次加息，并出台了第二套房贷款上调利率和首付比例的政策。进入第四季度政策效果逐步显现出来，楼市成交量开始下滑。当时很多开发商认为这只是短时间的调整，对成交量的下滑并不以为然。但2007年底，王石引领的万科在深圳率先降价。2007年12月24日，万科董事长王石抛出了拐点论，王石认为，房地产市场出现的拐点不是从长期上涨到长期下跌的拐点，更不是从大涨到大跌的拐点，而是从快速上涨到理性调整的拐点。

王石刚抛出"拐点论"时，外界尚有万科是否在"清理门户"的争论，然而一年过去了，事实已经证明，王石的言论不过是为旗下楼盘"快跑"造势。尽管这样王石是用迂回战术来换取万科的良好业绩的，同时为了达到提高业绩的目的，利用他在地产界的话语权，制造了拐点论和四十岁后再买房的话题，一时成了业内外有关房地产的热门话题，把中国房地产舆论界搅得一片混乱。

第二只手：降价促销，快速回笼资金

房地产企业在2006年和2007年上半年高速扩展，因此2008年房企所需要的开发资金非常大，虽然众多房企已

调整开发周期来缓解资金压力,但资金需求量大的客观事实依然存在。同时受信贷紧缩、股市融资困难的影响,房企普遍面临资金紧缺的问题,行业洗牌大有一触即发之势。在这种情形下,拥有足够现金就等于在行业洗牌中占据了战略制高点。

在资金链压力下,个别楼盘和个别地区的房价出现了打折销售,在深圳、广州一些地区的楼盘甚至出现了不同程度的下跌。2007年10月20日,万科以7500元/平方米的低价推出位于深圳龙岗坪山的万科金域东郡,开盘当天售罄。这拉开了其后万科各地陆续降价的帷幕。

万科降价主要是出于两个方面考虑。第一,先由王石抛出"拐点论"之后,引起一片骚动,使房市弥漫在冬天寒冷里,抖擞了好一阵子,正当大家在讨论拐点何时出现时,此时万科抢占先机,快速回笼资金,达到了"美誉"与业绩的双丰收。第二,在日益从紧的货币政策下,万科想启动再融资计划。

2008年10月28日公布的万科第三季度财报显示,万科实现结算面积60.4万平方米,结算收入51.9亿元,同比分别增长102.0%和74.0%,受计提存货跌价准备等因素的影响,公司三季度的净利润为2.15亿元,同比下降13.4%。这个报表有两层含义。首先,在如此恶劣的大形势下万科仍能获得不俗的盈利,在同行中已属佼佼者,更显示万科率先降价之效用。其次,万科在三季度报告中计提存货跌价准备人民币5.35亿元,成为行业内率先计提存货跌价准备的企业。

第三只手:调整项目进程

一方面是金融危机的影响,另一方面消费者心理的坍塌,使得房价一路下跌,观望成为楼市的主流。为了使推盘计划和销售进度相匹配,合理控制存货规模。也使万科有更充裕的时间,根据市场变化对产品结构进行优化,更好地适应购房者的主流需求。万科从2008年上半年开始整体放慢了新项目开发节奏,全年的新开工面积由2008年年初计划的848万平方米调整为570万平方米。这一步,也是走在其他开发商前列的。

第四只手:实行多元化融资和稳定的财务策略

多元化的资金获取渠道,降低了企业运作中依赖单一融资渠道带来的风险。之前,万科与新加坡政府产业投资有限公司之附属公司新加坡 RecoZiyang Pte 签订协议,通过设立项目公司或者投资项目公司股权的方式在中国境内进行房地产项目投资,这一举动被业界赞为首开先河的金融创新模式。万科在2008年10月17日成功发行总额不超过59亿元的公司债券,其中44亿将用于补充流动资金,旨在优化企业负债结构、增加财务稳定性。

武汉万科四季花城

万科长期以来把资产负债率控制在一个合理的水平线上，2008年10月28日公布的万科第三季度财报显示，在发行59亿公司债的情况下，资产负债率为69.7%，低于业内平均水平。郁亮在发行公司债的说明会上，斩钉截铁地说出了"找不到第二个比我们更有钱的发展商"的话。的确，许多公司早已经停止拿地了，就算有价廉物美的地块，他们也早已心有余而力不足了，只能望地兴叹，只有万科在2008年9月仍取得了5个新项目，虽然其中的4个属于股权合作，万科在拿地方式上的日趋成熟理性。这些措施是万科抵抗寒冷的有效手段，他体现了万科成熟稳健的经营智慧。

万科内外兼修的4大法宝

中国的企业不缺"漂亮仗"，也不缺"高成长"，保持10年以上的持续成长，需要坚强的意志、长远的筹划、平和的心态和理性的节奏。2002年，专业结构的调查结果显示，万科到今天仍然是1995年以前上市的311家上市公司中排名持续上升的企业之一。万科在房地产行业持续成长了24年，而且保持着领跑者的地位，内外兼修对万科的发展是至关重要的。

法宝1：独特的企业文化增强凝聚力

万科的创业者和管理团队始终以职业经理的道德操守严格要求自己，敬业爱岗，全心全意回报股东，万科形成了一整套与职业经理人相关的企业文化宝典，万科的管理点点滴滴中都透露着宝典的魅力——专业、专注、细致、严谨。在万科工作久了的人都会有"万科情结"，总是会在不经意间流露出自己对人居文明发展的憧憬和期待。对于万科人来说，一个建筑不仅仅是商品，它更承载着一种追求、一份成就感。

追求理想主义，增强企业凝聚力

万科积聚了一批拥有共同理想的优秀人才形成了不断进取的创新精神和蓬勃向上的公司气氛。以人为本的万科企业文化极大地增强了万科的凝聚力，万科倡导健康丰盛的人生，追求的价值观在于有兴趣的工作、健康的体魄、开放的心态、乐观向上的精神等，促进职业经理观念的革新和灵活。

发展均好，创造充满激情的环境

万科是人性张扬的企业，它不以赢利为惟一目标，不单纯为客户提供住所，而更用心去推行一种新的生活方式，参与城市成长和城市文化建设的进程。企业在加速发展中必须要保持均好，因为发展均好是万科的重要竞争优势，均好中赋予自己和客户一个充满激情的环境，这是万科企业文化的基石，也是万科吸引人才的魅力所在。

做善于思考的企业

华创前总经理黄铁鹰说，万科的可怕之处，在于万科有一群思考的脑袋。万科试图在公司内部形成一种"包容"的氛围，这种氛围包括充分的授权和信任。在万科，想得到的都可以去做，衡量做得好不好的标准是对公司的利益是否有益。人才是万科的资本，专业和敬业则是人才的资本。在万科对职业经理的基本要求中，职业精神、专业能力、团队协作精神始终处于突出的地位，勇于负责是职业精神中最重要的一项。

法宝2：产品持续创新

没有任何一家企业能在今天的市场环境中依靠一种固定产品持续领先。唯有不断创新，才能保持企业的市场竞争力。万科住宅项目产品经历了三代发展，已经形成了一套比较成熟的运作模式，从最早的天景花园到进行全国化复制的万科城市花园，万科四季城等，直到现在的万科十七英里、万科第五园等，其产品涉及大众的住宅物业、城市精品住宅产品开发为主体，产品创新为核心竞争力的产品项目营运体系。

对完美的不懈追求造就了万科竞争力

"专业追求,永无止境",表达了万科对完美精神的"迷恋"。

万科在过去十几年的房地产开发中把"品质是万科地产的生命线"这句话当成是万科成长道路上的座右铭。万科产品有自己独特的文化气息和人文情怀。万科给客户提供的远远不止一幢房子,"建筑无限生活"是对万科这个房地产"痴情儿"的最佳诠释,"以客户为导向"贯穿在万科全业务流程中,它们最终构成了万科企业宗旨最为核心的内容。

坚持创新,持续领跑

万科给自己的定位是"领跑者",要把"创新坚持到底",走在前面。如在国内首先提出要走"中国房地产住宅产业化道路"。

万科在两个方面的作为值得同行学习:一是充分研究、深度细分的目标消费群体生活方式变迁及其对住房需求的新概念,并以此作为新住宅与社区设计的基础,从而真正转变了到卖房才开始考虑消费者需求的营销模式,而进入了基于消费者需求概念加以设计的从头营销;二是突破传统设计思路,把市场取向与开放式设计理念带到设计群体中去,从而推动青年设计师群体开始更有取向的理念。

万科的住宅产业化试验

所谓住宅产业化,即在工厂生产修建住宅所需的部件模块,然后运送到工地搭建。这个概念万科提了有7年之久,直到2007年才真正进入"实战"阶段。对此王石曾经解释过,万科发展住宅产业化,主要目的是突破公司生产规模化之后对于产品质量的控制瓶颈。如果不进行产业化施工,当公司销售额超过600亿元时,由于产品质量造成问题,对万科而言将是灾难性的。

2007年年初,万科宣布其在上海的"新里程"项目的20、21号楼成为推进住宅产业化的第一个试点,试点楼面积2万多平方米。

住宅产业化,也可称之为工业化建房,1968年起源于日本。联合国经济委员会给其下的定义是:生产的连续性;生产物的标准化;生产过程的集成化;工程建设管理的规范化;生产的机械化;技术生产科研一体化。按照实施住宅产业化国家的专家所言,住宅产业化具有"资金和技术的高度集中、大规模生产、社会化供应"三个特征。

法宝3：用人3大原则

21世纪最宝贵的是什么？是人才。对于房地产业领先者的万科更是如此。人才是万科的资本，专业和敬业则是人才的资本。1988年，业界众多人士认为对于公司当时的发展，土地、资金比人才更重要。但王石却开创了"人才是万科的资本，是万科核心竞争力"的人才观。万科致力于要成为学习型的组织，要让员工在万科的生活中增值，他们对员工有充分的尊重，他们要做行业的领跑者并让万科成为职业经理人当家的公司。

此外，在招揽人才的过程中，万科形成了自己的三大"纪律"。

原则1：举贤避亲，亲属不共事

万科用人第一规则完美诠释了"天涯何处无芳草，何必要在自家找"。万科希望公司内的年轻职员完全凭自身的能力来获得没有天花板的上升空间，而不是靠裙带关系。

原则2：培养职业经理人

职业经理团队是万科人才理念的具体体现。持续培养专业化、富有激情和创造力的职业经理队伍，是万科创立和发展的一项重要使命。万科寻找人才及其对人才吸引的法宝，首推的是公司本身的发展所能给员工提供的众多机会，但最重要的一点是："万科充满理想主义色彩的企业文化是职业经理人难于抵挡的诱惑"。

原则3：不反对使用空降兵

曾经，万科是反对"空降部队"的，用人主要以内部提拔为主，自己培养人才。自2000年后，万科开始有意识的在行业内挖人，这些空降部队，大都来自五湖四海，对如何融入万科文化可以说就是一种挑战，但这才能引发新动力，满足万科在项目发展上的各方面需要。

法宝4：注重市场，企业制胜的法门

"客户是万科永远的伙伴"是万科的核心价值观之一。市场对万科产品和服务的"情有独钟"源自万科对市场的关注，对客户需求的悉心推敲，对市场机遇的把握。

万科最基本的管理哲学——立足市场

企业能否成功，市场是唯一的试金石；企业能否成功，最终的评判是客户，这个最基本的管理哲学——"立足市场"被万科列为企业永远制胜的不二法门。

客户是万科永远的伙伴

万科的客户理念不是仅仅成为一个客户服务部门，为客户创造价值是万科存在原因之一，万科利用自己作为发展商的专业能力为客户创造价值，做好客户服务一直是万科赖以生存的法宝，客户需要的不仅仅是万科的微笑，解决问题的效率才是第一位的。"建筑生活，从懂得客户开始"这是万科十余载耕耘的感悟。

在24年持续发展中，万科一直主张——尊重消费者不仅仅是企业应当恪守的社会义务，更是万科赖以生存的发展之道。万科的核心价值观明确提出"客户是万科永远的伙伴"，是最稀缺的资源，是万科存在的全部理由。

万科的持续发展是中国中小企业发展中的传奇，它在面对危机以及房地产新政策出台的那份冷静、睿智、先见之明，值得很多企业学习。海燕有时也会飞得很低，但企鹅永远也飞不到海燕的高度。我们不否认万科在其发展的过程中某些方面表现得不足。同样，从资本结构、公司战略、治理结构、管理团队，到产品生产、公司文化、品牌价值，万科目前仍是房地产行业中最具有竞争力的。

创新商业模式，成就中国地产流通行业传奇

【易居（中国）是国内首个提出房地产流通服务商概念的企业。在八年时间里完成了公司创业到纽约上市的飞跃，成为中国房地产流通服务领域的整合者和领导者。】

4大服务成就中国最好地产服务生

构建综合性流通服务系统，4大服务成就最有效的商业模式

当被问及易居（中国）是否会介入开发领域时，易居（中国）董事局主席周忻的回答斩钉截铁："不会！只做流通服务，100%的流通服务。" 而他关于流通服务的定义也非常宽泛：咨询，一手，二手，基金管理……皆可纳入其中。

一手房代理销售业务

一手房代理销售是易居（中国）的发家致富的业务，也是营业收入的主要贡献者。该业务由上海房屋销售（集团）有限公司（简称上房销售集团）承担。目前，上房销售集团拥有一支专业水平高、操作能力强的营销和策划团队。通过实用高效的推广渠道和运作方式，为住宅、商业、办公、酒店公寓等各类物业的发展商提供地块评估、市场定位、客户分析、产品建议、企划推广、销售代理、后期服务等全程一站式房地产营销代理服务。业务内容涵盖土地一级市场、增量房屋二级市场和存量房屋三级市场，业务范围已覆盖华东、华北、华南、华中和西南等主要大型城市。这一业务的盈利模式是销售佣金和超价提成。

二手房中介业务

二手房中介是易居（中国）主营业务中起步比较晚的一项，业务承担者是易居臣信。易居臣信是 2005 年 11 月由上房销售集团与台资中介公司上海臣信房地产经纪有限公司联合成立的。2007 年 3 月，易居臣信收编杭州金丰易居，开始进行全国布局。目前，易居臣信凭借雄厚实力，已在上海、武汉、杭州、香港和澳门等地遍布了 200 多家房产经纪门店网点，率先在上海实现项目营销的二、三级市场联动及搭建异地推广平台，并逐步在全国大中型城市复制。易居臣信主要是为个人和企业客户在中高档住宅、商铺、办公楼等领域提供专业化、多元化的买卖及租售业务，而二手房资金监管服务、金牌置业顾问服务、权证代理服务等购房置业服务已成为其特色服务。

信息咨询业务

信息咨询是易居（中国）最具特色的一项业务，由上海克而瑞信息技术有限公司（简称克而瑞）实际承担。依托房地产研究和信息平台，易居（中国）为开发商提供土地竞购、战略协作、产品开发和营销策划等专业咨询策划服务。一方面，易居（中国）资助的上海易居房地产研究院，定期发布市场统计数据和专业研究报告；另一方面，公司开发了拥有自有知识产权的中国房地产决策咨询系统（简称 CRIC 系统），该系统定位于房地产行业的 Bloomberg，包括房地产信息如土地、住宅、商业、办公等信息及相关规划、交通、地图信息、地理信息、属性信息等即时查询、统计。咨询业务产生的服务性收费是目前该项业务的主要收入来源，公司面向开发商等客户开展的 CRIC 系统的订购业务，也是其收入项目之一。

广告创意及传媒业务

构架起上述三项业务后，易居（中国）并没有赋予各项业务相同的权重，并固定下来，而是不断关注新业务。2008年，易居（中国）开始利用资本市场平台和自身的专业优势

解释：Bloomberg

Bloomberg 指彭博资讯，是全球领先的数据、新闻和分析的供应商，成立于 1982 年的美国彭博资讯公司是目前全球最大的财经资讯公司。

从事房地产投资基金的管理业务。通过组建专门的房地产投资基金，对中国房地产开展项目收购、包销、股权收购、参股等系列业务活动，在海外投资人和中国房地产开发商之间架起一座资本和业务沟通的桥梁。2008年底，又新开辟了第四个业务板块——广告创意及房地产传媒。

易居（中国）通过架构一手房代理销售、二手房中介、信息咨询等业务，实现了房地产流通产业链的一体化，不仅能够为房地产链条上不同类型的客户提供相应的服务，也为各板块的联动提供了可能。

专注于房地产流通服务业，大而全、综合性强的模式已被发达市场证明是最有效的模式，从以下注资行为及上市都能证明这一点。2005年初，香港红杉资本中国有限公司创始合伙人沈南鹏作为天使投资人成为易居（中国）的股东；2006年3月，瑞士信贷集团旗下的DLJ房地产基金、崇德基金、SIG、Farallon Capital等4家私募基金联手注资2500万美元；2007年8月易居（中国）在美国IPO获追捧，主承销商美林认为，综合性的地产服务是其一大亮点。

永续服务，为客户创造最大价值

易居（中国）的愿景是以创新的理念、完善的标准、卓越的品牌、菁英的团队、永续的服务，发展拥有100万会员，贯通房地产流通服务产业链，构筑中国最具价值的房地产流通服务体系，从而完善中国房地产流通行业的格局，提升房地产服务行业的能级，丰富流通服务的内涵，推动整个行业健康持续发展。

因此，在易居（中国）团队的信条里"开发商通过拿地、开发，实现了土地价值和开发价值，易居（中国）所要做的，就是运作专业的策划与销售，将价值链条中的营销价值最大化。"而关注消费者需求、持续实现开发商价值最大化，正在潜移默化成为每个易居（中国）员工的行为信条。正是凭借着这种信念，易居（中国）在与最注重专业的开发商合作中，也收获了不错的成绩。目前，易居（中国）已与万科、中新集团、建业集团、恒大等签署了战略合作协议，为这些公司提供销售代理、房地产市场研究和咨询等服务。

抽丝剥茧地分析易居（中国）与万科的强强联手，似乎能更加清晰地理解易居（中国）的信念和服务理念。

一方是地产流通领域的第一品牌，一方是地产开发领域的第一品牌，两者强强联手得益于双方共同的价值观、服务理念以及对专业的高要求。易居（中国）以关注购房者需求来构建营销体系，万科以客户为导向的开发体系，两者在核心价值观上具有"共同语言"，具备了合作成功的前提条件。

在流通领域，易居（中国）积累了足够的人才、资源和规模，易居（中国）资助的研究院，长期从事区域市场、客户分析、品类管理、媒体整合与传播等方面的研究，具备业内领先的综合实力。万科一直提倡标准化的开发体系，在客户管理、物业管理、工程管理等方面形成独有的万科特色。这些都使得两者在专业方面有了"共同语言"，能有效实现专业互补。

在客户服务方面，秉承让中国人住得更好的理念，易居（中国）在 2000 年就成立易居置业会，其作为易居（中国）在房地产流通服务领域的客户服务品牌，专职提供市场咨讯、新房销售、二手房租售等定向购房置业的一站式全程服务。目前，已在上海、北京、武汉、西安、成都、天津、南京、无锡、徐州、济南、郑州、长沙、福州等近 30 个城市建立了易居置业会，现有全国会员 30 万余名，是目前国内最大的会员制购房俱乐部。万科也有蜚声业内的万客会，形成了很强的口碑传播。万客会成员对万科品牌认知度高，易居置业会会员则具备广泛的置业需求，通过有效交流，两者又能形成一定的交集，从而进行针对性极强的推广，降低传播成本。

立足现代服务业，以永续的服务，为客户创造最大价值，易居（中国）已建立起全过程全方位的住宅消费服务系统，正走精细化扩大市场占有率、专业化创造客户价值、品牌化实现最大价值的可持续锐意发展之路。

4种精神在易居（中国）流行

大海、大雁、亮剑、吃蟹四种精神源发于何时、何地、何人，不可考，但他们一直在易居（中国）存在着，传播着。

大海精神

大海精神，是一种包容精神。要建立中国房地产流通服务行业的企业王国，必须用海洋一般博大的胸怀来贯彻这种大海精神，无论一滴水来自何方，也不论这滴水到底有多大，只要她愿意融入大海的怀抱，易居（中国）用最大的热情接受他、拥抱他。

大雁精神

大雁精神，是一种无私的团队合作精神。随着企业规模不断壮大，拓展的领域越来越广、抢滩的城市越来越多，必须继承和发扬这种精神，让每一个易居（中国）的同仁伴随着企业的发展同步成长。

亮剑精神

亮剑精神，是一种大无畏的拼搏精神。亮剑精神让易居（中国）在过去八年的市场竞争中脱颖而出，成为中国房地产流通行业的领导品牌。

吃蟹精神

吃蟹精神，是一种坚持不懈的创新精神。从二三级市场联动到上房置换模式，从房屋银行到购房中心，从火爆营销到研发咨询，易居（中国）从创始至今都充满创新精神，这也是企业引领行业多年的根本所在。

大海、大雁、亮剑、吃蟹四种精神，这些隐喻具有鲜活的生命力。而这些隐喻在精神上的认同，牵引着易居（中国）员工始终不懈地追随企业的愿景。

最大差异化竞争优势——CRIC系统

建立房地产信息系统，构筑强劲竞争优势

在众多的房地产服务商当中，易居（中国）可以说是核心竞争力最突出、商业模式最具创新性的一个。而这首先应该归功于一个叫做CRIC的系统——又称为中国房地产决策咨询系统。正如易居（中国）上市的主要承销商——美林投资银行所说的，易居（中国）的CRIC系统，在房地产服务行业中的独特性非常具有竞争优势。这也是易居（中国）上市路演中，国际投资者认可度最高的业务板块。

2001年，成立一年后的易居（中国）在房地产服务市场上赚到了第一桶金。管理层在讨论如何使用经营所得时，当时有人提出买一辆奔驰车，但易居（中国）董事局主席周忻认为，奔驰车对于营销公司并无助益。所以，他提出了一个大胆的想法，做一套信息系统，知己知彼，了解竞争对手，了解市场概况。在2001年，房地产行业中做信息系统的公司几乎没有，如果成立上海市场大型的数据库，并且能够进行持续更新，无疑将成为代理顾问公司开展业务的一项利器。一年后，CRIC系统的第一代产品诞生，其中收集了上海所有的住宅项目信息、成交信息、广告信息，并配有电子地图和户型图。

随着CRIC系统的不断扩大，2001年后的一两年，易居（中国）对它的投入增加到一个月一辆奔驰车；到最近两年，投入上升为每个星期一辆奔驰车的投资额。从专注于上海的CRIC2006及其前身，到主要覆盖重点城市的CRIC2007，再到覆盖全国主要城市的CRIC2008，CRIC系统不断升级，覆盖城市已到45个，包括上海、北京、天津、武汉、重庆、成都、南京、深圳、杭州、苏州、合肥、南昌、无锡、宁波、扬州、济南、

西安、常州、沈阳、福州、长沙、郑州、徐州等，并继续根据房地产市场的发展程度与容量、客户的需求等，将城市覆盖数量发展至70~80个。随着投资量越多，系统也越来越完善，已成为目前中国最大的房地产信息集成平台，成为易居（中国）的一把秘密"武器"。

这套系统足以充分彰显易居（中国）的专业化和服务能力。2007年，易居（中国）登陆美国纽约证券交易所，CRIC系统成为其在美国得以成功上市的重磅砝码。

众分支机构建海量数据库

信息化带动产业化发展，一直是易居（中国）追求的目标，房地产市场信息数据库建设首当其冲。这就要求数据建设在分类上讲究科学、标准化数据；在量上，确保数据的广覆盖、齐全；在质上，保障及时、准确、持续的更新能力，力争建立一个全天候、全面、全局、与众不同的房地产市场信息数据库。经过不断改版升级，目前CIRC系统已建立起一个中国最大、最好、最准确、最及时的房地产信息集成系统。

从城市覆盖面看，CRIC已覆盖全国45个城市，并将根据房地产市场的发展程度、容量及客户的需求，将城市数量发展至70~80个。从信息内容上看，覆盖面广、内容多且全。CRIC基本涵盖了整个房地产信息，从房地产开发的上游、中游和下游，以及相关产业信息包括土地、住宅、商业、办公等市场信息，还涉及企业、广告、资讯等。信息内容齐全，一个房产项目的数据信息，可以全到一个项目的各种照片，小到一个楼盘的电梯品牌，精到一套物业的成交单价，细到一个房型的各房间面积。

通过专业技术，确保所有数据项都是实时网上更新，因此，让使用者在第一时间查看到所需要的内容和翔实的数据信息，大大减轻了使用者的工作量，提高了使用者的工作效率。同时，通过人工的二次检查，确保所有数据的准确性。而加密技术的应用，确保了数据的安全。

数据的完整性与持续性离不开庞大的信息收集组织。易居（中国）已在全国 40 多个城市设立分支机构，对各类数据进行收集、整理，不断积累，及时更新。目前，项目信息每日增加约 50 个，项目图片每日增加约 150 张，广告图片每日增加约 400 张，房型图片每日增加约 300 张。

克而瑞系统成为差异化竞争的独门武器

在相当长的时间内，克而瑞系统仅仅属于公司内部使用的独门武器，作为向开发商提供投资决策研究及咨询服务的技术支持。随着信息和功能的丰富、完善，CRIC 系统的运用扩展到房地产企业，甚至延伸到银行、法律、建筑行业等与房地产行业有关联的上下游企业，构成了易居（中国）差异化的竞争优势。而这种差异化主要表现在两个方面，一是信息技术与专业研究的完美结合，为行业提供标准化的产品；二是为客户提供个性化的服务，从而成为公司独特的竞争优势。

信息技术与专业研究的完美结合

中国房地产业属于资本密集型产业，相对其他行业来说，是一个进入门槛较低、有较好利润空间、行业技术壁垒相对匮乏的行业。房地产企业的竞争力，主要表现为企业发现和把握市场有效需求的能力和满足有效需求的能力两个方面。因此，及时获取房地产市场顾客需求信息，了解竞争对手状况，掌握各种政策、法规信息，提高企业的决策速度和决策质量，为顾客提供满意的房地产产品和高质量的服务，成为未来房地产企业赢得竞争力的关键。

经过 7 年的不断研究、完善和拓展，易居（中国）一直努力建设的 CRIC 系统，目的就是想通过信息的整合、梳理，更好地为房地产业服务，为地产开发企业服务，使行业能够更快地发展和提升。而事实上，CRIC 系统已经实现了三大转变：即从外在到产业内在需求的转变；从零星分散到规模化

解释：GIS

是一个基于数据库管理系统（DBMS）的管理空间对象的信息系统，以地理空间数据为操作对象是地理信息系统与其他信息系统的根本区别。

的信息集成系统的转变；从附加部分到产业链中有机组成部分的转变，并开始创造和提升房地产产品的附加值。

当今社会，信息集成程度越高越有价值，这是信息发展的关键。信息与 GIS 及相关技术与数据挖掘技术以及信息检索技术相结合，提高了房地产信息的集成度。截至 2008 年 3 月，CRIC 系统已累计土地信息 1.3 万个，住宅项目 2.1 万个，商业和甲级办公楼项目 7600 个，110 万张广告图片，30 万张房型图片，570 万条房源信息，以及全国 45 个大中型城市 GIS 地图，0.6 米高清晰卫星地图，多达 4000 多家全国房地产主流公司以及近 200 多家房地产上市公司信息。在这个系统我们拥有住宅、土地、商业、办公、广告、资讯、市场统计分析等七项专业模块。

当然，信息发展的成败不仅仅在于集成，还在于能够提供信息研究分析。为开发商提供服务不仅仅只是进行信息集成的传递，还要进行研究和分析。2005 年成立的上海易居房地产研究院，是经上海市社会团体管理局登记注册，由上海市社会科学界联合会主管，具有法人实体地位的专业房地产研究机构。它的宗旨是与国内外的同行们一起，致力于不断加强房地产业领域的重大理论和应用问题研究，持续推动房地产产学研一体化的发展，建立完善房地产研究的良性运作机制，切实促进上海乃至全国的房地产业持续健康发展。

海量的信息，为专业分析师们提供了完整的数据依据。研究院正是通过信息集成与专业研究的完美结合，从宏观、中观到微观三个研究层面，对产业内重大理论与应用问题展开研究，为行业及社会提供众多具有专业性和权威性的服务和研究产品。作为专业房地产应用性研发机构，研究院在上海已确立了领先地位，在全国也产生重大影响。现在，上海易居（中国）房地产研究院和克而瑞信息技术公司每月、每周，乃至每天都有各层面的各类分析报告"出笼"。

个性化的解决方案为开发企业提供全方位服务

CRIC 系统已经实现了三大转变，其中从附加部分到产业链中有机组成部分的转变，并开始创造和提升房地产产品的附加值，则是 CRIC 系统最为"华丽的转身"。

房地产行业内的信息服务发展主要由三个阶段组成：第一，为企业个别项目的开发提供全程的咨询服务；第二，发展各类信息服务包，为企业提供个性化服务；第三，针对不同客户类型，引导消费取向，创造新的需求，提供差异化服务。根据房地产项目开发各个阶段所具有的不同特点，易居（中国）首先针对项目开发流程提供全程信息服务，打造最全面的信息服务价值链。将地产项目开发分为拿地阶段、前期阶段（立项、规划设计）、中期阶段（开工、施工、开盘）和后期阶段（开盘、清盘）四大类，在整个过程中共提供 22 项服务。不难发现，克而瑞针对地产项目开发提供的服务内容涵盖了开发商在各阶段所遇到的所有问题，全程满足企业的潜在需求。

CRIC在项目开发各个阶段所提供的全程服务

拿地阶段	城市进入研究报告	中期阶段 (开工、施工、开盘)	开盘期市场预测报告
	区域进入研究报告		开盘期价格预测报告
	板块进入研究报告		开盘期客户预测报告
	项目评估报告		开盘期竞争预测报告
前期阶段 (立项、规划设计)	细分市场调研报告	后期阶段 (开盘、清盘)	竞争项目市场表现周报
	住宅市场调研报告		竞争项目营销活动周报
	商业市场调研报告		竞争项目媒体投放周报
	办公市场调研报告		竞争项目市场跟踪月报
	酒店市场调研报告		竞争项目营销分析月报
	工业市场调研报告		竞争项目推案产品研究月报
	细分客户调研报告		项目竞争关系分析季度报告
	细分产品调研报告		本案成交分析月度报告

通过个性化信息服务包，为企业提供针对性解决方案。房地产企业所遇到的问题往往并不局限于某个项目开发的全过程，还包括如企业针对细化市场的监控分析、对于公司未来战略发展的研究等其他各个方面。针对客户需求多样性的特点，现在的 CRIC 已经具备 146 项信息服务产品，包含以 CRIC 数据库为核心的系统平台、进行市场监控分析的资讯情报及市场研究、针对细分市场的专题研究、项目开发过程中的项目资讯研究、针对企业自身发展的企业咨询等共 7 个大类、29 个小类信息服务，以满足企业各类不同的需求。

对于 CRIC 系统，易居（中国）的最终目的是，面向开发商、投资商、基金、投行、金融机构、评估机构、营销机构等各类房地产相关产业链的企业，提供从信息查询、研究分析、决策咨询到其他衍生的全方位、多角度的服务，以此始终保持行业领先地位，成为中国房地产信息化建设的领跑者。

易居（中国）过冬2大助推器

助推器1：雄心勃勃接轨资本市场

纽约证券交易所是纽约最重要的金融场所，也是长久以来最重要的国际证券市场。据该所数据显示，2007 年是中国企业海外上市的"大牛年"。在此之前，2006 年只有新

新东方纽约证券交易所上市

北京新东方教育科技（集团）有限公司 2006 年 9 月 8 日在纽约证券交易所挂牌上市，它是继无锡尚德之后第二家在纽交所上市的中国民营企业，也是第十七家在美国主板市场挂牌交易的中国内地企业。

东方等四家公司在纽约证券交易所挂牌，2005 年仅有 1 家，2004 年和 2003 年均为 3 家。而在 2007 年，在该所上市的中国内地企业为 19 家，全部为民营企业。在这众多的企业中，易居（中国）作为首家在此上市的地产轻资产概念股颇具代表意义。

易居（中国）（EJ）于美国东部时间 2007 年 8 月 8 日上午 9:30 成功地拉开了上市的序幕。易居（中国）发行 1460 万份 ADS，获得超过 16 倍的超额认购，募集资金 2.01 亿美元，依据招股价 13.8 美元计算，公司 2006 年静态市盈率高达 51 倍。上市首日，易居（中国）收盘于 19.43 美元，上涨 41%，迄今股价最高曾达 36.45 美元。与 2004 年内地首家在香港上市的房地产中介代理机构——合富辉煌集团（0733.HK）相比，除了更早迈向国际资本市场，更重要的是，2 亿美金与 8000 万港币之比，也使得易居（中国）亦胜出甚远。

坚守地产流通领域，引入天使投资人成为快速上市的幸运符

从 2006 年 3 月引入私募，到 2007 年 8 月成功上市，此间不到 2 年，易居（中国）首吃房地产经纪业美国上市的螃蟹就取得成功。走对了路，找对了人。似乎能很好地阐述其成功秘诀。

易居（中国）走的路就是通过构建一体化房地产流通服务产业链，成为一家综合性服务商，为房地产链条上不同类型的客户提供相应的服务"做房地产流通服务行业的领导者和整合者"。而其通过信息咨询业务形成差异化竞争优势，并以此为切入点撬开市场空间，推动主营业务的快速发展。正如其承销商美林投资银行对 CRIC 系统的高度认同：服务性行业一般来说进入门槛比较低，但有了克而瑞这样的技术支持，易居（中国）的业务档次一下子就高了上去；而且它同时支持一手房和二手房，还可以进行独立的咨询业务，好像是整体业务的一个支托，这是一个非常大的优点，并非人人都有。

找对了人，是指引入了沈南鹏作为天使投资人，这是易居（中国）整个发展过程中非常重要的一个点。2005年初，香港红杉资本中国有限公司的创始合伙人沈南鹏，作为天使投资人进入易居（中国）。沈南鹏曾亲手把携程网和如家快捷酒店送上美国资本市场，进入易居（中国）后，直接就以赴美上市为目标，对易居（中国）的业务架构做了针对性的调整。2006年3月，经过沈南鹏的牵线，易居（中国）进入了私募阶段，引入了瑞士信贷集团旗下的DLJ房地产基金、崇德基金、SIG、Farallon Capital等4家私募基金公司，融资2500万美元。

上市获利储备充足"过冬粮草"

易居（中国）在纽交所上市不仅带来了资本市场溢价，提升了品牌价值，更为重要的是在现金为王的时期，为易居（中国）的新发展奠定了坚实的基础。

在资本市场有所收获的易居（中国）并没有停止前进的步伐。

2008年2月，正当华尔街遭受次贷危机困扰时，易居（中国）却完成了二次售股，以17美元/股总计发售了600万份ADS，募集资金净额9790万美元。

2008年，易居（中国）宣布设立一个房地产投资基金，规模为1亿美元，开始进军这一国际资本管理服务领域。

在金融危机突袭之际，易居（中国）成功的资本运作，不仅为公司发展储备了比较充足的"过冬粮草"，也成就了一个资本时代的传奇。

助推器2：应对危机3大化解术

面对众说纷纭的2008年中国楼市，易居（中国）选择的是守中有攻策略。采取战略联盟，守住已有的业务板块，尤其是一手房代理业务；同时，从宏观的市场走势中寻找新的发展空间，有重点、有节奏地进攻。

化解术1：与优质开发企业建立广泛的战略联盟

上市一年间，易居（中国）的第一大动作，便是与国内著名品牌开发商的战略结盟。2007年12月，易居（中国）与恒大地产集团建立战略合作协议，易居（中国）独家代销恒大地产在中国8座城市开发的20处房地产项目，这些项目的总建筑面积预计为2800万平方米，总销售金额估计约为2000亿元。与恒大的合作项目是中国房地产营销代理行业有史以来的最大订单。

2008年1月，易居（中国）又与三家中国领先的房地产开发商，包括万科、中新地产和建业签署了战略合作协议。根据战略合作协议，易居（中国）将成为万科在中国10个城市的16个现有项目的独家销售代理，这些项目2008年的可售建筑面积预计为100万平方米，总销售价值约为人民币120亿元。此外，易居（中国）还将成为万科将于2008年在中国东部推出的至少一半新项目的独家销售代理。

易居（中国）将成为中新地产在中国5个城市的6个项目的独家销售代理，这些项目的可售面积约为500万平方米，总销售价值约为人民币400亿元，其中2008年的可售面积至少将达到100万平方米。

易居（中国）将与建业开展全面的战略合作，最初阶段涉及后者在河南省的4个项目，可售面积约为85万平方米。

化解术2：专业至上，凭借实力为客户带来利润最大化

面对经济危机和楼市低迷，有项目的企业，经营的难度会增加。易居（中国）的合作伙伴也同样面临这种困局。此时，更需要易居（中国）履行做中国房地产业最好的服务生的承诺，更精细地研究市场态势，更科学地提供策划咨询，更灵活地演绎营销策略。

2008年9月29日至10月5日的7天时间，恒大地产在广州、成都、沈阳、重庆等12个城市的18个楼盘展开全面联动促销。而易居（中国）独家代理其中9个城市的15个楼盘，开盘当天，易居（中国）代理的楼盘热销2000套，实现总销售金额11亿元人民币，其中重庆、沈阳等楼盘的销售量更是刷新了当地日销售记录。截止10月5日，易居（中国）累计为恒大地产完成销售量2904套，实现销售面积36万余平方米，总销售额17亿余元的业绩。可以说，易居（中国）的营销策略不仅使开发商成为最大赢家，自己也成了最大赢家。2008年第三季度，易居（中国）总收入达到3930万美元，同比增长28%，而前9个月，易居（中国）总收入是1.16亿美元，同比增长63%。

化解术3：整合业内资源，全力完善独门武器CRIC

CRIC系统是易居（中国）上市的独门武器，也是易居（中国）一个最大的亮点，而其高成长性将在未来成为易居（中国）最具成长潜力的组成部分。因此，全力打造CRIC是易居（中国）采取"攻"的战略中不遗余力的板块。有了这套系统以后，通过科学的研发，未来它还会衍生出更多新产品。

2008年，易居（中国）又提出大CRIC概念，做中国房地产信息化领跑者。2008年2月，易居和门户网站新浪强强联手，打造"乐居"地产。专业的房地产流通服务商与门户网站全面合作，在国内尚属首例。之后，易居（中国）收购广州决策资源集团、又战略性收购了国内最大的房地产中介软件供应商房友软件。这样通过整合现有的CRIC资源、5000多家开发商的资源、中国房商网的资源、二手房的系统软件资源、新浪乐居资源，形成一个大CRIC的核心概念。这也是易居（中国）下一轮发展的重中之重，也是企业再创辉煌的基石。

易居（中国）发展历程表

2000年上海房屋销售（集团）有限公司成立，不到两年时间便跃居上海营销代理企业的前三甲

2001年开始研发中国房地产业第一个决策咨询系统（CRIC中国房地产决策咨询系统）

2005年易居（中国）控股有限公司正式成立后，上海房屋销售（集团）有限公司成为易居（中国）下属全资子公司

中国首家具有独立法人实体地位的民办非企业的专业房地产研究机构——上海易居房地产研究院，正式成立

2006年易居（中国）于3月28日在上海与瑞士信贷集团之崇德基金、DLJ房地产基金牵头的四家国际著名投资公司正式签署协议引进2500万美元的国际战略投资；是年，涉足二手房经纪业务

2007年8月8日易居（中国）成功敲响纽约股票交易所的开市钟声（纽约证券交易所交易代码：EJ），成为在美国第一家上市的中国轻资产地产概念股

2008年公司成立易居（中国）房地产投资基金

结语

金融危机中
房地产业打好四大战

中国经济即将迎来最坏的日子吗？追问从 2008 年的秋季持续到 2009 年新年，没有人知道答案。官方人士似乎相信 2009 年下半年经济会逐步好起来——至少可以看到复苏迹象；那些悲观的预测者却认为，中国经济的调整期可能超过三年。企业家们仍在苦苦支撑，在冰雪消融之前，他们仍将保持御寒的姿态，对他们来说，这是代价高昂而漫长的等待。每一个人都想知道，那只穿越迷雾送来经济回暖信号的鸽子，会在什么时候出现。

阻击战：面对严寒的2大策略

虽然，从基本面看整个国民经济仍向好，但经济增长速度将有所放缓。是否出现经济增长周期的拐点，或是高速增长期的高位调整，还难以判断。但是影响经济高速增长的因素在增大，特别是全球经济减速、发生波动的风险在积累，企业生存面临重大挑战。在这种背景下，企业必须打好阻击战，将损失降低到最小，力争挺住。

策略1：应该保证良好的现金流，确保资金链不断，这是目前形势下企业的重中之重

企业需要借助各种渠道合理拓展企业资金来源，加快开发销售速度尽快回笼资金，降低资金风险，提高资金使用效率，增强对未来市场回调幅度可能加大的应对能力。房子能卖一套是一套，债务能收一笔就一笔，新项目可缓就放一放。同时，调整支付方式，尽量少放账，现金为王是硬道理。

策略2：随时关注市场，提高敏感度，及时调整对策

除关注市场价格走势外，更应密切关注宏观调控和政策导向，发展在稳中求胜，采取相关对策苦练内功，把产品品质及服务做好。市场存在许多不确定因素，投资需谨慎，目标不能定得太高，综合平衡收益与风险的矛盾。选择好的客户，以防止被合作企业拖垮。

阵地战：保存体力

阵地战讲究的是依托坚固阵地或野战阵地进行防御。因此，守住阵地是阵地战的根本，有阵地才会有攻坚，才有可能进行反攻或进攻。对为数不少的国内企业来说，在"剩"者为王的硬道理下，只有保证自己在这场危机中成为"剩者"，才是今后发展的必要条件。

面对金融海啸和低迷的楼市，企业要用市场来磨练团队，内外兼修。提高内部管理水平、成本控制能力、持续创新能力和快速反应能力。

结语

一是提升公司的管理能力,要向管理要效益

通过简约化组织架构,集约化人才使用,优化流程,使公司能够针对市场变化快速反应。

二是调整企业经营策略,以稳健为主

鉴于市场不确定性因素增加,企业经营策略将更加强调稳健性与专业性,着眼于长远的数量增长与质量提高,致力于专业能力的提升,专注产业的发展,并进一步巩固和强化自身的优势。以产品品质、优秀服务及品牌号召力取胜,应对楼市挑战的同时,做好迎接下一个楼市春天的充分准备。

三是有效控制成本,加强营运费用的预算和控制,实行精细化管理

结合企业实际情况,细化费用,确保公司重点。制定每一项费用的年度预算和月度计划,做到每一笔支出都要有据可依。确定预算总成本,危机形势下应慎重对待,最好稳健保守预计。划分成本归属,实现责任控制,执行情况与考核挂钩。同时,加强过程控制,认真客观地做好总结分析。

攻坚战:突围困境,实现创新

面对经济危机和楼市低迷,有项目的企业,经营的难度会增加。这需要企业在力争挺住和守住的前提下,集中优势兵力,开展攻坚战,力争突围,实现开源。事实上,尽管2008年以来消费者观望情绪浓烈,市场成交量持续萎缩,但市场上还是有部分楼盘会受到购房者追捧,从而热销。可见,楼市行情并不是全盘困境,有效需求的基数仍然很大。

而 2008 年下半年连续四次降息，以及中央一系列刺激经济与房地产政策的出台，一定程度上降低了初次置业者的购房门槛和贷款利息压力，一部分原本存在的刚性需求将得到释放。这就要求有项目且希望通过攻坚战实现突围的企业，看清行情和未来的走势，以消费者的实际需求为根本，集中兵力，挖掘潜在需求，精准营销。

解释：房地产衰退期特征
供应量大幅度减小，需求大幅度减小，产品失去创新，人们对产品失去激情。

打好攻坚战要认清形势，把困难看得足够大，做好充足准备

受国内外经济金融危机的影响，人们的购房预期已经发生了变化，消费信心不足，而且在短期内难以改变。而随着中央加大保障性住房的建设，市场格局也将发生重大变化，竞争程度将进一步加剧。

攻坚战的重点是突击团队的打造

只有打造一支高度认同且执行力较强的突击队，才能在不利的市场境遇中保持不败，迎来欣欣向荣的春天。打造一只攻坚团队，首先要学会逆向思维，主动出击。在当前经济危机形势下，要学会逆向思维，打破经验主义；主动出击，挖掘新卖点；渠道下沉、促销创新，寻找市场增长点。其次领导要身先士卒。想在逆境条件下打造一支高绩效的团队，作为团队负责人，一定要摆脱办公室决策与管理的桎梏，主动实施走动式管理、现场管理，与一线员工一起，洞察市场、客户、竞争对手，从而赢得市场运作的主动。此外，持续培养团队的忠诚度与向心力。经济下滑，企业业绩下降，业务团队也变得不稳定起来，这是行业趋势，并非个人因素造成的。

结语

因此要尽量谨慎对待员工的薪酬待遇，不能为了一时的降低成本之利，而让企业的一些"种子"人才流失，从而丧失爆发的根本。通过相对稳定的薪酬，艰难时刻，给予员工更多关心、支持，多主动与员工谈心和沟通，保持员工的忠诚度与向心力。

前哨战：探索性布局非住宅市场

纵观中国及国外房地产行业发展，周期性的起伏是正常现象。当前，房地产市场已进入周期性调整的下降通道，这是行业发展的趋势。市场数据表明中国房地产行业并未进入衰退期，或者说不具备衰退期的标志或者特征。

因此，对于有准备或者有一定规模的企业来说，这并不是一个最坏的时期，相反是个契机。适当的产品创新，探索性战略布局等蓄势工作，都能在未来发展中奠定基础。

房地产业由快速膨胀期步入平稳发展期，地产企业也须由注重发展速度和规模，将重点转向健康、质量、专业。专业度的高低，决定了产品质量的好坏与企业发展的高度。市场低迷时期，给了企业更多时间进行产品创新和专业化研究。在专业分工越来越细的行业背景下，如果能在一个或几个细分市场上形成明显的专业优势，就能在竞争中获得具有竞争力的优势。

住宅市场低迷，可探索性地布局非住宅市场

其一，转向市场潜力巨大的商业地产，还可以进一步细分为商业街、购物中心（shopping mall）、大超市、商铺等；其二，可以涉足写字楼市场，总体而言属于高风险、高收益

的市场，对开发商的资金和技术要求较高，目前一线城市总体需求旺盛，二线城市需求潜力较大；其三，尝试养老社区和纯投资性质的公寓，如青年公寓、酒店式公寓等；其四，探寻创意地产、旅游地产等复合地产之路。

向三、四线城市进军

中国经济发展的区域不均衡，以及各个区域房地产市场的起步早晚不同、客户结构不同，在经济金融危机的背景下，各区域的市场表现也不同。在一、二线城市纷纷挤压"泡沫"的同时，三、四线城市的机会得以浮现。根据国家政策导向和房地产行业发展规律，房地产企业将不可避免地进行区域市场的重新布局。

参与保障性住宅建设

根据中央9000亿元的经济适用房投资建设计划，大部分保障性住宅建设需要开发商参与投资和实施。在商品房市场普遍比较低迷的局面下，保障性住房利润稳定，对于房地产业开发企业抵御风险，持续经营会起到一定作用。

总之，中国房地产市场正在发生错综复杂的变化，行业发展和企业生存面临严峻的考验。作为市场主体的房地产企业，必须充分认识到困难的艰巨性和长期性。只有认清形势，结合自身情况制定相应的应对策略，努力克服经营中的困难，既是企业的最好选择，也能对行业的持续发展起到积极的作用。

后记

由美国次贷危机引发的金融风暴,在一夜之间彻底颠覆了美国的金融格局,进而这场金融海啸趁势席卷全球,整个世界笼罩在金融危机的阴霾之下。自20世纪初的大萧条以来的近一个世纪里,世界经济和人们还从来未出现过目前这样的惊恐和混乱。而这场灾难现在看来似乎还仅仅只是刚刚拉开序幕。风暴将会如何演变?我们的世界将何去何从?而我们自身又该做怎样的抉择?在当前的这片混沌之中,谁又能独善其身?对于处在风口浪尖的房地产企业,出路又在哪里?等等都需要去解读。正是基于这些思考,我们组织编写了这本书。全书从讨论、编写大纲、收集案例、分工执笔、修改草稿、听取意见、通稿、审稿到定稿,历时半年多,终于付梓印行。

《跨越》得以问世,是各方面通力合作的结果,是集体智慧的结晶。在编写过程中,我们参考上海易居房地产研究院与克而瑞(中国)信息技术有限公司很多研究成果,在此对丁祖昱、龙胜平、崔裴、陈啸天表示感谢!同时,华东师范大学东方房地产学院研究生朱玉娜、张传勇、杨柏理、何德媛、石苏艳以及上海大学的研究生陈菲,为本书案例的收集与整理付出了辛勤劳动,特表示感谢!还要感谢为本书编辑和出版付出辛勤劳动的吴传鲲和刘丽娟。

  本书在编写过程中，引用了相关书刊、媒体的有关内容，限于体例的需要，未及一一标注，在此深表感谢！同时，由于编者水平有限，加上时间仓促，本书难免有不妥之处，请批评指正。我们真诚希望，本书的出版有助于我们众多的房地产企业能够从中得到启示，面对当前的金融危机，能从容地跨越，并取得新的发展。

编者

2009 年 10 月

丁祖昱	克而瑞（中国）总裁
龙胜平	克而瑞（中国）副总裁
陈啸天	克而瑞（中国）研究中心总监
吴传鲲	克而瑞（中国）培训及图书事业部常务副总经理
金雨时	上海易居房地产研究院地产文化研究所所长
李战军	上海易居房地产研究院发展研究所所长
崔裴	上海易居房地产研究院流通研究所所长
杨红旭	上海易居房地产研究院综合研究部部长